<barcode>U0710986</barcode>

致谢

非常感谢麦格纳国际公司（Magna International Inc.）、福特汽车公司（Ford Motor Company）、魏玛工程公司（Vehma Engineering）以及魏玛原型公司（Vehma Prototype）和福特高级工程管理研究所所有员工的贡献和努力。此外，我们还要感谢美国能源部车辆技术办公室的财政支持和指导。

本书基于美国能源部（DOE）国家能源技术实验室（NETL）所资助的决标编号为 DE-EE0005574 的论文集。

本书根据美国政府机构所发起项目的工作成果编写而成。无论是麦格纳国际公司（Magna International Inc.）、福特汽车公司（Ford Motor Company）或者美国政府，还是其下属任何机构或任何员工对本书所表述的任何信息、设备、产品以及工艺应用的准确性、完整性或有用性，以及其他没有侵犯私有权的表述不作任何保证（无论是明示、暗示还是承诺），并且也不承担相关的任何法律责任或义务。书中通过商品名称、商标、制造商或以其他方式提及的所有具体商业产品、工艺或服务，并不代表美国政府或其下属任何机构指定或暗示对其予以认可、推荐或支持。作者在书中的表述并不一定代表或反映美国政府或其下属任何机构的观点和看法。这种支持并不代表能源部对作品或所表述意见的认可。

此外，MMLV 项目团队还要感谢对项目做出贡献的所有供应商们的努力和他们所发挥的创造性。我们期待通过共同的努力来降低这些技术在未来车辆中的应用成本和风险。

向以下供应商致谢

车身结构	音响组件	车身连接	夹层窗玻璃
MAGNA-Vehma 原型 PPG 汽车涂料	Autoneum 北美公司	Henrob E-Jot Huck Alcoa 紧固件公司 Lord	Corning 股份有限公司 SALGGLAS. ZRt.
发动机	车身铸造	轮胎	聚碳酸酯玻璃
Fraunhofer 美国 Conner 工程技术 Anderson 全球 ASK 化学制品 Wolverine Bronze Manitowoc 铸造厂 Hexion	MAGNA-Cosma 铸造	Michelin 北美公司	SABIC

续表

BASF Montaplast WGS MAGNA-传动系 高性能工程材料公司 美国辉门公司 COMAU	 图片来源：福特汽车公司（Ford Motor Company）		
前副车架	**前排座椅**	**铝合金车轮**	**车门铰链**
MAGNA-Cosma 铸造公司 MAGNA-Promatek Sapa 型材美洲	Eicher 工程技术解决方案公司	Maxion 车轮	Multimatic 公司
变速器	**仪表盘**	**碳纤维车轮**	**玻璃胶**
精密线路公司 MAGNA-传动系	Eicher 工程技术解决方案公司	碳革命私人有限公司	Dow 机动车系统 Sika
钢弹簧和稳定杆	**复合弹簧**	**制动盘**	**车门密封**
NHK 弹簧集团公司	Sogefi 集团公司	Crescent Pattern 地铁技术公司 Midwest 热喷镀公司	库博标准汽车配件公司 3 M 公司

　　本书的出版得到了北京理工大学"985 工程"国际交流与合作专项资金的资助和国家外国专家局"外国文教专家项目"的大力支持，在此表示衷心的感谢。

国际自动机工程师学会（SAE INTERNATIONAL）授权出版

北京理工大学"985 工程"国际交流与合作专项资金资助图书

The Multi Material Lightweight Vehicle (MMLV) Project

多材料轻量化车辆
设计与测试

[美] 蒂莫西·思凯泽克（Timothy Skszek）

[美] 杰夫·康克林（Jeff Conklin）

[美] 马特·扎鲁泽克（Matthew Zaluzec）   主编

[美] 戴维·瓦格纳（David Wagner）

王扬卫　韩维文　陈瑶 译

北京理工大学出版社
BEIJING INSTITUTE OF TECHNOLOGY PRESS

图书在版编目（CIP）数据

多材料轻量化车辆设计与测试/（美）蒂莫西·思凯泽克（Timothy Skszek）
等主编；王扬卫，韩维文，陈瑶译. —北京：北京理工大学出版社，2017.4
书名原文：The Multi Material Lightweight Vehicle (MMLV) Project
ISBN 978-7-5682-3996-7

Ⅰ. ①多… Ⅱ. ①蒂… ②王… ③韩… ④陈… Ⅲ. ①汽车轻量化–研究
Ⅳ. ①U462.2

中国版本图书馆 CIP 数据核字（2017）第 096354 号

北京市版权局著作权合同登记号　图字：01-2016-4544
Originally published in the English language by SAE International, Warrendale,
Pennsylvania, USA, as *The Multi Material Lightweight Vehicle (MMLV) Project,*
Copyright © 2015 SAE International.

出版发行 / 北京理工大学出版社有限责任公司
社　　址 / 北京市海淀区中关村南大街 5 号
邮　　编 / 100081
电　　话 / （010）68914775（总编室）
　　　　　（010）82562903（教材售后服务热线）
　　　　　（010）68948351（其他图书服务热线）
网　　址 / http://www.bitpress.com.cn
经　　销 / 全国各地新华书店
印　　刷 / 保定市中画美凯印刷有限公司
开　　本 / 710 毫米×1000 毫米　1/16
印　　张 / 15.75
彩　　插 / 16　　　　　　　　　　　　　　　　　　责任编辑 / 刘永兵
字　　数 / 318 千字　　　　　　　　　　　　　　　文案编辑 / 刘　佳
版　　次 / 2017 年 4 月第 1 版　2017 年 4 月第 1 次印刷　　责任校对 / 周瑞红
定　　价 / 78.00 元　　　　　　　　　　　　　　　责任印制 / 李志强

引言

斯瓦米·科塔吉里（Swamy Kotagiri）
麦格纳国际公司（Magna International Inc.）
首席技术官

　　由美国能源部资助的多材料轻量化汽车（MMLV）研究项目是麦格纳国际公司（Magna International Inc.）与我们的长期客户福特汽车公司（Ford Motor Company），为整个行业在汽车轻量化方面所面对的挑战性问题而进行协作提供了一个很好的机会。这也是我们在保证 2013 款福特 Fusion 基准车型车内乘员的安全性及车辆动力学和 NVH 特性的同时，着手研究轻量化 C/D 级乘用车的减重潜力和环保效益的重要原因。

　　MMLV 项目的研究方法包括设定与每个主要子系统和全面减重车型相关的质量和性能目标，使麦格纳国际公司和福特汽车公司的设计团队在实施整车耐久性、疲劳强度和安全性能设计之前，同时进行车辆子系统的设计。项目的研究范围包括 7 种原型车的制造，据此将组件限定在一定的数量范围之内，并实现车辆层面的物理测试。通过保持 C/D 级汽车基准硬点的设计策略，从而有机会整合沿用零件并组装全功能可驱动原型以进行测试和评估。项目总体包括在 24 个月的时间段内进行工程设计、样件制造和测试。

　　生命周期评估（LCA）是由第三方 LCA 专家通过对比 MMLV 和 2013 款福特 Fusion 在"从摇篮到坟墓"的 25 万公里（155 000 mile[①]）使用寿命期间对环境的影响来进行的。评估结果超出了我们的预期，尤其是其在全球变暖潜能和能源利用方面的明显优势。MMLV 项目彰显了整车轻量化技术结合小型化、高输出的发动机在减少温室气体排放和降低总能耗方面的潜在优势。2015 年在 SAE 世界大会上所展示的和本书所包含的 MMLV 方案都提供了由麦格纳国际公司和福特汽车公司合作进行的轻量化研究相关的技术基准。虽然这只是一个研究原型，但我们相信，MMLV 项目为未来的可持续发展和使这些轻量化技术应用于大批量生产指明了方向。

---

① 1 mile= 1 609.344 m。

肯·华盛顿（Ken Washington）博士
福特汽车公司（Ford Motor Company）
研究与先进工程部副总监

　　MMLV 项目是我为福特公司引入的研究项目之一。在此项目加入福特汽车公司（Ford Motor Company）前两个月，我在 2014 年 6 月的技术博览会上首次披露了该项目。从航空航天的背景来看，通过 MMLV 的创造性解决方案来减小未来乘用车和商用车质量的挑战给我留下了深刻的印象。从选择使用最高强度的钢材，到铝板型材和铝铸件的应用，直到最后明智地使用镁和复合材料，都证明了 MMLV 项目是一个在技术上可行的轻量化解决方案。

　　合作是成功的关键。随着美国能源部成为出资 50% 的合作伙伴，我们开始在较低的风险下研究、开发、制造和测试新的轻量化组件和系统。通过与麦格纳国际公司（Magna International Inc.）的合作，研究团队接触到了能寻求车辆减重可能性的各个领域。MMLV 项目为我们提供了未来乘用车和商用车开发方面的丰富信息。

　　MMLV 项目的目标是研究如何设计和构建一种混合材料，使其能够在确保达到客户对所有福特汽车所期望的安全性、耐久性和韧性要求的同时，还能够用于大批量生产轻量化整车。MMLV 项目探讨了车辆复合材料在每种应用中的正确使用。项目通过 MMLV 将 Fusion 尺寸级别车辆的质量减小到 Fiesta 尺寸级别，并且使搭载并使用 1L EcoBoost 发动机成为现实，从而进一步减小了质量并提高了燃油经济性。研究小组的成果非常令人满意。

　　2015 年 SAE 世界大会的论文集（由十四篇论文构成）记录了 MMLV 项目的设计和试验结果。我已急不可耐地希望看到这些 MMLV 技术应用在乘用车和商用车中，以及这些轻量化设计所带来的成本的降低。轻量化将会是汽车行业未来多年发展的根本方向。通过 MMLV 和其他研究项目，我们正致力于多种先进材料应用的研究，以作为福特汽车减重的潜在解决方案。

目 录

DOE 重点开发的提高车辆效率的材料

2015 年 4 月 14 日发表

卡罗尔·舒特（Carol Schutte）
美国能源部车辆技术办公室

引文：Schutte, C.，"能源部重点开发的提高车辆效率的材料"，SAE 技术论文
2015-01-0405，2015，doi：10.4271/2015-01-0405.

版权所有© 2015 SAE 国际

1

摘　　要

美国能源部新能源汽车技术办公室制定了对轻型与重型车辆的轻量化材料和驱动材料的要求，并找出其技术差距。本章提供了正处于开发阶段的研究示例，这些示例涉及最高优先级的技术差距，有助于理解后续论文中详细论述的多材料轻量化汽车示范项目。编写本章的目的是展示正在进行的开发项目，以便解决示范项目所发现的技术差距。

引　　言

美国运输业消耗的石油占其石油消耗量的三分之二[1]。美国道路上行驶的车辆超过 2.4 亿辆，其石油消耗量占美国运输业总石油消耗量的 85%左右。减少对石油的依赖不仅有利于提高经济和能源的安全性，而且有利于对环境提供负责任的管理。减少美国对石油的依赖并降低温室气体排放是美国能源部（DOE）车辆技术办公室（VTO）的目标。

为了减少美国的石油消耗，美国能源部将目光聚焦于替代燃料的使用、电

气化以及显著提高车辆的燃油效率等方面。车辆技术办公室（VTO）材料领域小组在保证车辆性能和安全性要求的同时，力求通过有效地降低车辆的质量成本来提高车辆的效率，并且通过以下措施来提高传动系效率：

（1）增强先进的高强度钢、铝、镁以及碳纤维复合材料的性能；

（2）开发可实现多种材料设计和制造的连接技术；

（3）开发能够使用轻量化材料进行设计与研发的集成建模和计算工具；

（4）开发使发动机能够在更苛刻的条件下和更高效率的范围内运行的性能优异的驱动材料。

美国能源部轻量化材料投资战略[2]聚焦于那些具有较大减重潜力的结构材料。特别是本文所提及的与镁、碳纤维复合材料和先进高强度钢相关的工作。美国能源部的战略还包括增加这些材料实际应用的可能性，其中包括预测建模、多材料连接和腐蚀的有效缓解。

美国能源部在驱动材料方面的战略重点是通过开发新的合金材料来提高能效，以满足未来发动机的需要[3]。例如：当前发动机材料仍无法承受预期的气缸压力工作峰值和温度。

多材料轻量化汽车（MMLV）项目可作为美国能源部向车辆轻量化方向努力的基石。MMLV Mach-I 的设计、建造和测试活动在结构轻量化的一些研发方向进行了验证。此外，MMLV Mach-II 的设计为极致轻量化材料的应用解决方案确定了方向，尽管在现阶段这些解决方案尚未完全成熟，或对于广泛应用来说并不具有成本效益。2015 年 SAE 国际大会的下述论文将详细说明 MMLV 项目所取得的成就，而本书则只给出 MMLV 项目的协作项目的概述，这可能有助于针对 MMLV 项目所确定的技术差距提出解决方案。

产品组合强调镁、碳纤维复合材料以及先进高强度钢（AHSS）的技术成熟度，这包括从低成本的原料供应、性能的改进、低成本的加工乃至对成分/性能和加工/结构关系都能提供可靠预测的计算工具。此外，在为满足动力总成所需而开发的超级合金材料方面，气缸盖要求采用新型铝合金，而诸如曲轴等旋转部件则要求采用新型材料。

探　　讨

美国能源部（DOE）车辆技术办公室（VTO）征求了行业内、学术界和实验室专家的意见，并将其次组合聚焦在轻量化和驱动材料以及轻型[4]和重型汽车[5]技术差距的要求上。通过这个框架给出了在本 DOE 项目中开发的轻量化系列产品和驱动材料的轻量化性能要求。

镁

镁合金具有减小高达 70%的结构部件质量的潜力。该专题讨论会[6]的目标是：

（1）到 2025 年，生产出比铝合金性能更高的镁合金，并建立一个可靠的、负担得起的且具有低二氧化碳排放生产工艺的国内供给体系；

（2）到 2050 年，开发出能够以每千克镁 2～3 kg 二氧化碳的二氧化碳当量成本大批量生产镁的技术。

镁的高优先级技术差距

目前，大多数金属镁（在 2013 年为 87.9%）是在中国通过皮金工艺[7, 8]生产的，这是一种能量密集型且比电解工艺对环境影响更为不利的制备工艺。如果美国汽车公司将来广泛使用金属镁，那么美国的供应基地必须能够大规模生产金属镁。此外，金属镁是极易受到腐蚀的材料。

为了有效降低腐蚀所带来的成本和风险，我们需要对腐蚀机理有更深入的认识。其他技术的缺陷包括缺少建模工具以及铸件的延展性和锻件的均匀性不足，并且我们没有修复和回收零件的基础设施。

填补一些与金属镁相关的技术差距

这些项目填补了从生产低成本的原材料到车辆子部件的整合、验证和示范等研究领域的一些技术差距。

低成本原料

为促进美国金属镁生产规模的发展[9]，Infinium 公司正在扩大规模并利用直接单步电解氧化镁的原型系统对其进行设计、建造以及验证。这种方法的好处是能避免形成能源和资本密集型的镁二氯化物的中间产物。这种直接的创新利用了精选氧化锆固态电解质，这样就将镁和纯氧的产物分离开来，从而避免了逆反应。这种寻求缩放工艺过程的努力，也使其能够应用于大规模生产。

在不需要稀土元素的情况下改进合金

镁合金一般较为昂贵，并且在发生碰撞时无法吸收足够的能量。西北太平洋地区国家实验室（PNNL）和麦格纳卡斯马国际公司（Magna Cosma International）正致力于开发一种像铝一样可以吸收能量的低成本锻造镁合金，它在不需要稀土元素的情况下就能具有足够的强度、延展性或能量吸收性能[10]。

虽然加入稀土元素可以提高镁合金的特性，但稀土元素非常昂贵且供应有限。

我们面临的挑战是要找到一种可以通过改变微观结构而使其性能得以改善的低成本元素。这方面的创新关键是，要了解稀土元素如何影响镁的微观结构，然后在不含有稀土类元素的镁合金内创建一种可预见的、模型化的强度和能量吸收机制。通过在高剪切的条件下对硅与镁进行合金化和挤压成形，已成功生产出具有与铝 6061 相似能量吸收特性的镁合金（见图 1）。

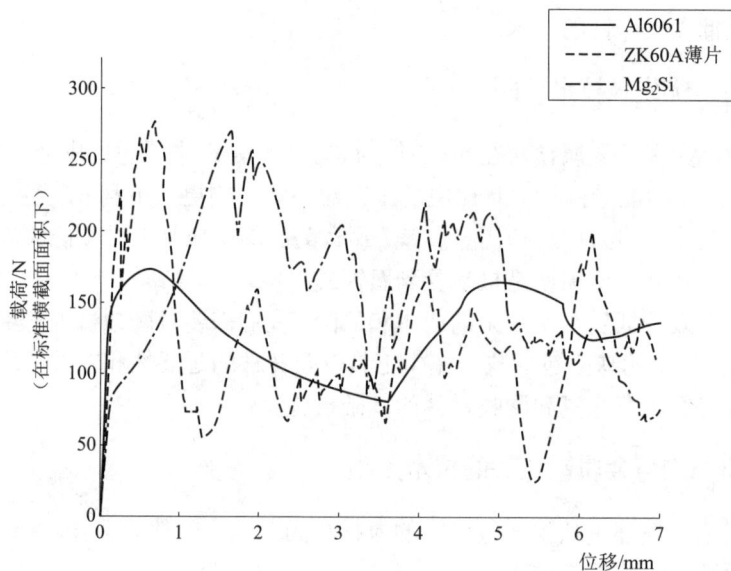

图 1　具有相似能量吸收的铝 6061、快速凝固 ZK60A（经 FY2012 加工后）和深拉高剪切 Mg₂Si 的能量吸收曲线（这表明快速凝固或高剪切深拉至少具有 20% 的质量改进潜力）

（参考文献：2013 年美国能源部车辆技术办公室（DOE VTO）轻量化材料年度报告中的图 III-27）

预测复杂铸件的延展性

由于显微结构的多相性，镁铸件只具有有限的延展性。目前的铸造模型还不能预测其延展性。西北太平洋地区国家实验室（PNNL）、福特汽车公司和密歇根大学之间的合作项目旨在开发一种模型框架[11]，用以模拟铸造工艺并纳入延展性的机械预测工具，这样不仅能优化铸造工艺，而且还能知道延展性极限会发生在什么位置以及发生的原因。

模型结合了决定延展性极限的多种机制。这种创新架构可以利用现有的铸造合金以及正在开发的未来合金来优化复杂镁铸件的加工条件。这个项目的贡献包括在预测生产条件下进行复合铸造，然后通过铸件的特征来验证生产条件。初步验证是有希望的，并且团队进一步开发了这一建模框架。

通过整合新型镁合金、材料加工、连接、精加工以及计算机辅助建模技术进行设计、制造和验证

示范项目主要聚焦于美国汽车材料合作有限责任公司（USAMP）所展示的镁强化前端结构[12]，参与其中的包括许多汽车行业的供应商。项目以框架为重点，该框架展示了用于研究各种镁合金和工艺流程的子结构。

子结构的重点应放在通过超真空压铸而成的减震器支座组件，这同样也证明了钢和铝的多材料接合。ICME 工具同样也可用于该子系统中压铸和锻造镁组件常用的镁合金。目前工作的重点是制造、测试和验证该前端底层结构的性能，其中包括耐久性和碰撞性能的预测，如图 2 所示。

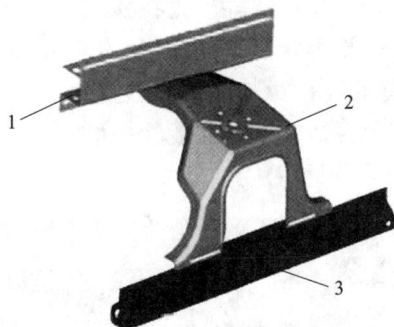

图 2　第Ⅲ阶段示范结构——与镁 AM60B 压铸减震器支座相连接的挤制铝板或钢板
（参考文献：2013 年美国能源部车辆技术办公室（DOE VTO）轻量化材料年度报告第 96 页中的图Ⅲ-82）
1—片状"上滑轨"（铝 6022 T4E40 1.5 mm；高强度低合金钢 350 EG 1.0 mm）；
2—超真空压铸（SVDC）减震器支座（镁 AM60B）；
3—挤压件"下滑轨"（铝 6082 T4）

碳纤维复合材料

碳纤维及其复合材料具有较高的刚度质量比，这有利于刚性驱动系统部件的结构轻量化。材料研讨会[13]的与会者明确地阐述了以下碳纤维和碳纤维复合材料应用的长期目标：

（1）到 2025 年，碳纤维将大量用于大批量车辆的生产中；

（2）到 2050 年，汽车领域的材料供应商将具有性能/功能驱使的设计和制造所需的材料、工具和知识。

碳纤维复合材料的高优先级技术差距

碳纤维较为昂贵，并且并未针对在汽车市场中的应用而对其前体的转化进行优化，其生产方法同样也要求对复合材料进行优化。结构/属性、工艺/结构关系以及预测的使用性能（例如：撞车）需要可靠的多材料连接技术和预测建模工具（集成计算材料工程或 ICME），可以通过优化纤维基质的中间相来优化其特性，而优化此中间相需要对它有更好的基本认识。在实际应用中，我们还需要具备检测复合材料损伤的能力。

一些与碳纤维复合材料相关的技术差距

通过使用各种前体来降低碳纤维的成本

前体成本占碳纤维最终成本的 50%。在利用替代品和低成本前体的情况下，可降低碳纤维的成本。

美国卓尔泰克（ZOLTEK）公司[14]正在探索一种能够满足汽车结构应用要求的低成本碳纤维——聚丙烯腈与木质素的共混物（$5.00/lb①，抗拉强度≥1.72 GPa；拉伸模量≥172 GPa；断裂应变≥1%），如图 3 所示。在大规模生产设备方面，他们已经成功地将共混物中的木质素增加到 25%，并且在2015 年，配方中的木质素预计将达到 45%。

图 3　木质素/PAN 碳纤维线轴

（参考文献：2013 年美国能源部车辆技术办公室（DOE VTO）轻量化材料年度报告第 131 页的图Ⅳ–14）

采用基因工程处理过的蜘蛛丝作为碳纤维潜在前体的探索性项目即将被启动。犹他州立大学与其合作伙伴加州大学河滨分校（具有蜘蛛 DNA 方面的专业知识）和橡树岭国家实验室（ORNL）（具有使用独特前体生产碳纤维的专

---

① 1lb=0.453 592 37 kg。

业知识）正在致力于这方面的研究。

降低加工成本从而降低碳纤维成本

制造加工常规碳纤维时，聚丙烯腈转化成碳纤维，氧化是一个缓慢的过程。在这个生产阶段，使用热和氧来氧化热塑性聚丙烯腈，以形成交联，从而在碳纤维转换的后续阶段能使纤维保持其完整性。氧化前体转化为碳纤维的能量和时间同样是能量密集型的，因此，最好采用加快转换速度和减少转换能量需求的替代性工艺。

为了突破强行进行氧化步骤的限制，橡树岭国家实验室[15]正在开发利用氧等离子体进行氧化的替代方法。橡树岭国家实验室与 RMX 科技有限公司（RMX Technologies）合作，小规模地展示了该方法在使用更少能量的同时明显加速氧化过程的潜力。

RMX 科技有限公司将启动一个项目，用以开发等离子体氧化设备并在工业规模上验证其功能。橡树岭国家实验室与 RMX 科技有限公司合作已经开发了比传统加热炉速度更快且能耗更低的替代转换工艺，并且使其日趋成熟。目前，美国能源部先进制造业办公室正在资助橡树岭国家实验室扩大碳纤维转换用微波辅助等离子体工艺的应用。

先进的建模工具

福特汽车公司正在努力为碳纤维复合材料开发和集成 ICME 工具，以确定结构/性能和工艺/结构的关系，同时还要考虑预测模型和制造工艺不确定性的影响以及进行模型的验证和确认。碳纤维复合材料底盘在基础工程技术方面努力的目标是，在≤$4.27/lb 成本的前提下减小至少 25%的质量。

验证碰撞模型

当前用于预测碳纤维复合材料的碰撞模型是不准确的。因此，当采用碳纤维复合材料轻量化结构时，设计人员必须通过超裕度设计结构来确保安全。但同时，此超裕度设计也增加了材料、成本和质量。在降低成本的同时，设计部分还可通过准确的碰撞模型最大限度地提高性能。开发碰撞模型的第一步是验证确定技术差距的现有模型。

美国汽车材料合作伙伴有限责任公司[16]正在验证碳纤维复合材料保险杠所使用的碰撞模型。团队设计了复合材料保险杠，并通过与实验结果对比来评估碰撞预测。这个工作包括开发无损检测和评估，以进一步评估碰撞造成的复合材料损伤。

降低碳纤维的生产成本

如果美国能源部高级制造技术办公室没有努力创建复合材料与结构研究所的意图，那么本章节将是无法完成的。此资助项目（DE–FOA–0000977）目前处于采购阶段。

先进高强度钢（AHSS）

钢材料的创新实现了具有更大刚度和强度的先进高强度钢的开发，从而增加了其用于车辆时减重的可能性。

高优先级 AHSS 技术差距

我们在开发新钢种、连接工艺和预测结构/性能和工艺/结构的关系以及在使用性能方面的能力并没有得到充分的施展。

填补了一些与 AHSS 相关的技术差距

美国汽车材料合营有限责任公司（US Automotive Materials Partnership LLC）和美国钢铁学会（American Iron and Steel Institute）[17]正致力于 ICME 工具的开发和验证，并专注于开发在成本≤\$3.18/lb 的前提下能够使白车身质量减小 35%以上的第三代先进高强度钢（3GAHSS）。这种新一代高级钢的目标特性可以是高强度（抗拉强度＞1 200 MPa）和卓越的延展性（伸长率＞30%），也可以是特殊的强度（拉伸强度＞1 500 MPa）和高延展性（伸长率＞25%）。ICME 方法是一种将一组计算和实验结果相结合，以同时预测性能并优化材料的方法。我们在顺利完成所追求的目标方面的努力也明显推动了现有技术水平的发展。例如：目前还没有一种 ICME 框架可使不同长度及尺度的所有模型连接到模锻模拟、断裂模型和设计优化程序中。这一工作旨在实现这些目标。

AHSS 的目标特性

第 3 代 AHSS 的特性如图 4 所示。

驱动系统（动力传动系）材料

提高内燃机的性能，使其能够在更严格的运行条件（温度和压力）下提高发动机效率并实现发动机的轻量化。

驱动系统材料的长期目标[18]包括以下两方面：

（1）到 2025 年，能够使用更高性能的材料用于日益严苛的运行条件，以提高效率和性能并减小质量和降低生命周期成本，从而使比功率提高 25%；

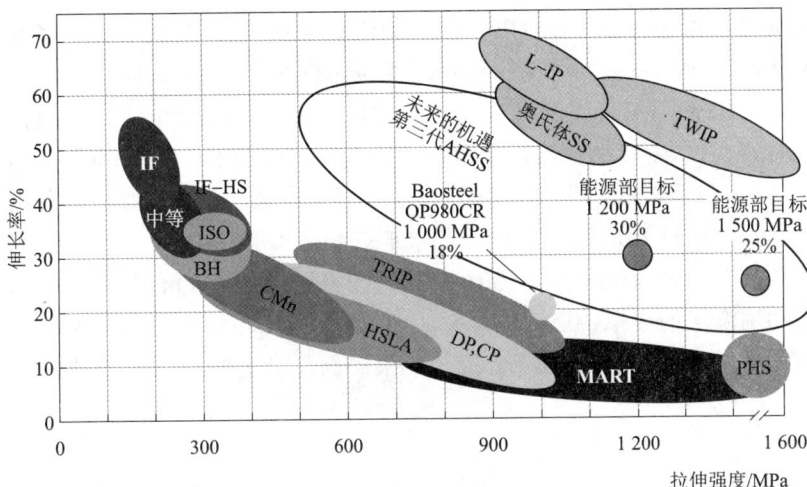

图4　第三代 AHSS 的特性

（参考文献：2013 年美国能源部车辆技术办公室（DOE VTO）轻量化材料年度报告第 106 页的图Ⅲ–90）

（2）到 2050 年，能够使用更高性能的材料用于日益严苛的运行条件，以提高效率和性能，并减小质量和降低生命周期成本，从而使比功率提高 50%。

高优先级驱动（动力系）材料的技术差距

为了使发动机达到更高的效率（且质量更小），需要成本效益更高的性能（温度和压力）合金和锻造技术。此外，还需要减少合金特性的变化性，从而使大型和复杂的铸件具有更薄的铸造壁厚。要达到这些目标，则需要性能和加工特性都有所改进的合金、具有良好可控性的浇铸工艺以及稳健的预测模型工具。从经济的角度考虑，也需要采用可行的加工技术对发动机部件进行精加工。

解决一些与驱动系统（动力系）材料相关的技术差距

解决这些内燃机领域的技术差距的项目需要更高的性能，但低成本的材料目前不可用。

实现更高的峰值气缸压力和温度

针对驱动系统材料，需要进行用于轻量化的铸铝性能提升方面的开发。其性能指标包括强度增加 25%、最高工作温度增加 50 ℃，以及增量成本不超过目前使用材料成本的 10%。为了实现目标并降低风险，美国能源部（DOE）设计了三种不同的技术解决方案，每一个技术解决方案都具有不同的技术方法和加工方法。所有这些方法都使用可用的 ICME 工具。

橡树岭国家实验室（ORNL）[19]与美国克莱斯勒有限责任公司（Chrysler Group LLC）、耐马克公司（Nemak Inc.）、美国铝业公司（Alcoa）、格兰塔智能材料公司（Granta MI）、ESI 北美公司（ESI North America）、浪潮科技公司（Flow Science）、麦格纳铸造技术公司（Magma Foundry Technologies）和民科公司（Minco Inc.）利用 ICME 方法来开发合金材料，这些材料可用于制造气缸盖，并通过 RotoCast 生产工艺来加以制造新产品。

通用汽车公司（General Motors）[20]试图将昆奇公司（QuesTek）的 ICMD™ 功能与通用汽车的虚拟铸造部件开发（VCCD）方法相结合（见图 5），以加速通过目前的半永久铸模砂型铸造工艺并采用新型合金制造气缸盖铸件的开发工作。

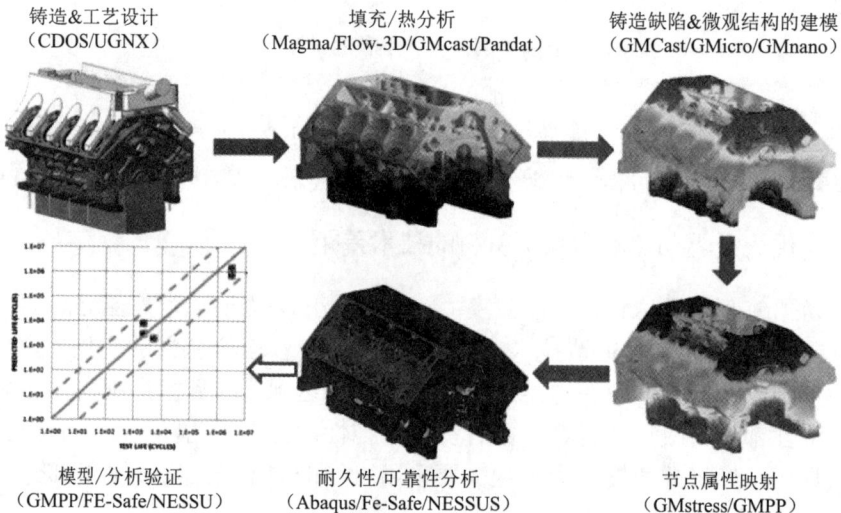

铸造&工艺设计
（CDOS/UGNX）

填充/热分析
（Magma/Flow-3D/GMcast/Pandat）

铸造缺陷&微观结构的建模
（GMCast/GMicro/GMnano）

模型/分析验证
（GMPP/FE-Safe/NESSU）

耐久性/可靠性分析
（Abaqus/Fe-Safe/NESSUS）

节点属性映射
（GMstress/GMPP）

图 5　针对铸造产品性能和寿命预测的通用汽车 VCCD 建模与仿真方法（见彩插）

（参考文献：2013 年美国能源部车辆技术办公室（DOE VTO）驱动系统材料年度报告第 106 页的图 2）

福特汽车公司（Ford）[21]试图通过最大化沉淀物的强化效应，开发备选的合金成分，该方法基于这一领域中已产生的知识体系和 ICME 工具的指导。其计划包括验证在福特发动机上应用的新型合金。

低成本轻量化旋转部件

效率更高的发动机的曲轴需要一种能实现低成本、高性能的新型材料，从而使曲轴的性能等同于通过无扭锻造制成的高性能单元。针对这一目标，卡特彼勒正在与通用汽车公司合作共同启动一个新项目。

总　结

上述概况中介绍了美国能源部（DOE）在轻量化和推进装置材料中为提高汽车行驶效率而进行的投资。本章介绍的项目与 MMLV 项目具有协作关系。镁、碳纤维复合材料，先进的高强度钢，以及驱动装置材料的成功研发具有填补 MMLV 项目中已确定的技术差距的潜力，从而起到支持节油多材料车辆未来商业化发展的作用。

建　议

虽然早期材料的开发工作趋于成熟，但技术差距阻碍了它们的广泛使用，开发工作仍面临很多挑战。有些挑战仍未解决，然而对最终目标的持续关注将继续推进现有的技术水平。示范项目对于验证正在使用的技术整合和系统特性来说具有不可估量的价值。

11

参 考 文 献

[1] U.S. Energy Information Administration, "U.S. Petroleum Flow, 2013," http: //www.eia.gov/ totalenergy/data/monthly/pdf/flow/petroleum.pdf. September 2014.

[2] Vehicle Technologies Office, "Lightweight Materials R&D Program," (Washington, DC, U.S. Department of Energy, Office of Energy Efficiency and Renewable Energy, 2013), http://energy.gov/sites/prod/files/2014/04/fl 5/2013_lightweight_materials_apr.pdf .

[3] Vehicle Technologies Office, "Propulsion Materials," (Washington, DC, U.S. Department of Energy, Office of Energy Efficiency and Renewable Energy, 2013), http://energy.gov/ sites/ prod/files/2014/06/fl6/2013_Progress_Report_for_Propulsion_Materials.pdf

[4] Gibbs, J., Joost, W., Schutte, C, and Raghunathan, A.. "WORKSHOP REPORT:Light-Duty Vehicles Technical Requirements and Gaps for Lightweight and Propulsion Materials," (Washington, DC, U.S. Department of Energy, Vehicle Technologies Office, Office of Energy Efficiency and Renewable Energy, February 2013), http://energy.gov/sites/prod/ files/2014/03/ fl3/wr_ldvehicles.pdf

[5] Gibbs, J., Joost, W, Schutte, C, and Raghunathan, A.. "WORKSHOP REPORT:Trucks and Heavy-Duty Vehicles Technical Requirements and Gaps for Lightweight and Propulsion Materials," (Washington, DC, U.S. Department of Energy, Vehicle Technologies Office, Office of Energy Efficiency and Renewable Energy, February 2013), http://energy.gov/sites/

prod /files/2014/03/fl 3/wr_trucks_hdvehicles.pdf.

［6］ Gibbs, J., Joost, W., Schutte, C, and Raghunathan, A..“WORKSHOP REPORT:Light-Duty Vehicles Technical Requirements and Gaps for Lightweight and Propulsion Materials,” (Washington, DC, U.S. Department of Energy, Vehicle Technologies Office, Office of Energy Efficiency and Renewable Energy, February 2013), http://energy.gov/sites/prod/ files/2014/ 03/fl3/wr_ldvehicles.pdf.

［7］ Simandl, G.,Schultes, H., Simandl, J.,and Paradis, S.. “Magnesium-Raw Materials, Metal Extraction and Economics-Global Picture,” *Proceedings of the Ninth Biennial SGA Meeting,* 827-830, 2007, http://www.empr.gov.bc.ca/Mining/Geoscience/IndustrialMinerals/Documents/ Magnesium.pdf.

［8］ U.S. Geological Survey, “Magnesium Metal,” http://minerals.usgs.gov/minerals/pubs/ commodity/magnesium/mcs-2014-mgmet.pdf, February 2014.

［9］ Powell IV, A. C.. “Industrial Scale-Up of Low-Cost Zero-Emissions Magnesium by Electrolysis-INFINIUM, Inc.,” in “Lightweight Materials R&D Program,” (Washington, DC, U.S. Department of Energy, Office of Energy Efficiency and Renewable Energy, Vehicle Technologies Office, 2013), 90-92, http://energy.gov/sites/prod/files/2014/04/fl5/ 2013_lightweight_materials_apr.pdf.

［10］ Lavender, C, and Skszek, T.. “Non-Rare-Earth High-Performance Wrought Magnesium Alloys,” in “Lightweight Materials R&D Program,” (Washington, DC, U.S. Department of Energy, Office of Energy Efficiency and Renewable Energy, Vehicle Technologies Office, 2013), 35-42, http://energy.gov/sites/prod/files/2014/04/fl5/2013_lightweight_materials_ apr.pdf.

［11］ Sun, X., Li, M., and Allison, J.. “Modeling and Computational Materials Science Mechanistic-Based Ductility Prediction for Complex Magnesium (Mg) Castings,” in “Lightweight Materials R&D Program,” (Washington, DC, U.S. Department of Energy, Office of Energy Efficiency and Renewable Energy, Vehicle Technologies Office, 2013), 51-57, http://energy.gov/sites/prod/files/2014/04/fl5/2013_lightweight_materials_apr.pdf.

［12］ Quinn, J. F., Forsmark, J. H., and Logan, S. D.. “Development and Demonstration of a Magnesium-Intensive Vehicle Front-End Substructure-United States Automotive Materials Partnership (USAMP)LLC,” in “Lightweight Materials R&D Program,” (Washington, DC, U.S. Department of Energy, Office of Energy Efficiency and Renewable Energy, Vehicle Technologies Office, 2013), 93-102, http://energy.gov/sites/prod/files/2014/04/fl5/ 2013_ lightweight_materials_apr.pdf.

［13］ Gibbs, J., Joost, W., Schutte, C, and Raghunathan, A.. “WORKSHOP REPORT: Trucks and Heavy-Duty Vehicles Technical Requirements and Gaps for Lightweight and Propulsion

Materials," (Washington, DC, U.S. Department of Energy, Vehicle Technologies Office, Office of Energy Efficiency and Renewable Energy, February 2013), http://energy.gov/ sites/prod/files/ 2014/03/fl3/wr_trucks_hdvehicles.pdf.

[14] Husman, G. "Development and Commercialization of a Novel Low-Cost Carbon Fiber-Zoltek Companies, Inc.," in "Lightweight Materials R&D Program," (Washington, DC, U.S. Department of Energy, Office of Energy Efficiency and Renewable Energy, Vehicle Technologies Office, 2013), 127-134, http://energy.gov/sites/prod/files/2014/04/fl5/ 2013_lightweight_materials_apr.pdf.

[15] Paulauskas, F.. "Advanced Oxidative Stabilization of Carbon Fiber Precursors," in "Lightweight Materials R&D Program," (Washington, DC, U.S. Department of Energy, Office of Energy Efficiency and Renewable Energy, Vehicle Technologies Office, 2013), 113-116. http://energv.gov/sites/prod/files/2014/04/fl5/2013_lightweight_materials_apr. pdf.

[16] Faruque, O.,and Berger, L.. "Validation of Carbon Fiber Composite Crash Models Via Automotive Crash Testing," in "Lightweight Materials R&D Program," (Washington, DC, U.S. Department of Energy, Office of Energy Efficiency and Renewable Energy, Vehicle Technologies Office, 2013), 148-160, http://energy.gov/sites/prod/files/2014/04/fl5/ 2013_lightweight_materials_apr.pdf.

[17] Hector, L., and Krupitzer, R.. "Integrated Computational Materials Engineering Approach to Development of Lightweight 3GAHSS Vehicle Assembly (ICME 3GAHSS)," in "Lightweight Materials R&D Program," (Washington, DC, U.S. Department of Energy, Office of Energy Efficiency and Renewable Energy, Vehicle Technologies Office, 2013), 103-111, http://energv.gov/sites/prod/files/2014/04/fl5/ 2013_lightweight_materials_apr.pdf.

[18] Gibbs, J.,Joost, W.,Schutte, C, and Raghunathan, A.. "WORKSHOP REPORT:Trucks and Heavy-Duty Vehicles Technical Requirements and Gaps for Lightweight and Propulsion Materials," (Washington, DC, U.S. Department of Energy, Vehicle Technologies Office, Office of Energy Efficiency and Renewable Energy, February 2013), http://energv.gov/ sites/prod/files/ 2014/03/fl 3/wr_trucks_hdvehicles.pdf.

[19] Shyam, A., Roy, S., Muralidharan, G., Shin, D. et al.. "High Performance Cast Aluminum Alloys for Next Generation Passenger Vehicle Engines," Presentation at 2014 DOE Vehicle Technologies Annual Merit Review and Peer Evaluation Meeting, June 19, 2014, http://energy.gov/sites/prod/files/2014/07/f17/pm062_shyam_2014_p.pdf.

[20] Walker, M. J., and Wang, Q.. "Computational Design and Development of a New, Lightweight Cast Alloy for Advanced Cylinder Heads in High-Efficiency, Light-Duty

13

Engines," in "Propulsion Materials," (Washington, DC, U.S. Department of Energy, Office of Energy Efficiency and Renewable Energy, Vehicle Technologies Office, 2013), 103-109, http://energy.gov/sites/prod/files/2014/06/f16/2013_Progress_Report_for_Propulsion_Materials.pdf.

［21］ Hendra, M.. "ICME Guided Development of Advanced Cast Aluminum Alloys for Automotive Engine Applications," in "Propulsion Materials," (Washington, DC, U.S. Department of Energy, Office of Energy Efficiency and Renewable Energy, Vehicle Technologies Office, 2013), 110-113, http://energy.gov/sites/prod/files/2014/06/f16/2013_Progress_Report_for_Propulsion_ Materials.pdf.

致 谢

在此，对相关的研究人员和项目管理人员的创新和创造能力、精湛的科学和工程技能、良好的职业道德和团队合作精神深表感谢。感谢他们在工业界、学术界和国家实验室进行的各项旨在推进多材料汽车、轻量化和装置材料领域的研究。感谢美国能源部（DOE）的 Jerry Gibbs 和 William Joost 在驱动系统和轻量化金属材料方面所给予的指导。衷心感谢美国能源部（DOE）的 Aaron Yocum 在本书的征购和运营阶段提出的工程方案。感谢曾就职于美国能源部的 Joseph Carpenter 在轻量化材料现有技术水平发展方面给予的持续投资。

定义/缩写

AHSS——先进高强度钢

DOE——美国能源部

ICME——综合计算材料工程

M——百万

MMLV——多材料轻量化汽车

ORNL——国立橡树岭国家实验室

PNNL——西北太平洋国家实验室

USAMP——美国汽车材料合作有限责任公司

VCCD——虚拟铸造部件开发

VTO——汽车技术办公室

联 系 方 式

Carol Schutte 博士
美国能源部汽车技术办公室材料技术部技术经理
办公电话：(201）287-5371
E-mail:carol.schutte@ee.doe.gov

MMLV：项目概况

2015-01-0407

2015 年 4 月 14 日发表

蒂莫西·思凯泽克（Timothy Skszek）

麦格纳国际公司（Magna International Inc.）

马特·扎鲁泽克（Matthew Zaluzec）

福特汽车公司（Ford Motor Company）

杰夫·康克林（Jeff Conklin）

麦格纳国际公司（Magna International Inc.）

戴维·瓦格纳（David Wagner）

福特汽车公司（Ford Motor Company）

引文：Skszek, T.，Zaluzec, M., Conklin, J. 和 Wagner, D.，"MMLV 项目概观"，SAE 技术论文 2015-01-0407，2015，doi：10.4271/2015-01-0407.

摘　要

由麦格纳国际公司（Magna International Inc.）和福特汽车公司（Ford Motor Company）研发的多材料轻量化汽车（MMLV）是美国能源部 DE–EE0005574 项目的研究成果。该项目在保证基线量产车车辆性能、乘员安全和实用性的同时展示了五座轿车的轻量化潜力。同时，制造了原型车并进行了有限的整车测试。MMLV 车辆设计通过商用材料和生产工艺，实现了 1.0 L 三缸发动机的应用，降低了燃油消耗并产生了明显的环境效益，且使整车质量减小了 364 kg（23.5%）。本章包括与 MMLV 项目方法、质量减小和环境影响相关的详细信息。

引　言

有据可查的是，轻量化材料的应用减小了乘用车的质量，在降低燃料消耗和提高环境效益方面产生了明显的效果。经验表明，整车质量减小 10%可改善 6%～8%的燃油经济性。LCA 模型表明，约 58%的燃料经济性改善与相对于车辆轻量化的发动机"小型化"相关，而 42%的油耗降低只与质量减小有关。那些与车辆轻量化直接相关的油耗降低效益则与发动机小型化和质量减小的综合因素相关。

随着材料成本的不断增加、可用轻量化材料的全球化以及轻量化材料生产车辆所需的生产和装配基础设施的缺乏，不仅制约了小批量生产优质利基车辆在细分市场中的商业化，而且也使诸如闭锁系统、底盘和动力系防撞装置及油底壳等螺栓连接组件的生产受到限制。

美国环境保护署（EPA）和国家公路交通安全管理局（NHTSA）的相关部门已经扩展了进一步降低温室气体排放的规定[1]。2025 年款轻量化汽车的 EPA 标准是二氧化碳（CO_2）163 g/mile，这相当于每加仑（gal①）54.5 mile（mpg）。这一 EPA 标准和即将生效的 CAFE 法规以及全球环保意识的提高都为高容量细分市场生产高燃油效率乘用车和轻型商用车所需的基础设施的开发提供了动力。

通过轻量化降低油耗是降低二氧化碳排放量的几种手段之一。提高燃油效率和传动系统效率以及减少空气阻力和滚动阻力也是能够与车辆轻量化相媲美的手段，可以解决燃油的经济性并满足环保法规的要求。

范围界定

多材料轻量化汽车（MMLV）项目的意图是在保证车辆性能、乘员安全和基准车辆效用的同时证明五座 C/D 级乘用车质量减小的潜力。

MMLV 项目包括开发两种分别被称为 Mach-Ⅰ 和 Mach-Ⅱ 车辆变体的轻量化汽车设计。另外，项目还包括创建和测试 Mach-Ⅰ 设计所选择的轻量化组件和系统。MMLV 设计基于 2013 年 C/D 级福特 Fusion 量产车，并保留与基准车辆相关的车辆"承载点"和组件，从而将 2013 款 Fusion 基准车辆的沿用部件原型集成于测试和演示用的 MMLV Mach-Ⅰ 概念车中。

MMLV Mach-Ⅰ 车辆是采用可商购的或以前已验证的材料和工艺生产的。

---

① 1 gal=4.546 092 dm^3。

Mach-Ⅰ 整车项目的范围包括组件设计、CAE 分析、生产、装配和缓蚀以及对车辆原型进行有限的整车测试。与 2013 款福特 Fusion 相比，Mach-Ⅰ 概念车的设计将整车质量减小了 23.3%（364 kg）。同时，在 MMLV 原型车中开发了 Mach-Ⅰ 设计所选定的轻量化组件和系统，如图 1 所示。

图 1　MMLV 原型车比 2013 款福特 Fusion 基准车辆的质量减少了 23.3%

MMLV 项目的范围还包括开发项目所包含的设计、CAE 分析、制造、组装和缓蚀策略的 Mach-Ⅱ 设计变体。此 Mach-Ⅱ 整车设计包括许多先进材料以及生产和整车装配方法，这些有助于在商业化大批量生产乘用车之前确定潜在材料在具体产品应用和技术差距方面的目标。

本章包括对用于测试与评估的 Mach-Ⅰ 车辆设计和 MMLV 概念车的相关讨论。

项 目 成 果

MMLV Mach-Ⅰ 车辆设计的质量减小了 364 kg（23.3%），这使其仅使用一个 1.0 L 三缸涡轮增压直喷汽油发动机即可。表 1 给出了与 5 个车辆子系统类别分别相关联的质量减小幅度。

表 1　MMLV 子系统的质量减小和总百分比

子系统名称	2013 Fusion/kg	MMLV 最终设计/kg	MMLV 对比 C/D 级 2013 款车辆	总百分比
车身外饰和闭锁系统	594	456	23.3%	38.0%
车身内饰和空调控制系统	206	161	21.8%	12.4%
底盘	350	252	27.8%	26.8%
动力系统	340	267	21.5%	20.1%

续表

子系统名称	2013 Fusion/kg	MMLV 最终设计/kg	MMLV 对比 C/D 级 2013 款车辆	总百分比
电气系统	69	59	14.4%	2.7%
整车	1 559	1 195	23.3%	100.0%

由第三方根据标准 ISO 14040/44 和 CSAG 2014[3]所进行的生命周期评估（LCA）[2]的相关结果包括在 250 000 km（155 343 mile）的使用寿命期间预计消耗的燃油净减少量为 3 642 L（964 gal），由此可估算出 34 mpg（6.9 L/100 km）的联合循环燃油经济性，与此相比，2013 款福特 Fusion 的燃油经济性则达到了 28 mpg（8.4 L/100 km）。

在"使用阶段"，环保效益及估算的 17.3%的油耗减小量可通过与"生产阶段"和"从摇篮到坟墓"生命评估周期的"生命结束阶段"有关的碳足迹差抵消。在 LCA 项目中，与 Mach-I 设计车辆的制造和使用相关的净生命周期效益如下：

（1）全球变暖潜能值（GWP）减少 16%；

（2）一次能源总量（TPE）减少 16%；

（3）11 589 km 的 GWP 回报；

（4）10 710 km 的 TPE 回报。

与 MMLV 设计相关的 364 kg 的质量减小是与 5 个车辆子系统（车身外饰和闭锁系统、内饰、底盘、动力总成和电气系统）分别相关的材料选择和设计效率的综合结果，具体分析如下：

（1）车身外饰和闭锁系统为整车质量的减小做出了 21%（76 kg）的贡献。车身和闭锁系统是由冲压薄板、挤压型材和复杂结构铸件三种形式的铝板材以及先进的高强度钢板冲压件构成的。

（2）车身内饰和空调控制子系统为整车质量的减小做出了 12%（45 kg）的贡献。碳纤维复合材料被用于座椅结构和仪表板梁。

（3）通过使用铝制副车架和制动盘外加高而窄的碳纤维复合材料车轮，底盘子系统为整车质量的减小做出了 27%（96 kg）的贡献。

（4）通过在发动机和变速器设计中使用铝、镁和碳纤维复合材料，动力系子系统为整车质量的减小做出了 27%（96 kg）的贡献。

（5）对包括铝布线和 12 V 锂离子起动蓄电池在内的电气子系统进行轻量化，为整车质量的减小做出了 3%（10 kg）的贡献。

19

车身外饰和闭锁系统

车身外饰和闭锁系统子系统占 MMLV Mach-I 设计总车质量的 33.5%，其相对于 2013 款 Fusion 的质量减小量达到了 76 kg（23.3%），具体情况见表 2。

表 2　Mach-I 车身外饰与闭锁系统的质量减小量

子系统描述	2013 款 Fusion/kg	MMLV Mach-I 最终设计/kg	MMLV Mach-I 相对于 2013 款 CD 级汽车的质量减少的百分比
车身外饰和闭锁系统	594	456	23.3%
白车身	326	250	23.5%
未油漆的闭锁系统	98	69	29.7%
保险杠	37	25	30.9%
固定和可移动式窗玻璃	37	25	32.5%
其他——饰板、机构、油漆、密封件等	96	87	9.5%

白车身

白车身设计是由 5××× 系列铝板材、6××× 系列铝合金型材和 Aural 2 plus Aural 5S 铝铸件制成的。先进的高强度钢板主要用于安全结构，例如用于防撞轨、B 柱和选定的汽车横梁。由此制成的白车身设计质量为 250 kg，相对于 Fusion 的 326 kg，白车身质量减小了 76 kg（23.5%）。图 2 所示为通过材料分布显示的车身结构。

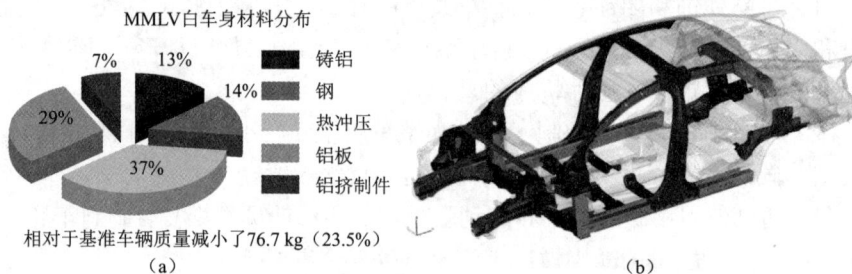

图 2　MMLV 白车身材料基质——64% 的铝和 36% 的钢（见彩插）

未油漆的闭锁系统

未油漆的闭锁系统为实体铝设计制成，侧门是由 5××× 和 6××× 系列铝板、6××× 系列铝合金型材以及铸铝铰链和铸镁 A 柱加强件等构成的。先进的高强度钢板被用于车门防撞梁安全结构，而门锁/B 柱加强件则采用了低碳钢材料。由此制成的未油漆闭锁系统的设计质量为 69 kg，相对于 Fusion 的 98 kg，未油漆闭锁系统子系统的质量减小了 29 kg（29.6%）。图 3 所示为未油漆的闭锁系统的材料分布，且突出显示了侧车门的结构设计。

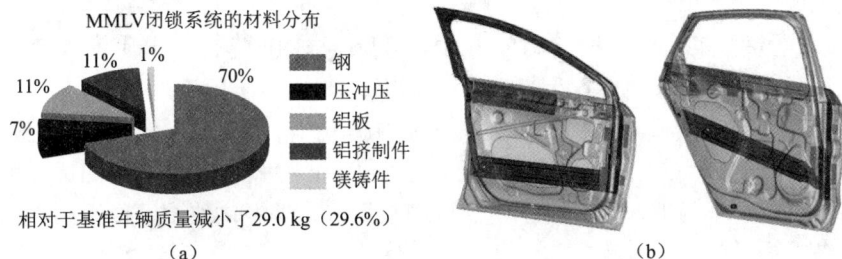

图 3　MMLV 未油漆的闭锁系统材料基体——
64%的铝和36%的钢以及车门结构设计亮点（见彩插）

通过把行李厢盖和前挡泥板的材料从钢质转变成铝质以及在发动机罩和行李厢盖上使用铝制铰链的设计使未油漆闭锁系统实现了 9.8 kg 的质量减小。2013 款 Fusion 发动机罩的结构是铝制的，因此无法再减小质量。其侧门结构的设计质量减小了 17.4 kg，侧门铰链的设计质量减小了 1.6 kg。

在 MMLV 车门设计中，其功能饰板和黑色饰板使用了化学发泡塑料，从而减小了 2.2 kg（15%）的质量，且 4 个车窗玻璃升降器各减小了 0.4 kg（20%）的质量，这些都是除白车门以外的质量减小因素。这些项目和其他项目的质量减小量都被列入了表 2 中的饰板和机构条目中。

前、后保险杠

前、后保险杠子组件的 MMLV 设计是由挤制铝保险杠横梁和防撞箱组成的，与 2013 款福特 Fusion 相比，其质量减小了 9.3 kg。MMLV 前后饰板为化学发泡塑料罩，因此又减小了 2.1 kg 的整车质量。MMLV 前后保险杠子组件的质量为 25 kg，比质量为 37 kg 的 2013 款 Fusion 保险杠减小了 12 kg（30.9%）的质量，如图 4 所示。

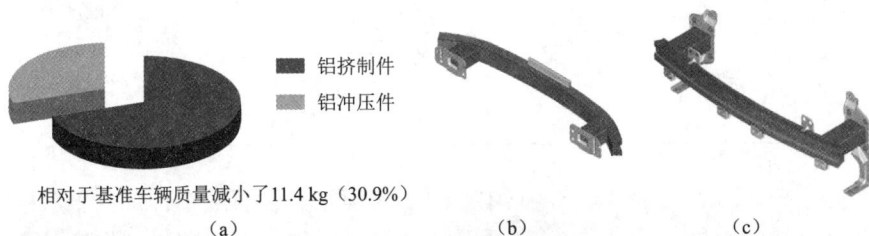

图 4　MMLV 保险杠结构系统
（a）保险杠材料分布；（b）前保险杠；（c）后保险杠

固定式和可移动式窗玻璃

MMLV 前、后车门的可移动式玻璃窗设计是由一个层状"混合材料"窗玻璃组成的，与 2013 款 Fusion 可移动式玻璃窗相比，其质量共减小了 4.7 kg（34%）。每辆车的车门活动玻璃总重从 13.8 kg（每侧前车门玻璃质量为 4.3 kg，每侧后车门玻璃质量为 2.6 kg）减小到 9.1 kg（每侧前车门玻璃质量为 2.45 kg，每侧后车门玻璃质量为 2.1 kg）。这种窗玻璃是由 0.7 mm 化学钢化玻璃层强化 1.8 mm 厚的回火（碱石灰）玻璃层再加上 0.8 mm 的隔音 PVB（聚乙烯醇缩丁醛）层组成的车门玻璃。对侧车门窗玻璃来说，化学钢化玻璃层位于内表面上回火玻璃的外侧。

MMLV 固定玻璃窗包括一个层状混合物挡风玻璃（相对于质量为 14.2 kg 的 Fusion 挡风玻璃），其质量减小了 5.1 kg（36%）。多层挡风玻璃的成分与侧门窗玻璃相同，只是其化学钢化玻璃层在内侧。照明系统是由 4.5 mm 厚的聚碳酸酯组成的，相对于质量为 8.1 kg 的 2013 款 Fusion 照明系统，其质量减小了 2.2 kg（27%）。

车身内饰和空调控制系统

相对于 2013 款 Fusion，MMLV Mach-I 的车身内饰和空调控制子系统的质量减小了 45 kg（21.8%），如表 3 所示。其车身内饰和空调控制系统的质量减小的最大量主要来自于汽车车身车内设计中的座椅和仪表盘设计。

表 3　Mach-I 车身内饰与空调控制系统的质量减小

子系统描述	2013 款 Fusion/kg	MMLV Mach-I 最终设计/kg	MMLV Mach-I 相对于 2013 款 C/D 级汽车的质量减小百分比
车身内饰和空调控制系统	207	161	21.8%
座椅	70	42	40.1%
仪表盘	22	14	37.0%
空调控制系统	27	25	5.1%
其他——装饰、挡板和操纵台等	88	80	8.7%

此系统共减小质量 45 kg，其中 36 kg 是座椅和仪表板结构部分采用碳纤维复合材料的结果。额外的 9 kg 质量减小来自用化学泡沫塑料制作座舱内部装饰板以及取消了加热、通风和空调（HVAC）系统的双重控制模式。通过铸

模过程中在受控条件下引入催化剂来使化学发泡塑料形成具有泡沫内芯的薄且坚硬的外层。

前、后座椅结构

通过使用碳纤维复合材料进行座椅结构设计以及减少泡沫材料和轻量化后围板的方法使得每个前座椅的质量减小了 8 kg 左右。图 5 所示为碳纤维复合材料前座椅的设计。MMLV 设计还包括通过使用碳纤维复合材料结构和减小泡沫和织物装饰的质量方法使后座减小 12 kg（42%）的质量。

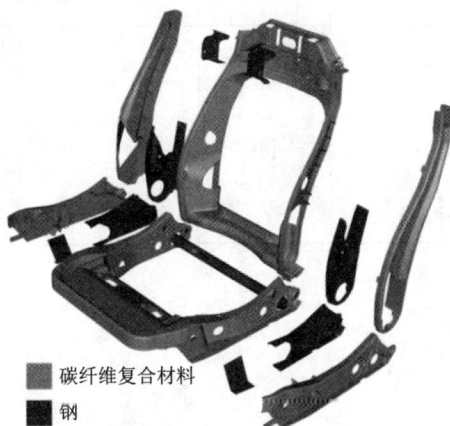

碳纤维复合材料

钢

图 5　碳纤维复合材料前座椅零件和材料分布

仪表板梁

仪表板梁使用了集成有空调管道和化学发泡非结构件的碳纤维复合材料结构，从而使 Fusion 仪表板梁减小了 8 kg（36%）的质量，达到 MMLV 设计仪表板梁的 14 kg。图 6 所示为 Fusion 和 MMLV 仪表板的设计和材料。

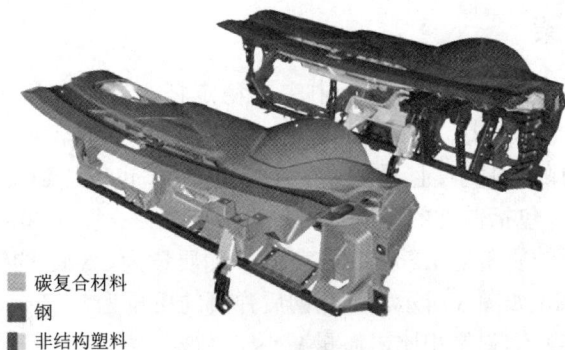

碳复合材料

钢

非结构塑料

图 6　Fusion 与 MMLV 仪表板梁和暖通空调系统管道的设计（见彩插）

底　盘

与质量为 350 kg 的 2013 款 Fusion 底盘系统相比，MMLV 底盘系统整体质量减小了 98 kg（27.8%），如表 4 和图 7 所示。

表 4　Mach-I 底盘系统的质量减小

子系统描述	2013 款 Fusion/kg	MMLV Mach-I 最终设计/kg	MMLV Mach-I 相对于 2013 款 CD 级汽车的质量减小百分比
底盘	350	253	27.8%
前、后悬架	96	81	15.6%
副车架	57	30	47.6%
车轮和轮胎	103	64	37.8%
制动器	61	49	19.8%
其他——方向盘、千斤顶等	33	29	12.1%

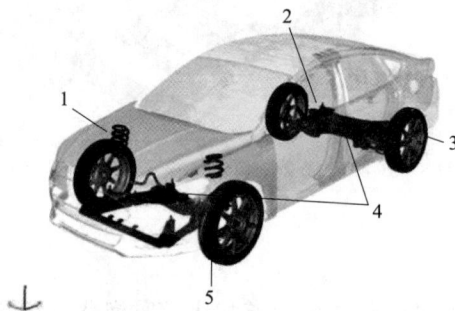

图 7　MMLV 轻量化底盘组件

1—复合材料前螺旋弹簧；2—空心钢弹簧；3—碳纤维车轮；4—铝副车架；5—高而窄的轮胎

前、后悬架

MMLV 前、后悬架设计包括中空钢稳定杆，其前部质量减小达 1.7 kg（39%），后部质量减小达 2.9 kg（59%），通过用铝材取代钢材，使万向接头和缓冲装置的质量随之减小，且采用轻量化螺旋弹簧，也可达到减小质量的目的。

MMLV 设计包括前部的玻璃纤维—环氧树脂复合弹簧和后部的中空钢弹簧。前复合弹簧的质量为 1.2 kg，与 Fusion 的质量为 2.8 kg 的钢制弹簧相比，质量减小了 57%，如图 8 所示。中空钢后弹簧的质量为 2.7 kg，与 Fusion 的质量为 4.3 kg 的实心钢弹簧相比，质量减小了 37%。

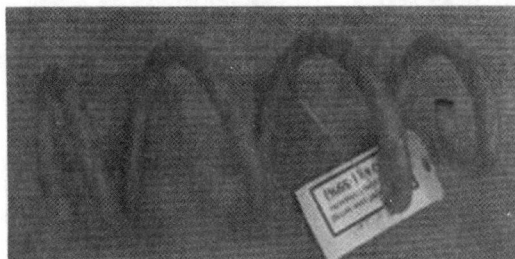

图8　玻璃纤维—环氧树脂复合材料前弹簧

副车架

　　MMLV 副车架设计减小质量达 27 kg（47%）。基准车辆 2013 款福特 Fusion 具有冲压钢副车架。MMLV 副车架是由铸件和挤制铝材组成的。前铸造副车架为高压真空压铸件，而后副车架侧铸件为低压中空铸件。铝挤制件是通过 MIG（金属惰性气体）焊接到铸件上的。图 9 所示为 MMLV 副车架的设计和材料分布。

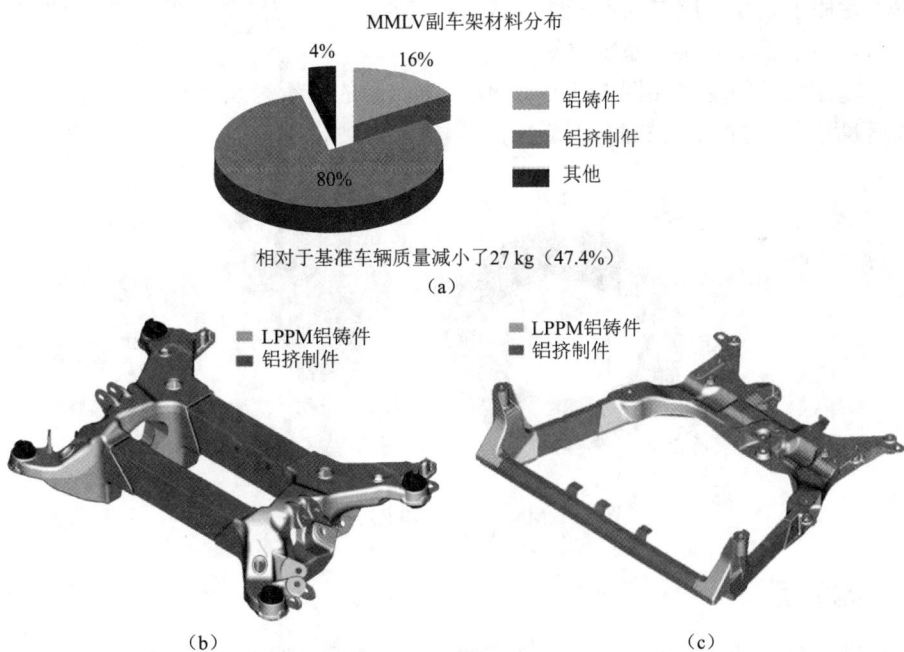

MMLV副车架材料分布

4%　16%

80%

铝铸件
铝挤制件
其他

相对于基准车辆质量减小了27 kg（47.4%）
（a）

LPPM铝铸件
铝挤制件

LPPM铝铸件
铝挤制件

（b）　　　　　　　　　　　　　　（c）

图9　MMLV 前、后副车架的设计和材料分布

车轮和轮胎

　　MMLV 设计结合改变了材料的 5J×19 车轮（见图 10）加上从 225/50 R17 变为 155/70 R19（见图 11）的轮胎设计。每个碳纤维 5J×19 车轮质量为 6.15 kg，

与 2013 款 Fusion 相比，其整车质量减小了 18.36 kg。

图 10   MMLV 碳纤维 5J×19 车轮

MMLV 设计的车轮和轮胎子系统与质量为 103 kg 的 2013 款 Fusion 的车轮和轮胎子系统的质量相比减小了 39 kg（38%）。可通过减小车轮和轮胎的质量以及取消备胎来减小系统质量。

轮胎尺寸的变化如图 11 所示，使每个轮胎的质量为 8.25 kg，从而使车辆的质量相对于 2013 款 Fusion 减小了 13.4 kg（29%）。

改良后的
胎面

图 11   MMLV 155 /70 R19 轮胎

制动盘

通过材料替代的方法，制动系统的质量减小了 11 kg，即用带有 1 mm 厚（薄）的热喷涂型双线电弧不锈钢合金涂层的、具有坚固耐磨表面的铸铝制动盘代替传统的铸铁制动盘。图 12 所示为铸铝前制动盘、原型热喷涂工艺以及制动盘的成品。

底盘系统中其他方面的质量减小是通过缩减转向系统的能力、用爆胎补胎套件代替千斤顶系统的方法以及由于组件质量减小而使紧固件的预期质量也相应减小的方式实现的。

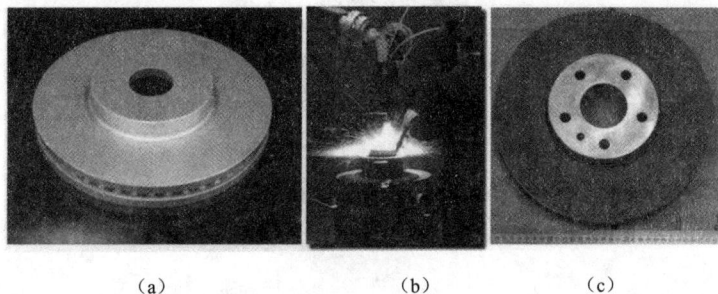

（a）　　　　　　　　（b）　　　　　　　　（c）

图 12　铸铝前制动盘、原型热喷涂工艺和制动盘成品

动力传动系

MMLV 设计的动力系统相对于 2013 款福特 Fusion 所使用的量产发动机质量减小了 73 kg（21%）。2013 款福特 Fusion 基准车辆包括一台 1.6 L 的四缸涡轮增压汽油直喷（EcoBoost 发动机）发动机和六速自动变速器。MMLV 设计有一台经轻量化设计的 1.0 L 三缸汽油涡轮增压直喷（Fox EcoBoost）发动机和质量减小了的六速自动变速器。

动力传动系质量减小的原因也包括在维持与 2013 款福特 Fusion 具有相同可行驶里程的情况下，使油箱的容积减小了 4 gal。

MMLV 设计发动机轻量化的措施包括如下几项：

（1）带 CGI 隔板嵌件的铝制缸体（质量减小 48%，11.8 kg）；

（2）铝连杆（质量减小 40%，0.7 kg）；

（3）CF/ PA 油底壳（质量减小 30%，1.2 kg）；

（4）CF/ PA 前盖板（质量减小 30%，1.0 kg）；

（5）CF / A1 凸轮推杆（质量减小 20%，1.3 kg）。

图 13 所示为发动机的五项材料替代轻量化措施。

针对已降低的六速自动变速器转矩容许载荷的材料，替代轻量化措施使变速器质量从 Fusion 的 89 kg 减小到设计质量为 77 kg。轻量化变速器措施包括用铸镁外壳取代铝制外壳，以及使用铝泵盖、镁阀体和铝加钢混合材料的离合器盘毂。结合这些减重措施加上通过使用碳纤维半轴和轻量化等速万向节的方法额外减小了 3 kg 的质量，变速和传动系总共减小了 14 kg（13%）的质量。

动力传动系统中的其他轻量化设计措施包括使用体积和质量更小的发动机的冷却系统和发动机架。

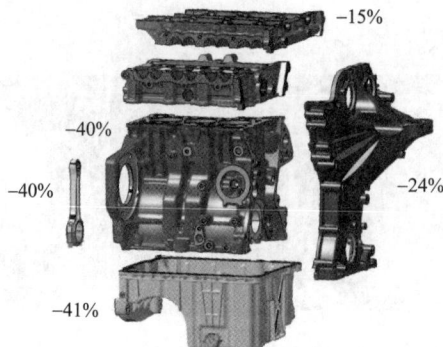

图 13　发动机的五项材料替代轻量化措施

电 气 设 备

　　MMLV 设计在电气系统方面减小了 10 kg 的质量。用铝导体和轻质塑料绝缘体替代铜配电布线可减小 4 kg 的质量。用 12 V 锂离子起动电池代替铅酸电池可减小 5 kg 的质量。这些措施加上交流发电机、起动电动机和扬声器中的少量减重，可使电气系统的质量减小达 10 kg。

MMLV 原型

　　测试和评估用的 MMLV Mach-Ⅰ 的设计是由选定的组件、总成和子系统组成的。MMLV 原型车的设计并不包括由于成本和复杂性限制而在 Mach-Ⅰ 设计中确定的所有设计活动。例如，MMLV 原型车在驾驶员一侧使用了基于 MMLV Mach-Ⅰ 设计的轻量化实体铝制前、后车门，但为了节省加工和装配成本，其在乘客侧则沿用了 Fusion 量产车门。类似地，前副车架是为 MMLV Mach-Ⅰ 设计的铝铸件和挤制件，但后副车架则沿用了 Fusion 量产件。

　　该项目一共制造了七辆车，并进行了选定项目的测试，以评估其轻量化组件和系统。表 5 所示为 MMLV 原型车和测试，其中强调了每种原型车的重点试验。

表 5　MMLV 原型车和测试

车　辆	测　试
带车门的涂底漆车身	振动试验、车门测试
耐久性—A	粗糙路面上的结构耐久性
腐蚀性—A 传统表面处理	整车腐蚀、潮湿、浸泡和盐雾等

车　辆	测　试
腐蚀性—B MMLV 替代表面处理	整车腐蚀、潮湿、浸泡和盐雾等
安全性—A	IIHS、40%偏移可变形障碍物
安全性—B	NCAP 35 mph 全正面刚性障碍物
噪声、振动和不平顺性（NVH）	整车噪声、振动和不平顺性（NVH）、风、发动机、轮胎、路面和噪声测量

2015 年 SAE 全球大会的其他文献[4]描述了 MMLV 原型车的建造和测试结果。虽然 NVH 和某些耐久性评估未达到要求，但 MMLV 原型总体设计仍有助于多材料轻量化汽车设计的开发。150 000 mile 等效耐久性试验结果表明，其车身、闭锁系统、底盘、内饰或电气系统并没有结构性问题。

总　　结

与 2013 款福特 Fusion 基准车辆相比，多材料轻量化汽车（MMLV）设计为 C/D 级五座乘用车的质量减小了 364 kg，即占整车的 23.3%。通过设计主要结构系统，并在所有主要的车辆系统和零部件中使用含铝以及钢、碳纤维和镁等轻量化材料的混合材料，MMLV 设计创造了车辆的减重记录。轻量化汽车设计允许使用小型化发动机，从而可进一步提高其燃油经济性。

MMLV 所使用的许多技术都是短期的，并不一定符合成本效益的要求。福特汽车公司、麦格纳国际公司和整个汽车行业正在不断寻求创新和新颖的方式用来采用具有成本效益和能被我们的客户所接受的轻量化材料。总而言之，这种概念车是多材料轻量化汽车的综合研究成果，它所使用的技术在不久的将来能对汽车轻量化、燃油经济性和降低排放等方面做出更大的贡献。

参 考 文 献

[1] United States Environmental Protection Agency, Office of Transportation and Air Quality, "EPA and NHTSA Set Standards to Reduce Greenhouse Gases and Improve Fuel Economy for Model Years 2017-2025 Cars and Light Trucks," EPA-420-F-12-051, August 1012. http://www.epa.gov/otaq/climate/ documents/420fl2051.pdf

[2] Bushi, L.. "Comparative LCA Study of Lightweight Auto parts of MMLV Mach-Ⅰ Vehicle as per ISO 14040/44 LCA Standards and CSA Group 2014 LCA Guidance Document for Auto Parts", A LCA report prepared for Promatek Research Centre, Canada, 2014,169 pp.

［3］ International Organization for Standardization, "Environmental Management-Life Cycle Assessment-Principles and Framework", ISO 14040:2006.

［4］ SAE World Congress 2015, The Multi Material Lightweight Vehicle (MMLV) Project, Session M101 Parts 1, 2 and 3, April 21-22, 2015, Detroit, MI.

致　谢

　　感谢福特汽车研究高级工程部的工作人员，他们对 MMLV 项目的设计和研究给予了无私的帮助。还要感谢合作伙伴麦格纳国际公司在工程设计方面给予的帮助。此外，有 100 多名科学家和工程师对这个项目做出了贡献，在此向他们致谢。最后，感谢美国能源部车辆技术处的支持和持续的指导与审核。

免 责 声 明

白车身设计和计算机辅助工程（CAE）

2015-01-0408

2015 年 4 月 14 日发表

杰夫·康克林（Jeff Conklin），兰迪·比尔斯（Randy Beals）和扎克·布朗（Zach Brown）
麦格纳国际公司（Magna International Inc.）

引文：Conklin, J., Beals, R., 和 Brown, Z., "BIW 设计和 CAE"，SAE 技术论文 2015-01-0408，2015，doi：10.4271/2015-01-0408.

摘　　要

由麦格纳国际公司（Magna International Inc.）和福特汽车公司（Ford Motor Company）研发的多材料轻量化汽车（MMLV）是美国能源部 DE–EE0005574 项目的研究成果。该项目展示了五座乘用车在保证车辆性能和乘员安全的前提下的轻量化潜力。该项目已制造出了原型车，并进行了有限的整车测试。采用商用材料和生产工艺进行的 Mach-I 车辆设计可实现 364 kg（23.5%）的减重，这使其仅使用一个 1.0 L 三缸发动机即可，从而进一步明显提高了环境效益并降低了燃油消耗。

本章包含了与 C/D 级生产车辆相关的多材料白车身质量减小方面和结构性能方面的许多细节，并评估了选定的刚度、耐久性和碰撞要求。其结构结合了铝铸件、挤压型材和片材以及钢板，并通过结构黏合和各种接合技术组装而成。我们并没有找到其他方法能在大批量生产车身结构时将组合材料和接合方法结合在一起。

引 言

为减小车辆质量而选择并使用先进材料已成为常规汽车工程实践的一部分。过去几年中，业界已经进行了许多关于轻量化机动车车身部件和白车身结构的研究[1~5]，并公布了研究成果。这些研究大都显示出其在质量减小和保持性能方面的优异潜力。

实现较大的质量减小的同时，还需保持整车及其组件的安全和性能，这会使车身总装车间和涂装车间发生显著的改变。为避免多材料接合和电蚀的问题，轻量化白车身（BIW）的结构设计限制了某种材料的选择范围，从而产生了"全钢"或"全铝"设计[1, 2, 5, 7]。

尽管采用黑色金属或有色金属的车身结构具有许多优点，但大批量生产这些轻量化白车身结构尚未成为机动车生产的主流。钢密集结构设计在减小整体质量方面的潜力有限，而全铝设计则必须解决固有材料成本和刚度参数的问题。我们已经针对相对较少的车辆设计方案研究了乘用车车身结构多材料设计的潜力[3, 4]。

在多材料轻量化汽车（MMLV）车身结构计划中，战略性使用钢和铝突显出实现轻量化车身结构的更广泛的应用材料。重要的是，我们必须注意近期正在高速密集开发的高强度轻量化材料、制造工艺和 CAE 设计技术所带来的实质性机遇。

在过去十年中，我们已经看到先进的高真空铝铸造技术得到了长足的发展，并正在被汽车制造商纳入到新的设计中[6]。铝工业企业和零部件供应商都在创新中投入了巨资。具有改善铸造性和接合技术的大量全铝压铸件和新高硅铝合金材料在成本效益应用方面的成功案例已经有许多。这些案例不仅包括在车辆车身结构上的应用，还包括在动力总成和许多其他组件上的应用。这些努力说明通常在减小质量的同时，也改进了部件整合、刚度以及其他结构性能特点。铝高压真空压铸（HPVDC）技术具有实现轻量化整车结构和提高车辆安全性的潜力。

随着在除燃油经济性以外的市场力量的驱动下整体车辆质量的不断增大，自 1997 年以来，能使车辆质量更小的高真空铝合金铸造技术就已被应用于制造车辆的车身结构。更高的燃油经济性的显著贡献就是要通过轻量化铸铝技术使净重减小，达到一个合理的成本。MMLV 项目已证明了通过更广泛地应用铝铸件和设计的最佳实践能实现质量减小，并可通过优化车身结构来实现良好的成本效益。

多材料轻量化汽车（MMLV）项目

　　该 MMLV 项目是美国能源部车辆技术办公室为减少美国原油消耗而进行的轻量化材料项目组合的一部分。2013 款福特 Fusion 被选定为 C/D 级"基准车辆"。麦格纳国际公司（Magna International Inc.）在保留与基准车辆相关的"承载点"的情况下开发了轻量化整车结构并生产/集成了多材料白车身、闭锁系统、底盘和保险杠组件。福特汽车公司（Ford Motor Company）提供了捐赠车辆和质量优化的动力总成、轮胎/车轮、悬架、内饰、玻璃和座椅，用来制造可驾驶的测试和评估用车。MMLV 研究集中于多材料的设计方法，以达到在正确的位置使用具有最佳性能的材料来满足给定要求的目的。在基于轻量化结构、技术和工具的各种方法中，有可能找到一种最佳的轻量化设计。该概念车的设计采用了铝铸件、铝挤压型材、超高强度钢和工程塑料等轻量化材料，从而使质量为 3 431 lb 的 2013 款福特 Fusion 基准整车的质量减小到 2 600 lb，即减小了约 800 lb 的质量，占整车质量的 25%，如图 1 所示。

图 1　MMLV 概念车

　　项目同时还要求原型车保持在捐赠车辆的结构空间内，并利用市售或已证明的材料和制造工艺设计来制造原型车。该项目还包括在福特汽车公司采用相同的车辆测试标准（FMVSS、NVH、耐久性和腐蚀性）来进行验证测试。项目演示了轻量化材料车辆系统在现有的 OEM 车身车间中的集成，从而避免了利基装配和涂装工艺。该概念车原型是综合使用新 MMLV 部件和现产捐赠车辆部件制造的，并将其集成到整车制造中，且将其子组件用于测试。为验证制造轻量化概念车的设计、材料和工艺，福特汽车公司已对这些原型车进行了测试。这个项目将证明在 OEM 大批量生产中多材料设计是切实可行的。

MMLV 轻量化白车身结构

轻量化白车身（BIW）结构是由卡斯马国际公司（Cosma International）为各种应用战略性地选择最佳性能的钢（36%）和铝（64%）而设计的。智能轻量化设计也意味着为其特定的应用而优化组件。例如，已用于 MMLV 项目的不同铝工艺的组合。其部件均采用高压真空压铸件、加工后的挤压型材或具有不同壁厚的铝板，其结果是实现了高刚性及更佳的性能特征。卡斯马国际公司（Cosma International）为每个功能选择了正确的材料和部件生产工艺。在这种情况下，车身结构包括 8 个铸件、6 个挤压型材和多个冲压件。在近 800 lb 的整车质量减小量中，白车身质量减小了 146 lb，约占总车质量减小量的 18%。白车身质量从 695 lb 减小到 509 lb[①]或相对于基准钢质车身结构减小了 27% 的质量，而其大多数区域的性能却得以提升。下面对用于白车身设计的材料进行概述，如图 2 所示。

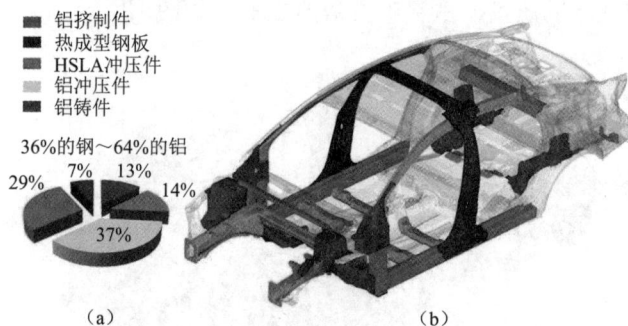

图 2　MMLV 白车身设计（见彩插）

（1）前减震器、前强制降挡机构、铰链支柱和后侧中央纵梁上的真空压铸件（HPVDC）；

（2）用于防正面碰撞的高强度低合金钢（HSLA）前纵梁；

（3）防侧碰与翻车的 B 柱和车顶纵梁上的热冲压件；

（4）铝 6061–T6 挤压型材车身侧边梁、铰链支柱、后行李支架加固件；

（5）铝冲压件 5000～6000 系列用于其他区域。

MMLV 车身结构 HPVDC 铝组件

使用铝铸件的白车身设计可以最大限度地提高刚度并减少部件的数量。铝

---

① 原文如此，建议改为 549 lb。

铸件为工程师提供了更大的设计灵活性，且组件应用是为组装提供局部安装点的最佳方式。

弯曲边界条件使铸件比钢冲压组件更硬，且使其具有更强的驾驶和操控性能及 NVH 等。通过铸造改进的刚度还允许相关部位使用较薄规格的钢板，因此可减小质量，从而减小车辆总质量。

MMLV 车身结构是可被工程技术人员实现的不同结构材料、成形工艺和链接技术应用的良好工程实例。一般情况下，铝高压真空压铸件具有能减小整车质量、整合零部件和减少组装工艺的前景。

8 件 MMLV 铸件（L&R）包括前减震支撑、铰链支柱、强制降挡轨和后部中间轨铸件等，如图 3 所示。

图 3　MMLV 白车身铝真空压铸件

由于原型件的产量非常低（仅有 15 套）、HPVDC 模具的成本和 MMLV 项目的时间有限等问题，车身铸件中有 7 个采用了低压精密砂型铸造 A356.2 铸件。砂型铸造件采用了先进的浇口设计，并利用特殊化学组合物（低 Fe）和相关的热处理（T6）方式，以模拟 HPVDC 产品的机械性能。低压铸件是根据 HPVDC 设计制造的，其具有 2.5 mm 的标称壁厚，并且包含所有 HPVDC 的制造特征；顶杆垫片、分型线等以最接近的方式模拟 HPVDC 铸件进行生产。但前方左侧的强制降挡轨组件是用卡斯马铸造公司（Cosma Casting）（BDW）的 HPVDC 工艺制造的。由于前方左侧的强制降挡轨对于正面碰撞 ODB 验证测试是不可或缺的，因此项目组决定为车辆碰撞测试生产实际的 HPVDC 组件。图 4 所示为 MMLV 白车身结构铸件。

项目组已经对 MMLV 原型车中使用的所有铸件进行了 100% 的 X 射线检验。铸件的所有关键区域都满足 ASTM E155（HPVDC）和 ASTM E505（砂型铸造）板材 2 级标准的规定。所有铸件 100% 通过 ±0.7 mm 的铸造表面公差和 ±0.25 mm 的机加工公差的尺寸设计检验。然后铸件被送至预处理供应商处，进行组装前的阳极硬化处理（Ⅱ型）。预处理可增强结构黏合性和耐腐蚀性。

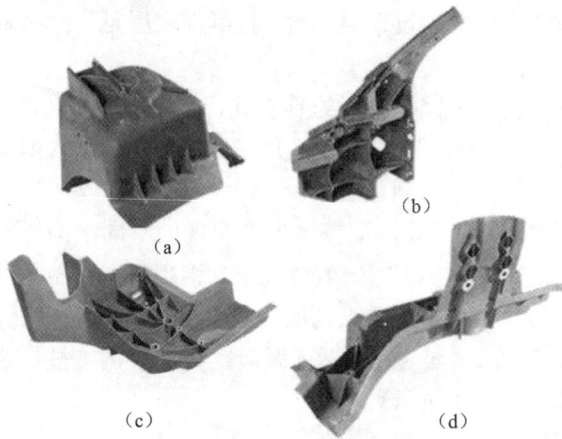

图 4　MMLV HPVDC 组件

（a）弹簧盘；（b）铰链支柱；（c）强制降挡前轨；（d）中间轨

模具设计与仿真建模

卡斯马铸造公司用数值铸造模拟技术对铸型填充和铸件凝固进行了建模，以改进模具的设计和工艺的开发时间。卡斯马铸造公司使用了 Magmasoft（基于有限差分的）仿真软件。为了提高铝铸件的可制造性、质量和生产率，BDW 已为 HPVDC 铸造系统优化了 Magmasoft 仿真软件。这些努力使得组件的质量更小，并缩短了设计和产品开发周期，降低了整体成本。卡斯马铸造公司在 MMLV 铸件的早期设计阶段使用了铸造模拟技术，这非常重要，因为最大限度地估计这些因素并在铸造阶段加以解决对其最终成本的影响也最大。利用模拟技术的意义在于，在没有足够的开发时间和成本的情况下可降低制造 MMLV 原型铸件的风险。

铸造模拟涉及的典型方面包括铸造充型和凝固模式。充型模拟是以 Navier–Stokes 流体动力学方程为基础的，其有助于模具浇口和浇道的整体设计以及非湍流充型模式的实现。凝固仿真模拟了铝凝固工艺中模具的热特性及其作用，并由此预测铸件的一些微观结构和机械性能。大概没有什么工艺比 HPVDC 工艺建模更为复杂了。

该软件可以显示模具材料（HI3）和铸件（Aural 系列铝合金）凝固中的温度分布，并可以确定凝固进展和隔热点（具有较高的缩孔形成概率的位置）。如晶粒大小和二次枝晶臂间距（DAS）等微观结构特征是由铸造凝固速度来控制的。通过预测诸如 DAS 等特性，可以改变模具以实现关键区域的管路冷却，从而达到定向凝固的目的。这些因素与诸如拉伸强度和延展性等机械性能有着直接的关系。在试图减小组件的质量和优化零件的性能时，这些因素将变得至关重要。

卡斯马铸造公司取消了成本较高且重复的铸造仿真分析，并缩短了 MMLV 强制降挡装置铸件原型的交货时间，这对当今全球竞争激烈的铸造业以及对 MMLV 原型车结构来说都是非常重要的因素。图 5 所示为 MMLV 强制降挡装置铸件的模拟。

图 5　MMLV 强制降挡轨的 Magmasoft 铸造充型模拟（见彩插）

MMLV 挤制件、Usibor 超高强度钢板和钢构件

通过利用挤压封闭截面的特性，由萨帕北美压制公司（Sapa Extrusions North America）提供的铝 6063–T6 合金型材被用于增加 MMLV 白车身目标区域的刚度，如图 6 所示。铝挤压型材被用于纵梁以增加其整体抗弯刚度和满足侧面碰撞调查统计要求，且其还被用于后行李托盘上以增加白车身的抗扭刚度。铝挤压型材也被用于铰链支柱以增加车身的抗扭刚度，其还用于增加前车门附件以及左后和右后前减震塔之间的 Y 向刚度。

钢冲压件被用于白车身的战略性区域，以利用其卓越的能量吸收能力来满足车辆碰撞时的要求，如图 7 所示。外 B 柱和中央顶梁上的 Usibor 超高强度钢板冲压件可增强其结构，以满足 FMVSS 214D 侧面碰撞要求和 FMVSS 216a 顶部挤压要求。高强度低合金（HSLA）钢冲压件被

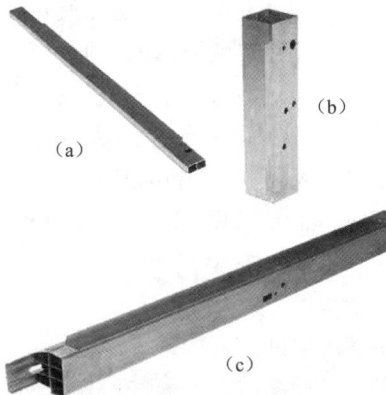

图 6　MMLV 白车身挤制件

（a）用于连接减震塔的连杆；（b）铰链支柱；（c）侧边梁

用于须满足 IHSS ODB 正面碰撞要求和其他 FMVSS 正面碰撞要求的前纵梁。高强度低合金冲压件同样也被用于 A 柱内穿过 B 柱的冲压件和地板上的座椅横向构件，以满足它们的刚度和承载要求。

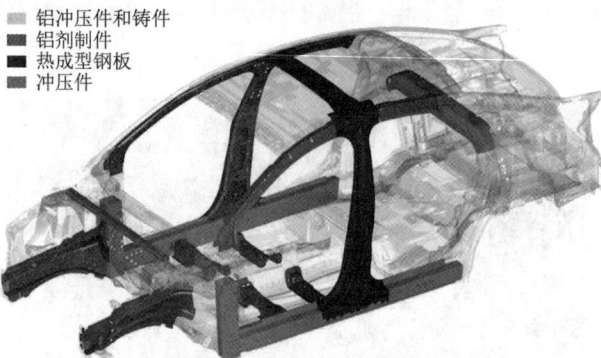

图 7　MMLV 白车身挤制件和主要钢构件（见彩插）

5000 系列和 6000 系列铝冲压件被用于白车身结构的其余部分，一些小的钢冲压沿用件在局部位置改为铝制的，但其质量可以忽略不计。A 级车车身外面板采用 6000 系列铝冲压件，以提高其强度来满足对铸板凹陷和造窝的要求。

异种材料的接合

当裸铝接触裸钢时，电偶腐蚀将是一个问题。在 MMLV 中，是用粘接材料和自冲铆钉对钢和铝进行异质接合的。这种方式可以确保完全避免钢和铝与任何湿气之间的直接接触。大部分钢板是镀锌的，已经对铝铸件进行过硬阳极氧化工艺处理（Ⅱ型），以防止腐蚀并增强其黏合表面，但铝冲压件和铝挤制件被视为未经涂装或清洁的表面。

大多数 MMLV 铝铸件是通过机械接合的方式并使用结构黏合剂与钢材接合在一起的。在这种接合类型中最常用的是自冲铆钉（SPR）。MMLV 铸造减震塔与前导轨的接合是 1.0 mm DP600 钢与 2.5 mm Aural–2 铝铸件的接合，并使用一个 $\phi5\times5$H6（km）的铆钉与 DC10–150 压铸@ 120/200 钢棒接合在一起，如图 8 所示。

由于单侧可及、铆钉枪间隙不足或基体材料的问题而无法在白车身和闭锁系统中使用自冲铆钉的地方，可使用流钻螺钉、RivTac 技术、哈克铆钉和结构黏合剂。

所有 MMLV 机械紧固接头均使用了增加强度和减少电化腐蚀的黏合剂。本项目中使用了两种黏合剂：一种是 Dow BETAMATE™ 73305，它是一种可

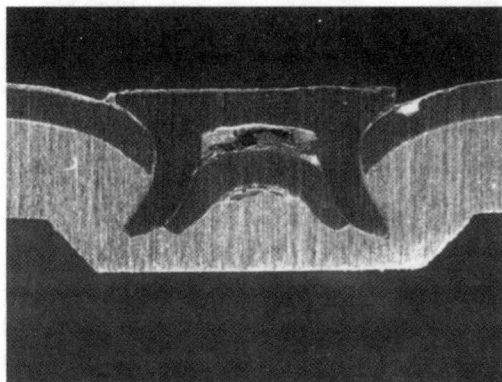

图 8　连接 MMLV 铸造减震塔和前导轨的自冲铆钉（SPR）

通过电涂镀工艺用于任何模块的热活化黏合剂；另一种是 Dow BETAMATE™ 73326，它是一种用于成品车架和模块的不能使用电涂镀工艺的空气固化黏合剂。

MMLV 接合小组研究了铝点焊，但由于铝的表面具有迅速氧化的特性，所以清洁度是一个问题。为了达到最优的质量和焊接性能，需要通过昂贵的清洁程序来去除表面的氧化物，并且还需要为确保高质量焊缝增加更多的费用，因此这种方法在大批量生产中是不可行的。由于这个原因，自冲铆钉也被用于白车身和闭锁系统设计的铝铝接合。

用于防腐替代策略的模块装配

含有铝材的白车身的设计为最终结构的装配指明了可替代的方向。钢质白车身结构所使用的传统方法是在结构装配完成后通过电涂镀整个总成来进行防腐。由于铝具有天然耐腐蚀性，所以需要电涂镀覆盖铝的唯一区域是 A 级表面涂漆部分和所有钢部件。这就要求允许在 MMLV 白车身总成构建替代模块，其应当是由需要电涂镀的和无须电涂镀的模块中的钢组件组成的特定模块。其方案是组装白车身的主模块，并只电涂镀那些铝表面需要达到 A 级表面的模块。图 9 所示为这一开发项目而采用防腐替代方法的 MMLV 白车身的装配工艺。

CAE 分析

项目需要针对全局、局部刚性，耐久性和选定的碰撞事件对 MMLV 白车身设计进行 CAE 分析，并比较扭曲和弯曲总体刚度结果以满足基准数据的要求，以及对比白车身预定位置上的局部刚度以更改基准数据。由于时间期限和预算的限制，针对车辆设计的三个碰撞要求仅包括：FMVSS 216a 的顶部挤压、

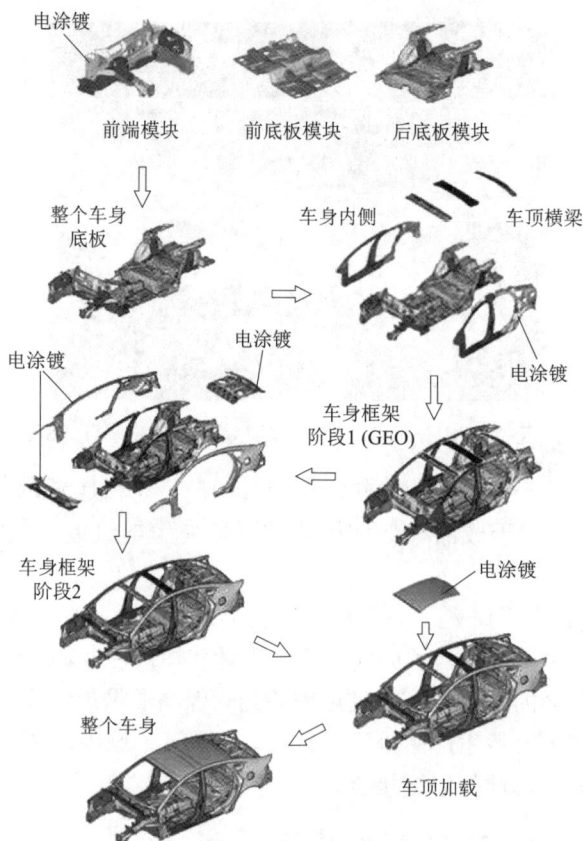

图9 替代装配工艺（见彩插）

IIHS ODB 的正面碰撞和 FMVSS 214D 的侧面碰撞。

FMVSS 216a 车顶抗压目标值为 3.625 倍的车辆毛重（1 195 kg），即 42.45 kN，将此力加载在车顶上使其最大位移达到 127 mm。这个测试是在整车装饰上分左右两个部分测试，将负载加载在车顶两侧使之产生位移，如果达到目标值，则可提前终止测试。图 10 所示为满足 MMLV 白车身两侧负载目标的 CAE 仿真结果。

IIHS ODB 是以 64.4 km/h 的速度进行 40%的正面偏移碰撞试验。其目标是侵入驾驶室范围结构评级为良好。图 11 所示为满足 MMLV 白车身入侵目标的 CAE 仿真结果。白车身中强制降挡轨位置上的铝质车身设计所提供的额外结构使车身在这个测试中得到了良好的评级。

FMVSS 214D 侧面碰撞目标是虚拟速度和侵入车厢范围的组合。由于 CAE 分析可以不使用安全假人来运行，并可跟踪车门腰线的侵入速度以及与 20～40 ms 且侵入速度为 7.0 m/s 的基准车辆相比较的车门腰线侵入速度。由于

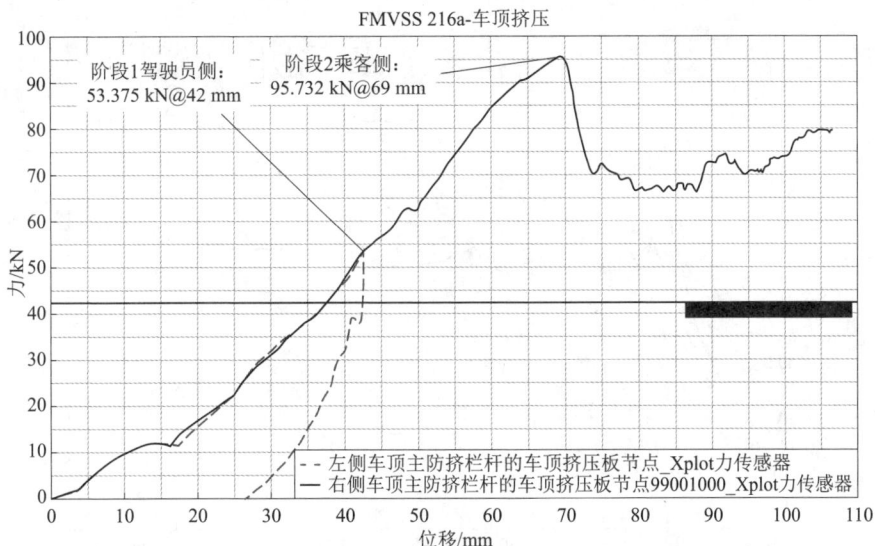

图 10　MMLV FMVSS 216a 车顶挤压结果

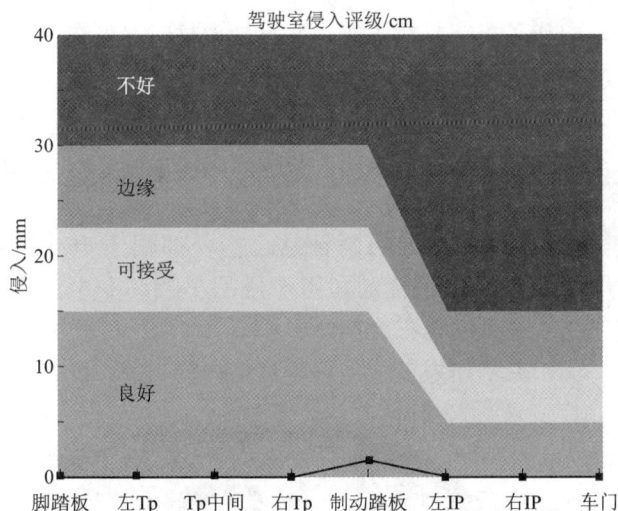

图 11　MMLV 的 IIHS ODB 正面碰撞结果

车辆的质量减小和动量守恒，所以，无法实现此车门腰线侵入速度的目标。将侵入结果与基准车辆进行比较，结果在可接受范围之内，如图 12 所示。

原型构建

　　MMLV 概念车采用了集成有 MMLV 原型部件的现产捐赠车辆来制造测试用整车和部件。由于所制造的组件数量较少，所以设计中批准的某些材料和厚

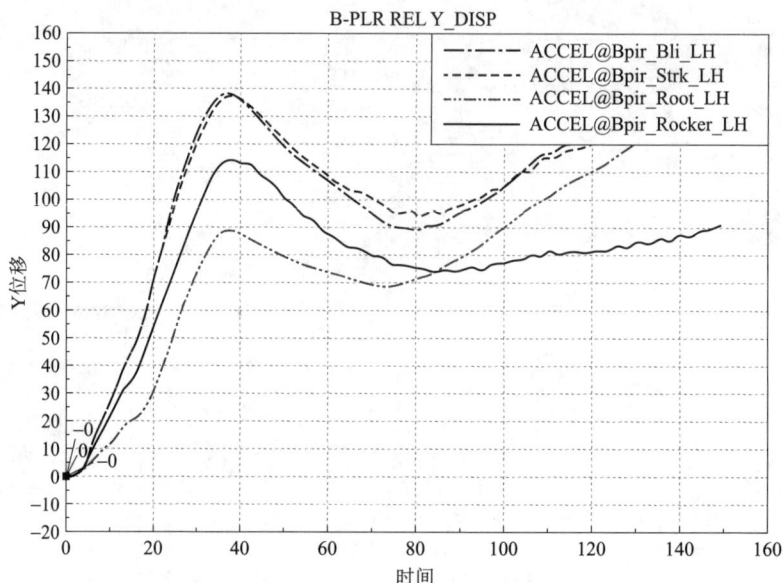

图12　MMLV 的 FMVSS 214D 侧面碰撞结果

度均无法达到。取代了类似材料等级，并且最大材料厚度在设计厚度的 5%～10%的范围内。

由于原型车间所提供的自冲铆钉枪的尺寸有限，所以一些地方无法使用自冲铆钉，只能用哈克铆钉取代。单侧可及接头用流钻螺钉或 RivTac 技术以及黏合剂连接在一起。

原型构建使用了设计批准的两种黏合剂，即用于电涂镀模块的 Dow BETAMATE™73305 热活化黏合剂和用于成品车架和非电涂镀模块的 Dow BETAMATE™73326 空气固化黏合剂。

图13 所示为 MMLV 研发的成品白车身结构的一种。

图13　MMLV 白车身原型

验证测试

MMLV 车辆的验证测试是由福特汽车公司（Ford Motor Company）在 MI Dearborn 和 MI Romeo 的测试实验室中进行的。根据改进的跟踪表进行的耐久性试验，未报告有关白车身的重大问题。

在这项研究中，仅 IHSS ODB 正面碰撞试验被用于确定 MMLV 白车身方案是否满足安全要求。物理测试和 CAE 测试也对相关问题进行了综述。由于预算有限，构建车辆并不包括 MMLV 设计中所设计的所有减重组件。车辆沿用零件用于替代 MMLV 设计部件，从而导致所构建车辆的质量大于其设计质量。这将会对测试的最终结果产生一定的影响，但结构变形情况和与 CAE 相关的方面不应受到影响。

由于安全原型车辆和 MMLV 设计车辆的质量差（见表 1），用 Mach-I 安全原型质量和 CAE 分析建模重新运行了 IHSS ODB 40%正面偏置碰撞的 CAE 测试。由此也可得到比引入 Mach-I 安全原型车所进行的实体测试更具相关性的结果。图 14 和 15 所示为 CAE 预测与结构变形试验末期物理测试的对比情况。

表 1   MMLV 车辆质量对比

车　辆	质量/kg
基准车辆（2013 款 Fusion）	1 559
Mach I 设计	1 195
Mach I 安全原型	1 313

图 14   MMLV Mach-I 安全车辆 IIHS ODB 正面碰撞：
CAE 与物理测试的对比—顶视图

图 15　MMLV Mach-I 安全车辆 IIHS ODB 正面碰撞：
CAE 与物理测试的对比—侧视图

IHSS ODB 的目标是使正面碰撞对乘客舱的侵入减到最小。图 16 所示为 MMLV Mach-I 安全原型车物理测试和 CAE 测试结果的比较。

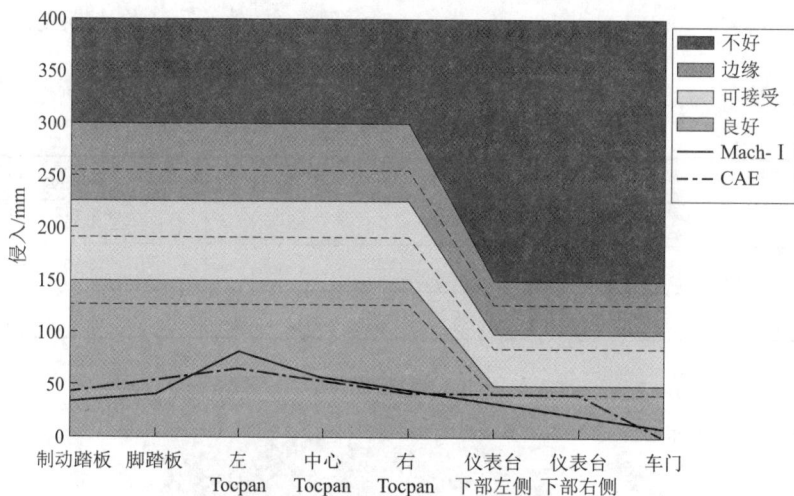

图 16　MMLV Mach-I 安全车辆 IIHS ODB 正面碰撞侵入曲线：
CAE 测试与物理测试的结果比较（见彩插）

总　　结

与单一材料的汽车车身结构相比，多材料白车身设计可以利用每种材料的性能和成本优势，并且可以为每个车身结构部件选择最佳的材料。MMLV 车身结构的材料选择和连接工艺是唯一的，并且能够满足大批量生产的技术要求。MMLV 车身方案采用 HPDVC 铝铸件、铝挤压型材、铝冲压件和钢冲压件的组合，专门用于减小质量，其最大限度地提高了刚度并减少了部件数量，所有这些措施使得原型车比 2013 款福特 Fusion 基准车减小了 146 lb 的质量。因此，多材料机动车车身可以在一定成本效益下达到减小质量的目的。MMLV 白车身设计的原则是选择最好的材料用于优化各种组件的功能。

IHSS ODB 测试的结果表明，MMLV 白车身设计就满足政府安全规定而言是一个可接受的方案。此外，在铸铝材料断裂规范所需和提高 SPR 接头故障模式更深入的理解下，物理试验与 CAE 预测的相关性是可以接受的。

参 考 文 献

［1］ Aluminum Alloys and Manufacturing Processes for Automotive Structural Applications, Luo Alan, The Ohio State University, TMS 2014.

［2］ The Aluminum Advantage Commercial Vehicle Applications, Summe Todd, Technical Committee, The Aluminum Association's Aluminum Transportation Group Division, SAE 2012.

［3］ Caffrey, C, Bolon, K., Harris, H., Kolwich, G. et al.. "Cost-Effectiveness of a Lightweight Design for 2017-2020:An Assessment of a Midsize Crossover Utility Vehicle," SAE Technical Paper 2013-01-0656 . 2013, doi:10.4271/2013-01-0656 .

［4］ Peterson, G. and Peterson, A.. "Cost-Effectiveness of a Lightweight BIW Design for 2020-2025: An Assessment of a Midsize Crossover Utility Vehicle Body Structure," SAE Technical Paper 2013-01-0667 . 2013, doi:10.4271/2013-01-0667 .

［5］ The Past, Present and Future of Aluminum in North American Light Vehicles, Schultz Dick, Ducker, October 2012.

［6］ Heat Treating of High Pressure Die Castings；Challenges and Possibilities：Salem Seifeddine, Swerea SWECAST and Darya Poletaeva, Jonkoping University, TMS 2014.

［7］ The application of multiphase steel in the Body-in-White, Pfestorf Markus, BMW AgH.

［8］ A Lightweight Automobile Body Concept Featuring Ultra-Large, Thin-Wall Structural Magnesium Castings, Logan Steve, Chrysler, Wiley 2007.

［9］ A Process of Decoupling and Developing Body Structure for Safety Performance, Madakacherry John, Isaac Martin, Motors General, 5th European LS-DYNA Users Conference, 2005.

［10］ Recent Advancements on Porosity Simulation in High Pressure Die Casting, Kim Chung Whee, Kubo Kimio, EKK Inc., AFS 2005.

［11］ Light-Weighting the 2013 Cadillac ATS Body Structure, Parsons Warren J., General Motors, Great Designs in Steel 2012.

［12］ High Integrity Diecasting for Structural Applications, Hartlieb Martin, Viami International Inc, iMdc meeting, WPI, Worcester Mass, 2013.

［13］ 2013 Ford Fusion, Shawn Morgans, Ford Motor co., Euro Car Body Conference 2012.

［14］ Challenges and opportunities relative to increased usage of aluminum within the automotive industry, Carlson Blair, Krajewski Paul, Sachdev Anil, Schroth Jim, Sigler David, Verbrugge Mark, General Motors R&D, Warren, MI, TMS 2010.

［15］ Trends in Automotive-Aluminum, Richman Doug, Aluminum Association's Transportation Group (ATG), OPC Meeting, Ann Arbor, MI, July 16,2013.

［16］ The Future of Aluminum Use in the Auto Industry, Alcoa, October 31, 2013.

［17］ Future Material Opportunities and Direction for Lightweighting Automotive Body Structures, Cannon Marcel, General Motors, February 9, 2012.

［18］ The Increasing Use of Aluminum：Prospects and Implications, Hartley John, European Commission Institute for Prospective Technological Studies, Nov 1996.

致　谢

感谢麦格纳国际公司（Magna International）和福特汽车研究高级工程部的同事们，他们对 MMLV 项目的设计和研究给予了无私的帮助。另外还有 100 多名科学家和工程师对这个项目做出了贡献，在此向他们致谢。最后，感谢美国能源部车辆技术处的支持和持续的指导与审核。

免 责 声 明

本章是基于美国能源部（DOE）国家能源技术实验室（NETL）所资助的决标编号为 DE-EE0005574 的论文集。

本章根据美国政府机构所发起项目的工作成果编写而成。无论是麦格纳国际公司（Magna International Inc.）、福特汽车公司（Ford Motor Company）或者美国政府，还是其下属任何机构或任何员工对本章所表述的任何信息、设备、产品以及工艺应用的准确性、完整性或有用性，以及其他没有侵犯私有权的表述不作任何保证（无论是明示、暗示还是承诺），并且也不承担相关的任何法律责任或义务。本章中通过商品名称、商标、制造商或以其他方式提及的所有具体商业产品、工艺或服务，并不代表美国政府或其下属任何机构指定或暗示对其予以认可、推荐或支持。作者在文章中的表述并不一定代表或反映美国政府或其下属任何机构的观点和看法。这种支持并不代表能源部对作品或所表述意见的认可。

MMLV：车门设计及其组件测试

2015-01-0409

2015 年 4 月 14 日发表

拉里·普鲁尔德（Larry Plourde）

麦格纳国际公司（Magna International Inc.）

迈克尔·阿佐斯（Michael Azzouz）和杰夫·华莱士（Jeff Wallace）

福特汽车公司（Ford Motor Company）

马里·切尔曼（Mari Chellman）

麦格纳国际公司（Magna International Inc.）

引文：Plourde, L., Azzouz, M.，Wallace, J.，和 Chellman, M.，"MMLV：车门设计及其组件测试"，SAE 技术论文 2015-01-0409，2015，doi：10.4271/2015-01-0409.

摘　　要

　　由麦格纳国际公司（Magna International Inc.）和福特汽车公司（Ford Motor Company）研发的多材料轻量化汽车（MMLV）是美国能源部 DE–EE0005574 项目的研究成果。该项目展示了五座乘用车在保证车辆性能和乘员安全的前提下的轻量化潜力。该项目已制造出了原型车，并进行了有限的整车测试。采用商用材料和生产工艺进行的 Mach-I 车辆设计可实现 364 kg（23.5%）的减重，这使其仅使用一个 1.0 L 三缸发动机即可，从而进一步明显提高了环境效益并降低了燃油消耗。

　　本章综述了在 C/D 级乘用车多材料轻量化车门设计中，铝、镁和钢制部件的质量减小和结构性能，并评估了其刚度、耐久性和碰撞要求。其结构结合了铝板、铝挤制件、镁高压真空铸件和钢板。多材料组件是通过结构接合（卷边和结构）、自冲铆接、单面铆钉和螺栓装配在一起的。MMLV 车门中的铝挤制件和镁铸件专门用于最大限度地提高刚度、减少零件数量和最大限度地减小质量。

为了优化 MMLV 车门的强度和质量，我们开发出一种新的铝密集结构。这种具有独特架构的新结构的特点在于，使用一个多腔铝挤制件连接模压板来增加强度，以在铰链和锁扣之间提供一个直接荷载路径。新结构还利用了镁高压真空压铸件来制造前车门 A 柱的基础结构，以使其在达到所需结构刚度的同时，减少组件数量并最大限度地减小质量。车门内部结构中的"谷仓门"架构允许对总成中两个体积和质量最大的组件（内部和外部冲压件）进行精确优化。

总而言之，MMLV 车门中所使用的设计架构使其能够在实现所有结构要求的同时，通过使用多种材料、精确优化和多种成型技术而将质量减小 33%。

引　言

2012 年年底，魏玛/卡斯马国际工程公司（Vehma/Cosma Engineering International）、麦格纳国际公司（Magna International Inc.）的相关部门以及美国能源部和福特汽车公司（Ford Motor Company）启动了多材料轻量化车辆（MMLV）项目。项目 Mach-Ⅰ 阶段所设计和生产的多材料车辆已经实现了相对于基准车辆减重约 25%的目标。图 1 所示为 MMLV 原型车。

图 1　带有轻量化侧车门的 MMLV Mach-Ⅰ 原型车

锁闭系统在实现所要求的质量减小方面起到了很大的作用，而锁闭系统的活动重点在于车门。2013 款 Fusion 基准车的发动机罩已经采用了铝材。通过用铝冲压件取代钢冲压件的方法，还可使行李厢盖的质量减小量达 48%。车门设计为使用多种材料和先进的制造工艺来达到质量减小的目标提供了极其难得的机会。

通过在设计阶段使用 CAE 工具进行彻底分析和物理测试以及通过对原型测试进行验证，我们得到了一种多材料车门的设计。MMLV 车门结构的前车门质量减小量达到 35%，后车门的质量减小量也达到了 28%。

车门设计依据

基于汽车玻璃结构的框架

MMLV 车门设计沿用了目前福特 Fusion 的造型。福特 Fusion 的车门造型和密封件限定了基于玻璃结构的框架。该框架是由一个包含窗框的完全冲压内板、一个焊接在内板上并集成有内板钢带的窗框加强筋以及半个不含窗框的车门外板构成的。其外板不能超出腰线，以及密封件/外部组件包括玻璃周围腰线以上的 A 级表面。它有两个（独立的）铰链加强件和独立的后视镜加强件。腰线下方有一个薄而长的冲压件，其作用在于增加外板的刚性。防撞梁从正面下部铰链斜着向下延伸到车门的下侧后角。基准车门中的所有部件都是通过冲压和点焊或卷边连接在一起的。这是这种 C/D 级乘用车通用的架构，如图 2 所示。

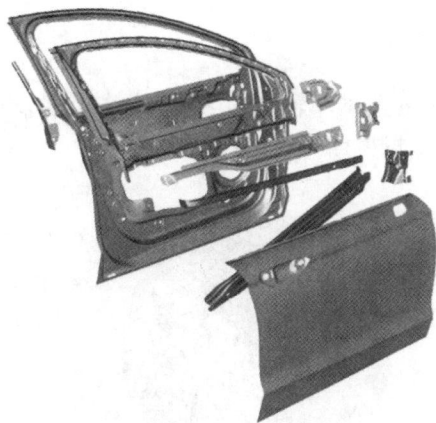

图 2　基于汽车玻璃典型结构的框架
1—全框架冲压内板；2—冲压窗框加强件；3—半个车门外板；4—内板加强件

密封系统

福特 Fusion 的密封插件是一个三重密封系统。其中包括一个安装在车门上的一级密封件，它被黏附在车门的侧壁上；一个凸缘连接次级密封件，它围绕在侧车门门框周围；以及若干个诸如唇形密封件的三级密封件，由它们对腰线与车顶纵梁进行密封，并密封车门之间的间隔，从而降低了风噪。对密封件的关键要求是要具有连续的平滑的安装面和接触面。这也是 MMLV 车辆考虑采用一块整体式冲压内板的原因。

车外后视镜组件

车外后视镜（OSRVM）安装在腰线上。这使得前车门上原来安装后视镜的位置被安装了一块固定玻璃。这种配置增加了乘员对车辆 A 柱周围的可见度。正如后面所论述的一样，这是车门结构和设计的一个重要因素，如图 3 所示。

图 3　福特 Fusion 的车外后视镜

材料和质量

2013 款福特 Fusion 基准车辆全部由冲压钢结构件制成。图 4 所示为前车门材料和主要板材的测量厚度（后车门与之相同）。

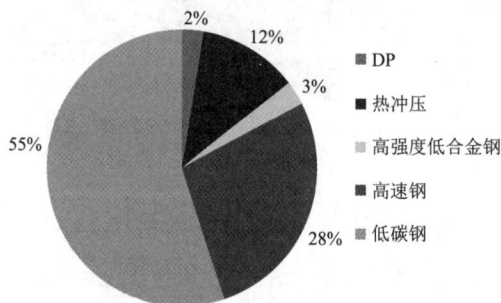

（a）

零件	零件	材料测量厚度
	内板	0.75
	外板	0.65
	防撞梁	1.6
	窗框加强件	0.9

（b）

图 4　按质量和主要板材的测量厚度列出的钢制基准车门的材料分布（见彩插）

图 4 所示为基准车门防腐侧的厚度，而这也是优化钢制车门质量后的结果。基准前车门的质量为 16.6 kg，基准后车门的质量为 11.8 kg。

MMLV 侧车门设计

建立结构

MMLV 项目要求 Mach-Ⅰ 设计必须保持基准车辆 Fusion 设计的表面造型不变并保留其承载点，所以整个车门可以用轻量化结构原型和 Fusion 生产加工以及装饰系统进行组装。因此，其设计保留了门锁、铰链以及密封位置和附件。车门的设计方法并不只是用铝材来代替钢。构成车门结构的组件在两个铰链和锁扣增强件之间建立了直接荷载路径。这种矩形的结构设计会让人联想起大木门上常见的三角形结构，设计团队参照这种结构设计了一个"谷仓门"架构，如图 5 和图 6 所示。

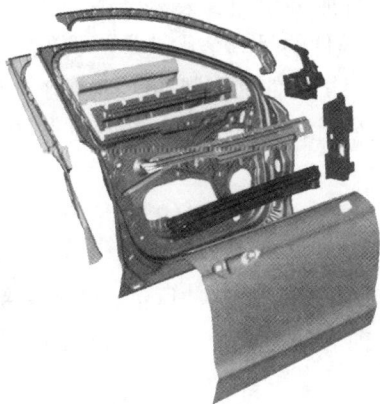

图 5　MMLV 前车门分解图

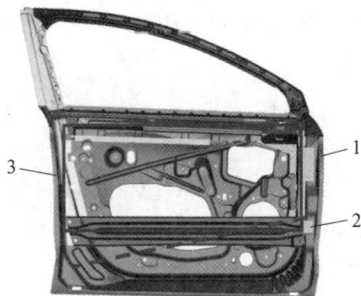

图 6　MMLV 前车门侧视图——
"谷仓门"架构（标有以前的横梁位置）
1—上铰链；2—下铰链；3—锁扣

"谷仓门"架构

图 5 所示的"谷仓门"架构最初是用铝挤制件来加强车门铰链支柱的。之所以采用挤制件是由于它的刚度很高，可以将几个钢件组合到一个铝零件中。如前面所述，我们已经提到了车外后视镜安装在车身腰线上的重要性。虽然后视镜的这种装配类型可以增加可见度，但也为设计提出了一个新的挑战。因为没有支撑框架的传统后视镜衬板，因此安装这种后视镜对实现 A 柱框架的刚度

更具挑战性。我们为此采用的方法是利用一个同样允许将若干个钢件结合到一个铸件中并将铸件延伸至框架中的铸件设计，来达到刚度的目标。Mach-Ⅰ设计所需使用的方法和材料在生产中已为大家所熟悉。尽管镁不太常用，项目团队还是选择它作为铸造材料，以突出镁在生产实际中的用途。与铝相比，镁还能额外提供 0.25 kg 的减重。

"谷仓门"架构将内板和外板的加强筋持续与 A 柱和 B 柱相连接。基准车辆的前门和 MMLV 前门设计的一个主要区别是 MMLV 前门的窗框加强筋被分为三个板。虽然成本因素不是 Mach-Ⅰ 设计的首要考虑因素，但成本因素是修改窗框加强筋的因素之一。通过保留 B 柱部分的钢材，可以在最大限度地降低成本和减重的同时满足其结构要求。现在，车门使用了一个独立的铝制内板带，将其连同冲压铝制外板将 A 柱绑到"谷仓门"架构的 B 柱上。

完善"谷仓门"架构是改善防撞梁的战略重点。我们的方法是更改从下铰链到门锁的位置，并用螺栓作为连接件，如图 6 所示。后侧螺栓暴露在车门的外侧，并在涂装后才在其上施加最大力矩，使其能够容纳材料之间的热膨胀差异。这使得零件能够在电涂镀和涂装过程中膨胀并返回到公称尺寸，确保不会在组装中由于应力改变而变形。钢制 B 柱加强件的另一个优点是，可以在防撞梁和加强件之间提供钢与钢的接触。这种与铝挤制件上安装的防撞梁前面的带涂装 U 形螺母的应用组合，可使钢防撞梁在被组装到车门上之前未必非要进行电涂镀。

材料和质量

如上所述，MMLV 前车门是一种结合了低碳钢、热冲压钢、铝板、铝挤制件和镁铸件的多材料制品。图 7 所示为前车门材料和主要面板的测量厚度（后车门与之类似）。

MMLV 前车门的质量为 10.7 kg，MMLV 后车门的质量为 8.45 kg。前车门结构的质量减小了 35%，而后车门的结构质量减小了 28%。

车 门 性 能

乘用车车门的关键性能指标

使用 CAE 工具评估车门设计，以确认该轻量化设计是否能够满足关键结构性能的要求，并不断改进设计，直至结构满足 CAE 仿真指标。

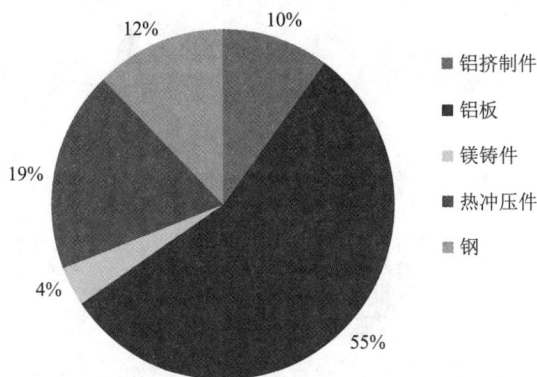

（a）

零件	零件	材料厚度
	内板	1.2 铝
	防撞梁	1.6 钢
	外板	0.8 铝
	铰链加强件	各种铝挤制件

（b）

图7　按质量和主要面板的测量厚度列出的 MMLV 前车门的材料分布（见彩插）

车门下垂/设定及超出车门打开载荷

如前面所述，构成 MMLV 车门结构的组件在两个铰链和锁扣增强件之间建立了直接荷载路径（如图5和图6所示）。尽管这种"谷仓门"结构不是在真正谷仓门上所看到的那种典型的三角形形状，但是已经很接近了，它可以通过所要求的沿用铰链和锁扣组件进行约束。这种结构是用轻量化多材料来达到最小所需车门下垂以及设定和超出车门打开载荷的一个关键因素（如图8所示）。

车门上框架刚度

有助于达到所需上框架刚度要求的设计关键点是，向上延伸到 A 柱中的钢制 B 柱加强件和镁铸件，其中，后视镜安装衬板/加强件通常也有助于提高上框架刚度，如图8所示。

车门外侧刚度

除了两个从当前福特 Fusion 沿用的加强衬板外，还需要通过为外把手添加

53

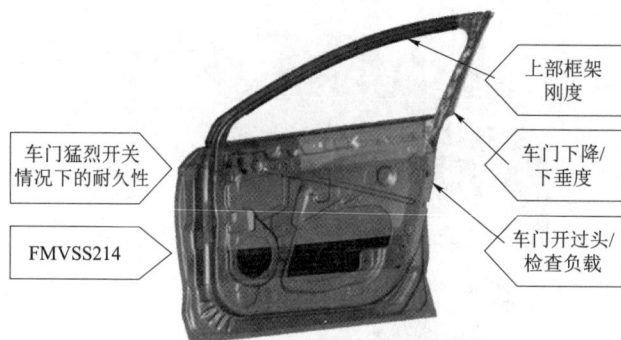

图 8　典型车门性能测试要求——强度和刚度

加强支柱来满足车门外侧对刚度的要求，如图 9 所示。

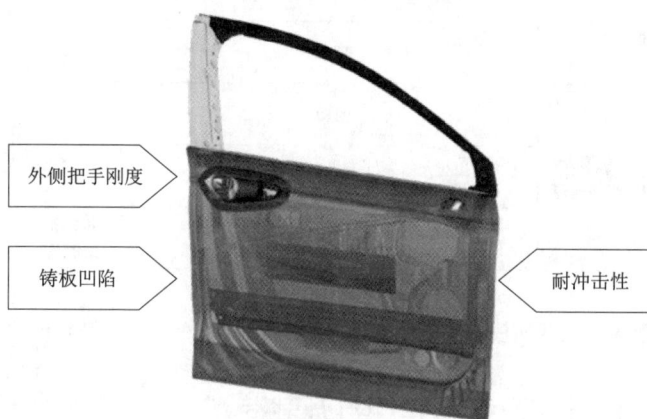

图 9　典型车门性能测试要求——外板刚度

FMVSS 214

通过在车门的铝结构中采用热冲压钢防撞梁，车门设计 CAE 仿真测试结果达到了标准 FMVSS 214 的要求，其中包括福特汽车公司指定的安全系数。热冲压梁是一种相对轻量化的钢梁并且其成本效益超过了有使用可能性的铝合金设计。

制造方面的考虑

在 MMLV 的 Mach-I 设计阶段，魏玛工程国际公司（Vehma Engineering）的工程部门与其高级制造工程团队一同致力于车门的冲压和装配可行性的研究工作，并使用 AutoForm 分析工具对冲压可行性进行了验证。该分析主要集中于外板和内板。外板和内板的总质量可占白车门（DIW）质量的 45%。由于"谷仓门"架构提供了铰链和锁扣之间的直接荷载路径，因此可进一步降低内板和外板的厚度，从而进一步达到减重的目的。

材料

项目团队为新车门选择的主材料为铝。选择铝是因为其在耐腐蚀性和质量方面的优势。此外，与过去所使用的玻璃纤维复合材料相比，铝具有更适宜的弹性模量和表面粗糙度。

因为合金所具有的可成形性优势，所以我们为外冲压件所选择的材料是6000 系列合金，其验收态是在电涂镀固化炉中进行热处理后，可达到研磨后的状态并提高机械性能（屈服强度和抗拉强度）。

基于性能和成本的考虑，铰链加强件的铝挤压材料同样也选择了 6000 系列合金。不同于外侧车门，挤制件的验收态是已经由供应商对其进行热处理后的材料。

根据设计要求，车门上的其余铝冲压件分别使用了不同的 5000 系列铝材。凡要求具有较高成形性的零部件都选择了 5182-O 合金，其余的则会选择5052-H32 合金以降低成本并提供更高的强度，并选用 5052-O 作为滚轧成形车窗导槽的材料。

成品车门中的锁扣/B 柱加强件之所以选择钢材料是为了能够满足性能和总体方案的成本目标。在这个特殊组件中，强度比刚度更为重要，尽管铝部件可以集成，但钢部件则更具成本效益，并能以最小的质量损失来设计。通过钢加强件来定位与定向，加上预涂镀钢加强件和使用黏合的方法作为部分接合工艺，从而降低了多材料设计受腐蚀的风险。图 10 所示为 MMLV 前车门结构的材料，表 1 所示为各种材料的特性。

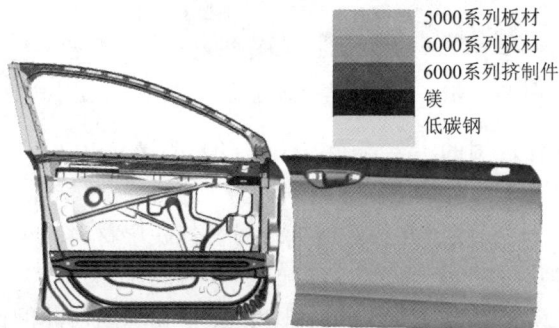

图 10　MMLV 车门材料（主要冲压件）（见彩插）

表1　材料的特性

等　级	最小拉伸强度/MPa	最小屈服强度/MPa
5182-O	255	110
5052-O	172	65
5052-H32	215	158
6063-T6	205	170
6451	210	110
钢	270	140
AM60B（镁）	225	130

连接

　　我们需要根据材料、部件的几何形状和单个组件用几种不同的连接方法来组装 MMLV 车门结构。图 11 所示为组装车门结构的几种机械连接方法。车门设计还包括选定接头的黏合。

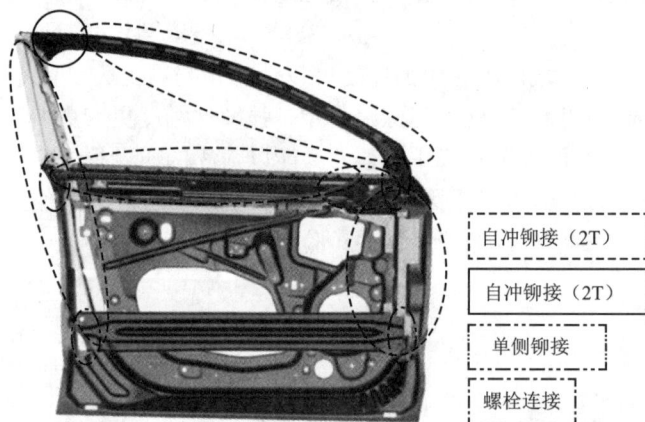

自冲铆接（2T）

自冲铆接（2T）

单侧铆接

螺栓连接

图 11　MMLV 车门结构的机械连接方法（见彩插）

　　组装各个部件选用的主要连接方法是自冲铆接（SPR）。自冲铆接的方法已在乘用车和商用车行业的铝和多材料接合业务中应用多年。它们穿过材料顶层，铆钉凸缘穿过材料底层并与其连接形成替代底层材料的锁扣而形成机械锁定。图 12 所示为穿过三个厚度（3T）的 SPR 连接横截面。

　　使用的自冲铆钉的直径为 5 mm 和 3 mm。3 mm 的自冲铆钉主要用于车窗开口周围，其凸缘长度需要保持在最小。

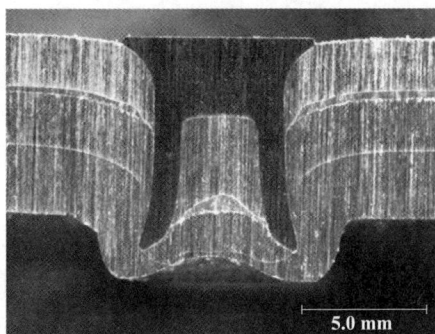

图 12　自冲铆接接头截面（Henrob 公司提供）

卷边接缝被用于前门车窗开口内侧，采用卷边粘接不仅能提供额外的框架刚度，还能保证车辆具有足够的日间采光面积（DLO）。

单侧结构铆钉同样也被用于装配一些间隙不足或封闭部分自冲铆钉铆接工具很难触及的车门组件。此外，为原型制造选定的结构铆钉还避免了为一些独特材料堆叠的接头而额外购买自冲铆钉工具的情况。MMLV 车门上的单侧波普空心铆钉同样也可用于附件与镁铸件的连接。

挤制铰链加强件和镁铸件之间的连接技术为机器人金属惰性气体（MIG）焊接，以起到进一步稳定连接并提供额外刚度的作用。

粘接

除机械连接方法以外，车门还使用了不同的粘接材料以满足结构刚度和耐久性方面的要求。

外侧 A 级面板和内面板之间的卷边粘接材料为带玻璃珠的双组分空气固化胶黏剂，其被用于二次加工前将卷边凸缘与锁定板黏合。黏合剂的空气固化为卷边接缝提供了足够的强度，以防止在从装配位置到最终车辆装配位置的运输期间车门结构的内、外板之间发生任何的相对移动。

卷边胶黏剂中添加的固体玻璃珠还具有两种各自不同的独特优势，即使是在卷边的压力下，玻璃珠也能在两个部件之间提供一致的粘接缝隙，以确保在卷边内留有适量黏合剂的情况下接缝能达到所需的强度。其次，在卷边的压力下，玻璃珠还可稍稍嵌入片材中，从而为内板和外板之间的移动提供额外的机械阻力，直到黏合剂在车辆烤漆循环过程中完全固化。

无玻璃珠的结构黏合剂被用来在内部结构上连接选定的机械接头，从而将连接载荷传递到比单独机械接头更大的区域。与裸接头相比，通过降低给定承载接头的载荷峰值，接头中加入的结构黏合剂可加大机械紧固件之间的间隙并减少所需接头的总数量。

57

相同的接头结构黏合剂还能被用作 A 柱后视镜位置上铝板材与镁铸件之间的密封剂。

为增加铸板凹陷的外板的刚性，在其外皮和内部结构之间使用了防颤振产品。

为了进一步防止车门腐蚀，应在电涂镀处理后对车门周边内、外板之间的卷边接缝涂覆折边密封胶。图 13 所示为 MMLV 前车门上的黏合位置。

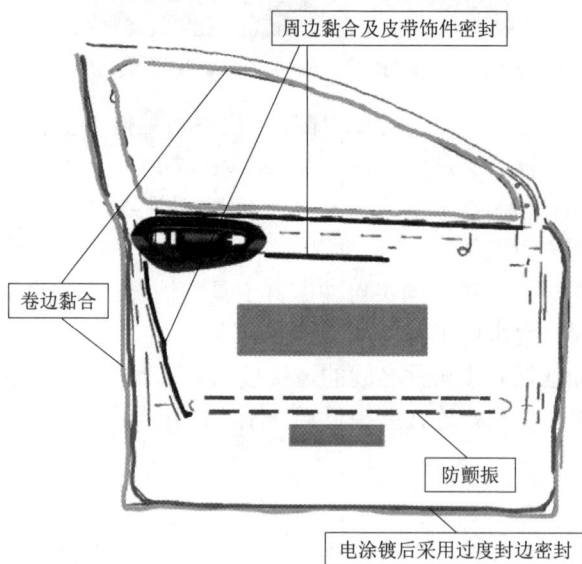

图 13　MMLV 前车门的黏合位置

涂镀

低碳钢 B 柱加强件和铸镁 A 柱加强件应在装入车门结构之前单独进行电涂镀。正如前面所述，热冲压钢防撞梁不需要预涂镀。在设计中，钢梁不能直接与铝接触，为降低腐蚀风险需要为预组装件在钢梁上进行电涂镀。一旦车门结构组装完成，就应该用阴极电泳漆沉积工艺对整套车门进行涂镀，这一措施通常也被称为电涂镀。对 MMLV 的车门进行的电涂镀是独立于车身进行的。这个多材料车门处理过程与基准车辆车门处理过程的一个关键区别是其防撞梁后端的螺栓可松快地扭入白车门（DIW）总成中，以允许电涂镀处理过程中材料之间的热膨胀差异。一旦电涂镀过程完成，再将它们完全扭入。

对后车门的设计

独有的设计特点

本章将重点放在了前车门的设计上。后车门的设计和架构（如图 14 所示）与前车门非常相似，稍后我们将对一些例外情况进行讨论。一些值得注意的相似之处如下所述：

后车门锁扣加固件类似于前门，也是钢制的。其优点与前车门上的加固件一样，即提高了锁扣的安装强度和性能，并可以在不进行预涂装的表面上安装防撞梁且随着最低质量的增加，其最小成本也随之增加。另一个相似之处是，铰链支柱加强件是设定该车门"谷仓门"架构的铝挤制件，与前车门类似。因此，转变成"谷仓门"架构也意味着后车门上的门梁位置发生了更为明显的变化，这一改变使其性能可以在 CAE 中进行优化（即下垂度、设定值、FMVSS214 等）。

与前车门相比，后车门结构中有两处明显的不同。

首先，前柱基部没有铸造支架，后车门不需要前车门上由镁铸造支架组成的结构。其次，后车窗框架加强件是一件式的，不像前车门那样为了结构和成本效益而将其分成了三个部分，后车门的性能也得益于单件式的窗框结构。与前车门一样，在后车门上使用钢材单件冲压件被证明在性能方面比使用多件式零件更为有利。

除了这几个结构性差异外，后车门的设计在多方面模仿了前车门的设计。后车门使用了同种材料，能够满足同样的性能要求，利用了相同的连接和涂装生产工艺，并显示出与前车门大致相同的减重百分比。

图 14   MMLV 后车门分解图

车门性能测试结果

我们制造了多套用于验证轻量化设计测试的左侧车门原型。我们不仅按照福特汽车公司的白车门测试要求对这些车门进行了测试，而且还对整套车门系统进行了车辆碰撞测试，并选定了关键车门结构测试以验证设计。这些测试是整车开发方案中完整车门测试的一个子集。表 2 所示为 MMLV 轻量化车门原型的测试结果。

表 2　车门测试结果

	样车上的全装饰车门测试	前车门	后车门
1	微型关键寿命试验耐久性循环 （用玻璃循环和温度交互冲击）	合格	不符合要求 （裕度）（关门用力）
2	车门猛开耐久性 （循环猛开）	不符合要求 （裕度）（平度）	不符合要求 （裕度）（平度）
3	车门过载打开 （全开位置横向过载）	合格	不符合要求 （平度）
4	由于密封力导致车门门框挠曲	合格	合格
5	车门下降和下垂	合格	合格
	白车门组件测试	前车门	后车门
1	外板铸板凹陷	合格	合格
2	外板压痕	合格	合格
3	腰线静强度	合格	合格
4	窗框横向刚度	不符合要求（裕度）	合格
5	车门扭转刚度	合格	合格

除未满足窗框横向刚度测试要求外，前车门通过了所有与结构和耐久性相关的性能测试。从测试结果中可以看出，当在前车门角上后部（B 柱的顶部）施加一个横向力时，其挠曲比福特汽车公司的规范还低 10%。虽然挠曲比要求的略大，但车门仍满足了残留变形规范的要求。在车门猛开循环试验后，前车门没有达到平度要求。

MMLV 后车门通过了与结构和耐久性相关的性能测试。我们在一些车辆上进行试验后，发现它们的后车门不符合裕度和平度要求。

车门结构件的尺寸稳定性会大大影响裕度和平度以及关门时的用力程度。原型车门的原型零件和定制手工装配方面的问题可能也会对尺寸稳定性产生一定的影响。总的来说，必须通过物理性试验对 MMLV 车门设计加以验证。

侧车门耐久性的关键寿命试验

侧车门耐久性测试——微型关键寿命试验（KLT）用来评估车门结构和窗口系统的耐用性。车门是在进行了全装饰的情况下使用样车进行试验的（如图 15 所示），其中还包括修整开门和关门期间的铰链、锁扣和车身侧面的相互作用。

图15　微型关键寿命试验中为猛开前后车门试验而固定的 MMLV 样车与原型车门

微型关键寿命试验评估了车门结构在各种温度和侧窗位置的情况下承受 80 000 次以上猛烈打开和关闭时的耐久性。一个循环包括一次通过外力进行的打开和关闭车门的过程。每隔三次前车门循环和开始第六次后车门循环时，应降下窗玻璃，然后再升起至测试位置。在三种车窗玻璃位置（即车窗玻璃全部升起、完全放下和处于中间行程位置）情况下进行猛烈开关车门测试。测试的前半部分是在环境温度下进行的，而后半部分是在两种温度下进行的，其中一次温度较低，另一次温度较高。

试验完成后，车门必须无功能性故障并达到配合度和表面粗糙度的要求，以及达到对关门用力和关门音质的要求。Mach-I 原型的前车门和后车门在检测后没有出现问题。它们保持了完整的功能，并且所有附件仍具有适当的扭矩。

结实度与外观是指相应车门与相邻面板的裕度和平度，其测试轨迹偏离初始测量。对于裕度，福特汽车公司的规范要求车门与车身的间隙必须小于几毫米。对于平度，福特汽车公司的规范要求车门必须在车身内侧/外侧方向的几毫米以内。前车门最好与挡泥板平齐，后车门则应略低于前车门。

表3 所示为各点的初始值、后期值和差（如图 16 所示）。后车门显示了点 2 和 3 的偏差过大。后车门上后边缘点 2 和 3 的裕度超出了规定的范围。

61

表3 车门猛烈开关的微型关键寿命测试得出的裕度和平度指标点位测量值

左前车门（铝）

裕度/mm	1	2	3	4	5	6	7	8
初始值	5.050	9.050	2.490	4.840	5.160			
后期值	4.140	5.020	1.990	4.010	4.250			
差值	0.910	4.030	0.500	0.830	0.910	0.000	0.000	0.000

平度/mm	1	2	3	4	5	6	7	8
初始值	0.790	3.040	0.380	0.370	1.000			
后期值	1.100	−4.730	0.460	0.320	0.730			
差值	−0.310	7.770	−0.080	0.050	0.270	0.000	0.000	0.000

测量误差

左后车门（铝）

裕度/mm	1	2	3	4	5	6	7	8
初始值	5.220	4.050	5.640	2.490	4.050			
后期值	3.880	6.240	5.330	1.980	5.020			
差值	1.340	−2.190	0.310	0.510	−0.970	0.000	0.000	0.000

平度/mm	1	2	3	4	5	6	7	8
初始值	0.670	6.190	−2.220	0.380	−3.040			
后期值	0.320	0.180	1.770	0.490	−4.730			
差值	0.350	6.010	−3.990	−0.110	1.690	0.000	0.000	0.000

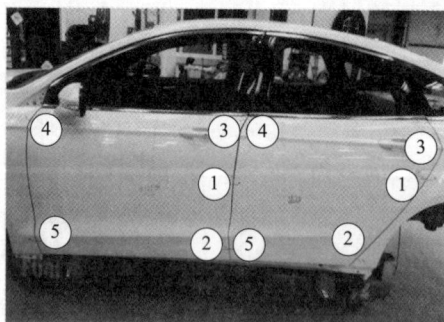

图16 表3中裕度和平度的点位测量识别标记

福特汽车公司的规范要求动态车门的关闭力不得超过客户通常预期的特

定能量值。该能量值与在外侧车门把手测定的比弹簧力相关。后期测试测量结果表明，在前车门外侧把手上的用力符合福特汽车公司的规范要求。然而，后车门用力则超出目标值的 5%～10%。

车门猛开

本试验评估了车门系统承受数千次恶劣使用条件以及用足够的力使车门摆动打开到铰链限动块位置时的情况。车门是在带有全部饰件的情况下用车辆模型架进行测试的，以产生实际的边界条件。（注：在此测试开始前对同一车门样品进行了微型关键寿命试验。）

测试程序包括在铰链销中心线上施加特定量的转矩（当门完全打开时，停止打开），并以 20 次/min 循环的速率施加几千次循环转矩。车门猛烈开关的要求规定，其不得出现功能性故障。测试完毕后，车门必须达到配合度和表面粗糙度以及对开门用力的要求。

试验后，Mach-I 轻量化原型前后车门仍然都具备全部功能。其前后车门的最大裕度偏差为–2.63 mm，最大平度偏差为–0.6 mm，这一结果超出了福特汽车公司的规范要求。这些测试是在前车门的上后缘（点 3）和后门的上部前边缘（点 4）进行的，其裕度和平度的测量位置与微型关键寿命试验中的一样，如图 16 所示。

车身镶板曲面凹陷

曲面凹陷测试评估了车门外板在用一个类似于弯头的圆形压头加载下的抗压能力。测试包括在车门外板表面上递增的加载，以评估车门外板在负载条件下的抗凹性，从而模拟典型的工厂和用户使用时的情况。

测试程序包括沿车身面板表面确定三个位置（应当考虑到通过手掌施加压力进行测试时挠曲过度的面板区域）。在这些位置上画出圆圈并为每次施加负荷将其分成 8 个相等的扇形。对每个相应的扇形施加单位载荷，然后逐步增加载荷直至出现凹痕或永久性变形。

根据福特汽车公司的规范要求，当通过钢球加载时，外板在首次出现不允许的凹痕之前必须达到特定载荷。此外，在指定载荷下，面板上不得出现虚拟的或不允许的亮点。

Mach-I 前车门后期测试结果表明，面板上没有出现不允许的永久性变形的凹痕或超出福特汽车公司规范要求的凹坑。Mach-I 的后车门同样也没有出现任何不允许的凹痕。在极端负载下，可渐渐看到后车门开始有轻微的表面变形（如图 17 所示）。

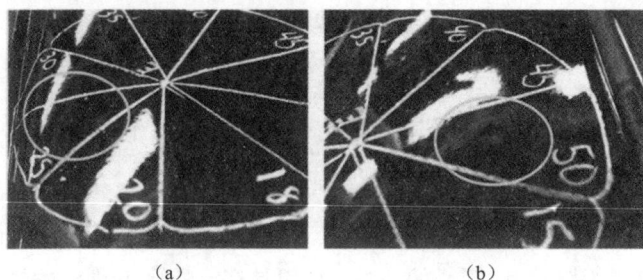

（a）　　　　　　　　　　　（b）

图 17　后车门表面变形情况

（a）目标表面上的轻微变形；（b）最大载荷下的永久变形

窗框横向刚度

该试验测量了车门内板顶部边缘车门窗框架的翘曲和永久变形的情况。这验证了车门窗框能够承受的车门密封载荷和空气动力荷载。

福特汽车公司的规范要求指出，当车门窗框在 A 柱、B 柱（前门）和 C 柱（后门）上承受最大向外负荷时，向外挠曲必须小于一个特定的量，即 0.25 in[①]。另外，取消最大负载后，每个点上的残余永久变形不能超过能够满足客户预期的某个特定数值，即 1 mm。

窗框横向刚度测试过程包括使用测量设备来记录负载从 10 lb 增加到带饰件的车门质量的三倍大时的前、后车门窗框上部前、后拐角外侧挠曲，分别在车门内板和底部进行测量（如图 18 所示）。

图 18　窗框横向刚度的测试装置——千分表（测量永久变形）

---

① 1 in=25.4 mm。

测试结果表明，在最易损坏的位置上加载，即在后部上缘上加载，则 MMLV 的 Mach-I 前车门原型的最大挠曲大于 6 mm 并且永久变形量小于 0.5 mm。B 柱顶部的前车门挠曲略高于福特汽车公司的目标，而永久变形量则在公司要求的指标范围内。Mach-I 后车门也是在上部后边缘上有 4.11 mm 的最大挠曲以及 0.31 mm 的永久变形量。后车门的挠曲和永久变形都在福特汽车公司的规范要求之内。

总　　结

多材料轻量化车门设计项目为设计轻量化车门以及对其设计进行物理测试和验证提供了一个机会。该项目利用现有的生产材料和工艺组合铝冲压件、铝挤制件、镁铸件和钢冲压件来实现预定的车门质量目标。通过在车门上采用"谷仓门"架构和利用各种已经证明的连接方法，在保证车门结构性能达标的同时减小了车门质量。按照福特汽车公司的规范要求进行的物理测试验证了车门设计的结构完整性，并证明了轻量化并不意味着牺牲结构性能。

致　　谢

感谢福特汽车公司（Ford Motor Company）、麦格纳-魏玛国际公司（Magna-Vehma International）、魏玛原型公司（Vehma Prototype）和美国能源部的设计与工程团队。

免 责 声 明

MMLV：轻量化内饰
系统设计

2015-01-1236

2015 年 4 月 14 日发表

约翰·亚兰松（John Jaranson）

福特汽车公司（Ford Motor Company）

梅拉吉·艾哈迈德（Meraj Ahmed）

艾彻工程技术解决方案公司（Eicher Engineering Solutions）

引文：Jaranson, J. 和 Ahmed, M.，"MMLV：轻量化内饰系统设计"，SAE 技术论文 2015-01-1236，2015，doi：10.4271 /2015-01-1236.

摘　　要

由麦格纳国际公司（Magna International Inc.）和福特汽车公司（Ford Motor Company）研发的多材料轻量化汽车（MMLV）是美国能源部 DE–EE0005574 项目的研究成果。该项目展示了五座乘用车在保证车辆性能和乘员安全的前提下的轻量化潜力。该项目已制造出了原型车，并进行了有限的整车测试。采用商用材料和生产工艺进行的 Mach-I 车辆设计可实现 364 kg（23.5%）的减重，这使其仅使用一个 1.0 L 三缸发动机即可，从而进一步明显提高了环境效益并降低了燃油消耗。

本章介绍了 MMLV 内部子系统的设计方案、原型设计和验证，并对其中两个内部子系统进行了案例研究：即仪表板/汽车仪表板梁（IP/CCB）和前排座椅结构。这两个子系统的设计方案充分利用了碳纤维增强复合材料能够带来的轻量化优势，并通过分析的方法对每个原型构建技术进行了详细的说明。仪表板/汽车仪表板梁的设计方案使其质量减小了 30%，前排座椅结构的质量则减小了 17%。物理测试结果也证明了设计和潜在的质量减小。

引　言

内饰子系统占典型乘用车整车质量的 13%，即使这些子系统的质量只减小 25%，每辆车减小的质量也可达到 50 kg 左右。

虽然内饰子系统的减重可能性很多，然而前排乘客座椅以及 IP/CCB 仍是车内两个质量最大的子系统。前座质量占车内饰总质量的 18%，而 IP/CCB 则占内饰总质量的 11%。同时，座椅和 IP/CCB 也是车内使用钢材最多的结构。基于这些原因，前排座椅和 IP/CCB 被选定为 MMLV 项目设计和制造的重点。

基准座椅结构是由钢冲压件和管材焊接装配而成的。该结构与机件和电动机共同占用了座椅的大部分质量。而泡沫垫和装饰罩所占的质量百分比相对较小。从这个项目的角度来看，只有从座椅的结构入手才有可能使其质量减小。总质量为 70 kg 的车内部件总共可减重 9.2 kg。

与 IP/CCB 类似，其子系统的主要结构也是由钢冲压件和管材焊接装配而成的。其中同样包括为确定 IP 形状和为安装开关、导管、无线电以及类似产品提供的一些子结构的注塑模制塑料衬底。对于这个项目，我们仅把模制基板和钢 CCB 结构与集成的一些除霜器和加热器管道包括在为减小质量而进行的工作范围内。总质量为 22 kg 的 IP/CCB 估计可减重 17.3 kg。

设计和优化过程

使用分析工具优化设计是 IP/CCB 和座椅设计策略的基本组成部分。轻量化是该项目的中心，通过一系列的迭代措施来开发更高效的质量概念设计。其优化过程分两阶段进行：

（1）非线性拓扑优化——LS-TaSCTM；

（2）自由尺寸/量具优化——OptiStruct®。

一种 3 G（几何体、量具和等级）优化方法被用来研究轻量化的可能性。

在设计周期开始之前采用基于负载情况评估用的 LS-TaSC™ 或 OptiStruct® 来进行拓扑结构或几何形状的优化，以提供设计指导（如图 1 所示），还可使用由组件限制而限定的设计空间来进行优化。

图 2 所示为对座椅结构进行拓扑优化的示例。

在基于拓扑优化结果开发 CAD（计算机辅助设计）之后，我们再使用具有 OptiStruct®自由尺寸优化功能的量具对其进行优化并进一步减小质量。最终概念设计的零件反映了由于这一量具变化而产生的额外 5%～10%的质量减小量。图 3 所示为 IP/CCB 的自由尺寸优化结果。具有厚度可变性的厚度剖面的最终设计意图：方案是基于优化结果开发的。

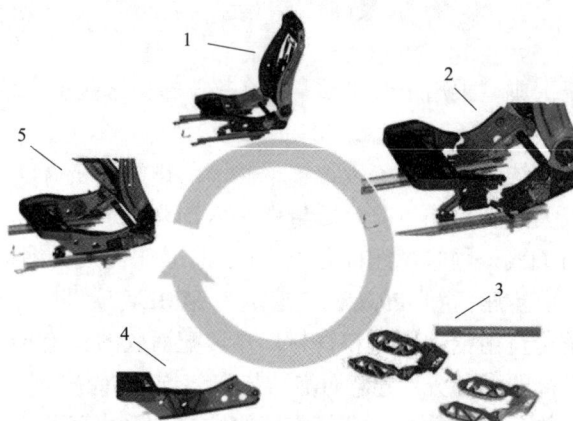

图1 复合材料座椅的设计循环（见彩插）
1—初始CAD设计；2—设计评估；3—优化；4—设计改造；5—验证

图2 对座椅结构的拓扑优化（见彩插）

确 定 材 料

我们为两个整车开发阶段选择了不同的碳纤维材料。

（1）设计意图——采用通过注模工艺制造的40%短碳纤维填充尼龙，俗称CFRP。

（2）原型意图——用手糊和真空袋压制成的纺织碳纤维织物和环氧树脂复合材料原型。CAE（计算机辅助工程设计）材料特性的描述基于车型开发的不同阶段所使用的两种材料的试样测试数据。通过材料试验获得在不同温度和湿度系数下的纵向和横向机械性能。

使用两种技术来估计其各向的异性特性：取纵向和横向特性的平均值，然后取纵向特性的 70%。用这两种材料对设计进行模拟。LS-DYNA™ 材料使用 Mat 24 和 MAT_PIECEWISE_LINEAR_PLASTICITY 材料卡进行模拟。

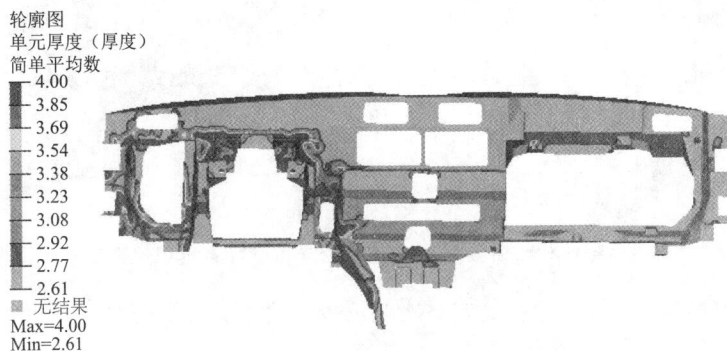

轮廓图
单元厚度（厚度）
简单平均数
- 4.00
- 3.85
- 3.69
- 3.54
- 3.38
- 3.23
- 3.08
- 2.92
- 2.77
- 2.61
无结果
Max=4.00
Min=2.61

图 3　IP/CCB 的自由尺寸优化（见彩插）

设计使能器

不同的设计使能器被用来实现在振动、耐久性和冲击负荷情况下的可靠性能。除了通过 CAE 优化结果得到的结构加强筋之外，诸如高强度单向带和高强度金属嵌件等其他轻量化的选择也被战略性地纳入到概念设计中。这些促成因素有助于结构承受只有 CFRP 时由于其脆性而无法承受的高冲击负荷。

设 计 结 果

MMLV 车内设计包括碳纤维复合座椅结构（如图 4 和图 5 所示）以及碳纤维复合汽车仪表板梁（如图 6 所示）的设计。

图 4　碳纤维复合材料与基准钢结构
1—基准钢结构；2—MMLV 复合材料结构

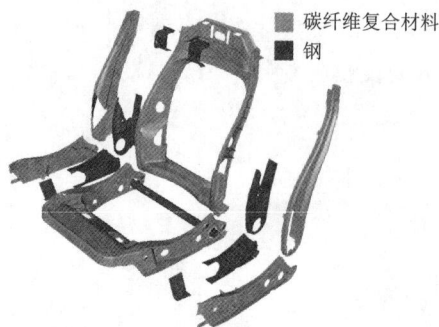

■ 碳纤维复合材料
■ 钢

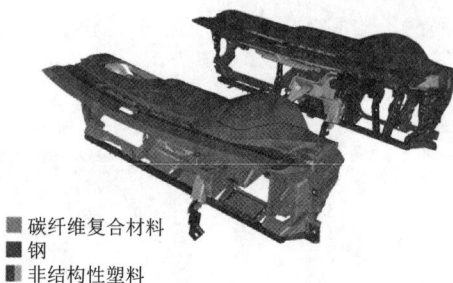

■ 碳纤维复合材料
■ 钢
■ 非结构性塑料

图5　复合材料座椅零件和材料分解　　　图6　碳纤维汽车仪表板梁（见彩插）

在复合材料座椅设计满足如下所述的要求之前，我们需要对其进行一些设计迭代和修改。对于货物保留、正面碰撞、后面碰撞和头枕负载的情况都必须进行评估。座椅靠背结构质量可减小 6%，而缓冲衬垫结构质量则可减小 26%，因此每个座椅总共可减小 17% 的质量。与基准座椅相比，概念设计意图可为每辆车减小 1.6 kg 的质量。

为评估座椅在受到撞击质量带来的冲击时的反应，我们将一个货物块放置在前座靠背的后面，并且按照欧洲经济委员会（ECE）–R17 标准[1]模拟正面碰撞。货物块质量为 18 kg，并将其定位在前座椅背后面 200 mm 处。座椅处于垂直/最后端的位置，然后，在底板上施加一个峰值为 23.5 g 的通用加速脉冲。图 7 所示为椅背的最大挠曲并且椅背上没有任何一个点超出座椅 H 点前方 100 mm 的平面。图 8 所示为设计意图中复合材料在货物保留模拟反弹点的高塑性变形区域。

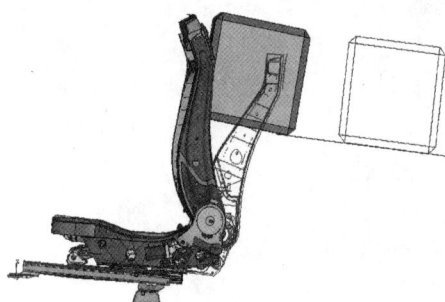

图7　货物保留分析中反弹
时间的座椅变形（见彩插）

我们用一个佩戴安全带的第 95 百分位成年男性假人来模拟受到正面冲击载荷（LSTC.H3.103008 V1.0 RigidE.95th）时的情况。座椅处于垂直/最后端的位置，并在底板上施加最大加速度为 23.7 g 的通用加速脉冲。图 9 和图 10 所示为在正面碰撞模拟中假人弹回前的座椅挠曲和设计意图复合材料的高塑性变形区域。

我们用一个佩戴安全带的第 50 百分位成年男性假人和最高加速度为 15.3 g 的双峰加速度脉冲来模拟受到后面冲击载荷（LSTC.H3.103008 V1.0 RigidE.50th）的情况。座椅处于垂直/最后端的位置。图 11 和图 12 所示为在后部碰撞模拟中最大向后挠曲时的座椅挠曲和设计意图复合材料的高塑性变形区域。

轮廓图
有效塑性变形（标值，平均值）
简单平均数
5.001E-03
5.000E-03
4.375E-03
3.750E-03
3.125E-03
2.500E-03
1.875E-03
1.250E-03
6.250E-04
0.000E+00
无结果
Max=5.001E-03
节点 668337
Min=0.000E+00
节点 629127

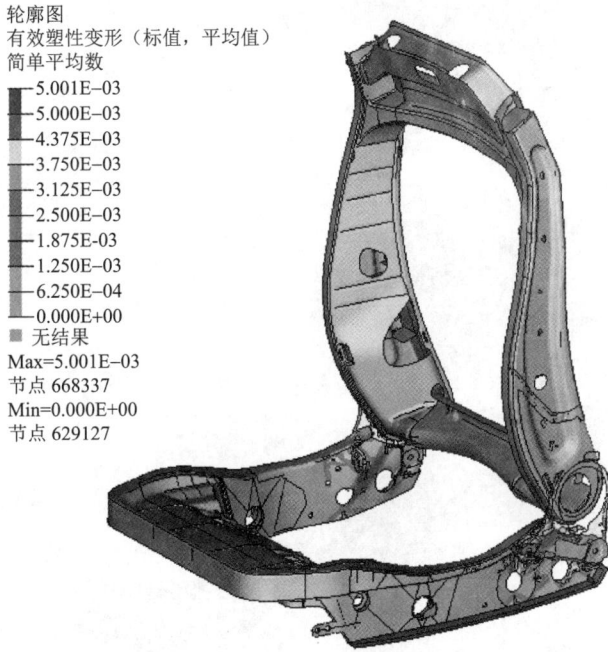

图 8　货物保留分析中反弹时复合材料的塑性变形（见彩插）

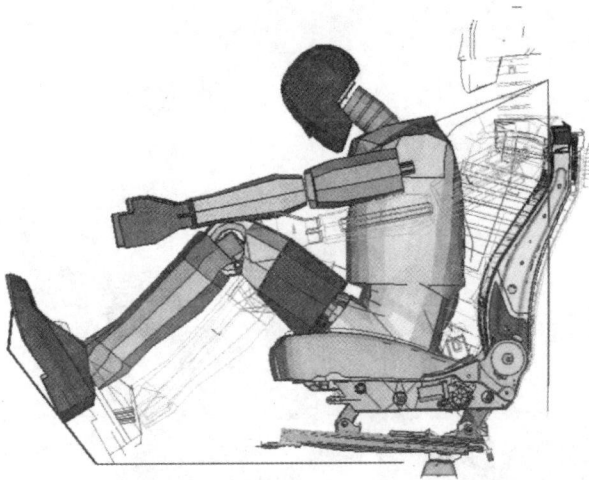

图 9　正面碰撞分析中反弹时座椅和假人的位移（见彩插）

轮廓图
有效塑性变形（标值，平均值）
简单平均数
5.001E-03
5.000E-03
4.286E-03
3.571E-03
2.857E-03
2.143E-03
1.429E-03
7.143E-04
0.000E+00
-7.143E-04
无结果
Max=5.001E-03
节点 954913
Min=0.000E+00
节点 988713

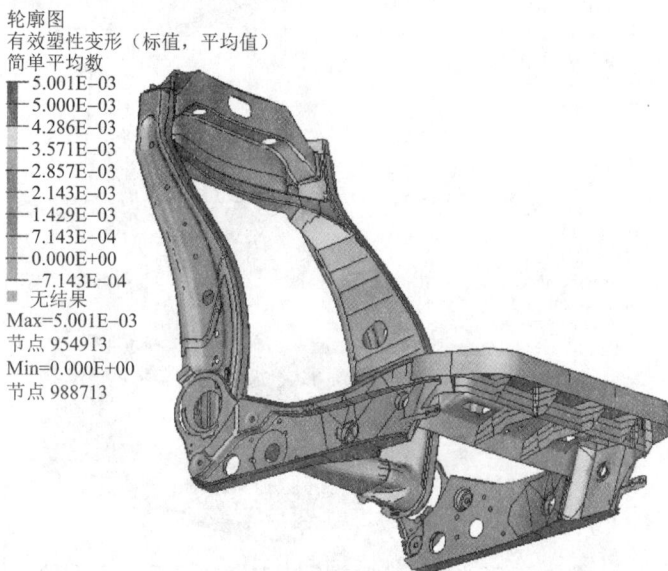

图 10　正面碰撞分析中反弹时复合材料的塑性变形（见彩插）

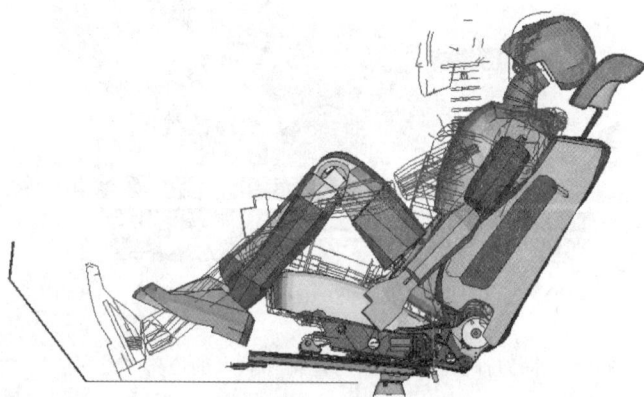

图 11　后面碰撞分析中反弹时间的座椅变形（见彩插）

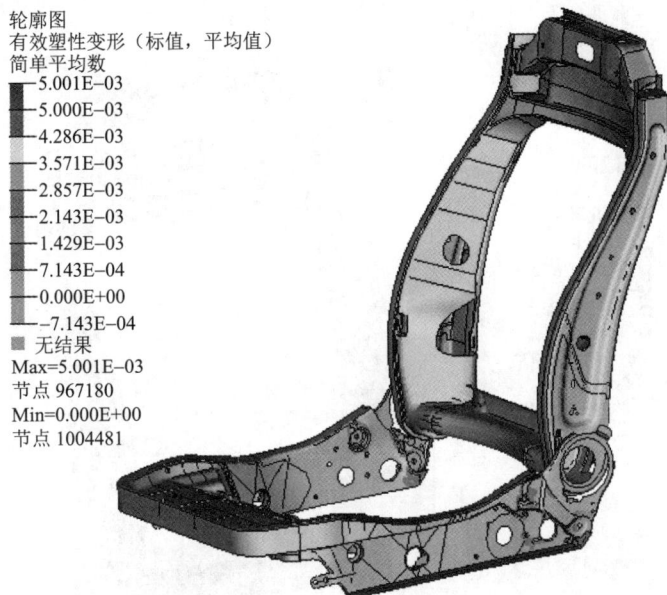

轮廓图
有效塑性变形（标值，平均值）
简单平均数
- 5.001E−03
- 5.000E−03
- 4.286E−03
- 3.571E−03
- 2.857E−03
- 2.143E−03
- 1.429E−03
- 7.143E−04
- 0.000E+00
- −7.143E−04
- 无结果
Max=5.001E−03
节点 967180
Min=0.000E+00
节点 1004481

图 12　后面碰撞分析中反弹时复合材料的塑性变形（见彩插）

　　为了评估在极限载荷下头枕后部座椅靠背上部的力，我们按照联邦机动车辆安全标准（FMVSS）202[2]中所述的在头枕上施加 890 N 的头部力。图 13 和图 14 所示为在施加 890 N 的最大载荷下的座椅靠背变形和高塑性变形区域。

图 13　头枕极限载荷分析中的座椅靠背挠曲（见彩插）

轮廓图
有效塑性变形（标值，平均值）
简单平均数
5.625E−03
5.000E−03
4.375E−03
3.750E−03
3.125E−03
2.500E−03
1.875E−03
1.250E−03
6.250E−04
0.000E+00
无结果
Max=4.981E−03
节点 563881
Min=0.000E+00
节点 562699

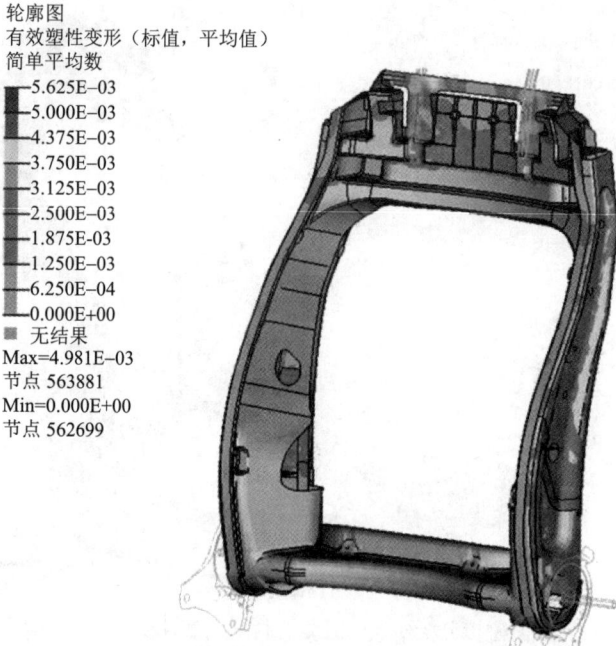

图 14　头枕极限载荷分析中的复合材料的塑性变形（见彩插）

　　设计迭代和优化的方法产生了能够满足总质量减小 5.2 kg 具体目标的碳纤维增强尼龙仪表板/仪表板梁设计方案。这样就可将基准质量减小 30%。该设计方案同样也使零件数量从 71 件减少到 21 件，如图 15 所示。仪表板/仪表板横梁（IP/CCB）方案的垂直转向柱频率为 37.2 Hz，其性能目标是 37 Hz。图 16 所示为 IP/CCB 第 1 模态频率的应变能。

图 15　碳纤维仪表板横梁部件数量对比（71 基准与 21 MMLV 的对比）（见彩插）

轮廓图
有效塑性变形（标值，平均值）
简单平均数
- 11.31
- 1.00
- 0.91
- 0.82
- 0.73
- 0.64
- 0.55
- 0.45
- 0.36
- 0.27
- 无结果

第2模态频率=3.721e+01 Hz
帧4

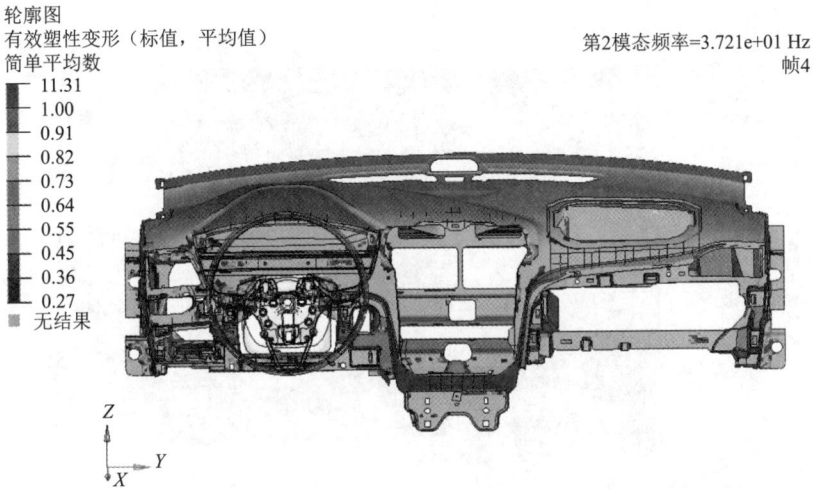

图 16　设计意图碳纤维复合材料 IP 的第 1 模态应变能（见彩插）

　　乘客安全气囊（PAB）加载模拟了乘客安全气囊在展开过程中产生的对 IP/CCB 结构上的反作用力的作用。项目所进行的 PAB 展开子系统的测试是用来计算结构上的反作用力的。该项测试用来评估 IP/CCB 结构方案的结构完整性。在结构上引入最大载荷为 3 000 N 的加载函数是为了通过简化后的乘客安全气囊评估其性能。最大应变为 0.004 的 PAB 加载应变轮廓如图 17 所示。

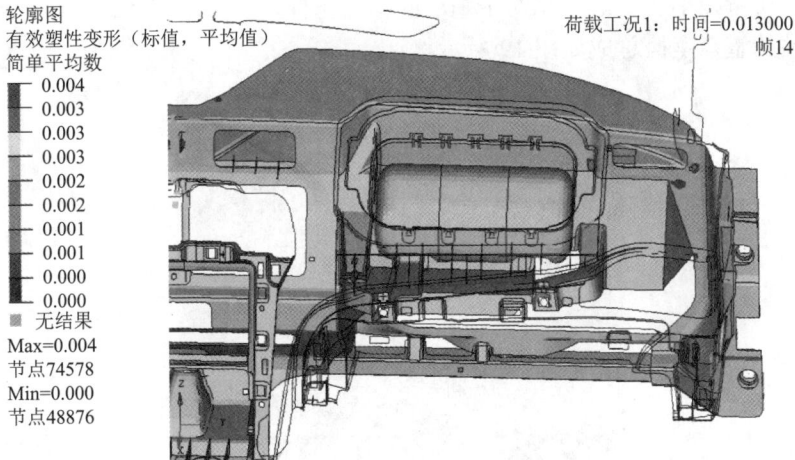

轮廓图
有效塑性变形（标值，平均值）
简单平均数
- 0.004
- 0.003
- 0.003
- 0.003
- 0.002
- 0.002
- 0.001
- 0.001
- 0.000
- 0.000
- 无结果
Max=0.004
节点74578
Min=0.000
节点48876

荷载工况1：时间=0.013000
帧14

图 17　PAB 载荷下的设计意图碳纤维复合材料 IP 应变图（见彩插）

　　用类似的方法来模拟膝部安全气囊（KAB）载荷对 IP/CCB 结构的影响。我们用 2 250 N 的最大载荷来评估 IP/CCB 结构的性能。图 18 所示为 KAB 载荷所产生的应变曲线和 0.001 的最大应变。

轮廓图
有效塑性变形（标值，平均值）
简单平均数
- 0.001
- 0.001
- 0.001
- 0.001
- 0.000
- 0.000
- 0.000
- 0.000
- 0.000
■ 无结果
Max=0.001
节点459140
Min=0.000
节点91413

荷载工况1：时间=0.027000
帧28

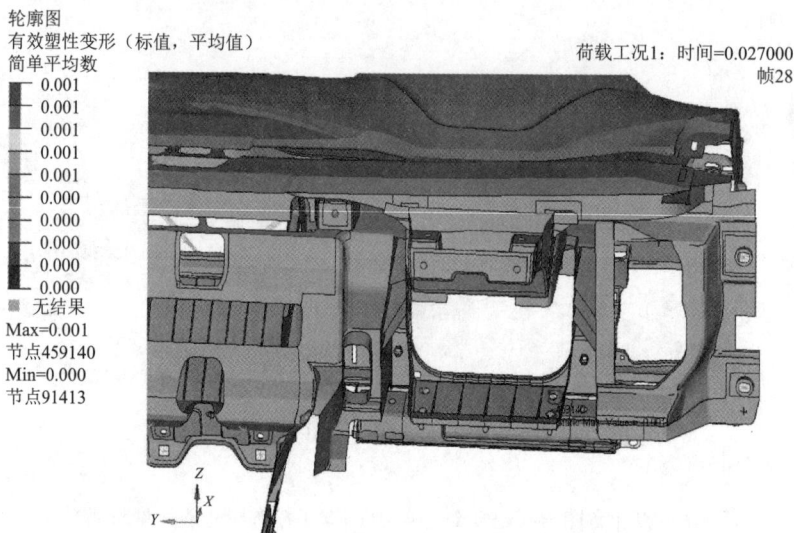

图 18　KAB 载荷下的设计意图碳纤维复合材料 IP 应变图（见彩插）

内饰系统的原型构建

生产出了质量与设计意图部件相同的原型零件。该项目一共生产了 6 个带有全套布置且功能齐全的驾驶员和乘客座椅，以便与辅助部件一起构建测试用的 MMLV 车辆和作为备件使用。每个座椅结构质量为 3.8 kg，由此可使每辆车的总质量减小 1.6 kg（相对于基准的钢冲压件，质量减小了 17%）。无泡沫和饰件的整套座椅总成如图 19 所示。

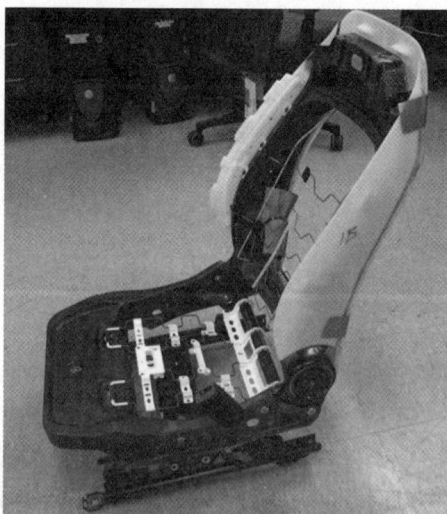

图 19　碳纤维复合材料座椅原型（见彩插）

　　该项目一共生产了 6 套仪表板总成，以便与辅助部件一起构建测试用的 MMLV 车辆和作为备件使用。IP/CCB 结构质量为 12.1 kg，由此可使每辆车的总质量减小 5.2 kg（相对于钢和塑料总成，质量减小了 30%）。图 20 所示为一个完整的 IP/CCB 原型。

图 20　MMLV 整套碳纤维复合材料 IP/CCB

　　使用低成本原型的生产方法可制造用于车辆构建和测试的 MMLV 原型零件。为此，我们制造了单侧复合工装。我们生产的典型工装以及一些样件如图 21 所示。零件是用真空袋成形工艺通过手糊碳纤维织物和环氧树脂生产的。

图 21　上部管道和通风道支架及工装

内饰系统原型的车内测试

　　原型座椅被放入 6 台测试车辆中，而 IP/CCB 原型则被放入 4 辆测试车辆中。安全碰撞车辆中并没有加入 IP/CCB 原型。座椅和仪表板原型完成了模拟实际使用 10 年和 150 000 mile 的车中结构耐久性试验，并且没有出现问题。

77

座椅或 IP/CCB 从耐久性试验车辆中拆下后没有发现损伤。座椅和 IP/CCB 同样也完成了相当于在高度腐蚀性环境下实际使用 6 年的 12 周腐蚀性试验，并且没有出现任何问题或损坏。

在两辆碰撞测试车辆中使用了座椅原型，而 IP/CCB 原型则未用于碰撞测试中。在 56 km/h 的全正面障碍碰撞试验中，我们在座垫结构上为座椅捆绑了质量为 37.5 kg 的驾驶员和 25 kg 的乘客。就像预期的那样，座椅没有分离出零件，并且也没有结构完整性损失。在 64 km/h 和 40%偏移情况下的可变形障碍上的正面碰撞测试中，驾驶员座椅受到连接于封闭靠背结构上的 75 kg 捆绑物的不当加载，这导致座椅靠背上出现超出座椅结构能力的不具代表性的载荷。

内饰系统的原型部件试验

货物保留试验是使座椅处于垂直/最后端的位置，并使用一个 18 kg 的货物块来进行的，测试的峰值加速度为 23.96 g。图 22 所示为座椅顶部分析和底部物理测试时的最大挠曲的比较。

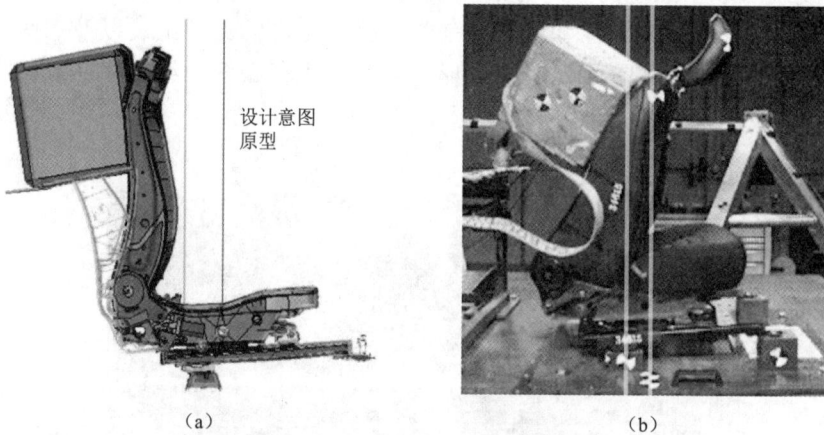

图 22　货物保留分析中最大挠曲时的座椅变形

在物理测试中，椅背更大的挠曲使得靠背结构超过了挠曲目标（如图 22 所示的最右侧的垂直白线），而 CAE 分析表明座椅可以达到目标性能。然而，我们仍然计划对该已测试过的原型进行后续检查，以确定座椅的所有损伤与原型材料模拟所预测的高应变区域是否一致，同样还要找出由于座椅原型生产方法而造成的意外损伤。

正面碰撞试验是用第 95 百分位成年男性 Hybrid Ⅲ 假人在座椅处于垂直/最后端的位置上进行的，测试的峰值加速度为 22.2 g。图 23 所示为座椅顶部分析和底部测试时的最大挠曲的比较。

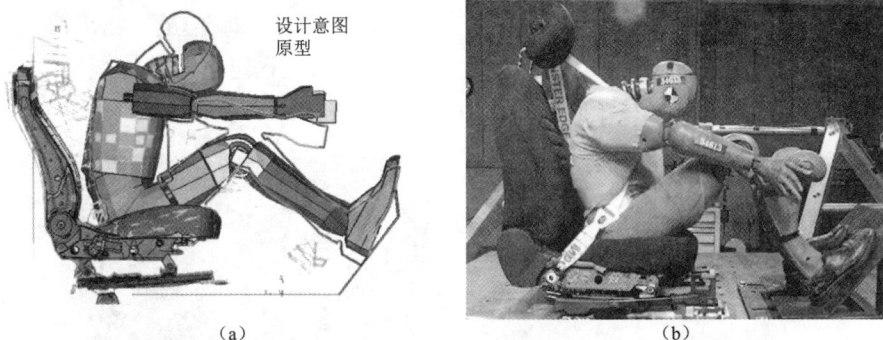

设计意图
原型

（a）   （b）

图23　正面碰撞分析中最大挠曲时的座椅和假人位移

正面碰撞试验中的座椅性能达到如图 23 所示的预期最大挠曲时的要求。该模拟在达到最大挠曲后停止，但物理测试则继续到假人弹回座椅靠背上为止，如图 24 所示。这个额外的负载导致了从图 24 中可看出的坐垫结构的意外损坏。然而，我们仍然计划对该已经测试过的原型进行后续检查，以确定座椅的意外损伤与原型材料模拟所预测的高应变区域是否一致，同样还要确定座椅原型制造方法对额外损伤所起的作用。我们还将重新进行 CAE 模拟，并允许通过连续弹回事件来确定是否已经预测到了全部的额外损伤。另外，我们还进行了附加模拟，以补偿仿真和物理试验之间的座椅高度差（全向上与全向下）。

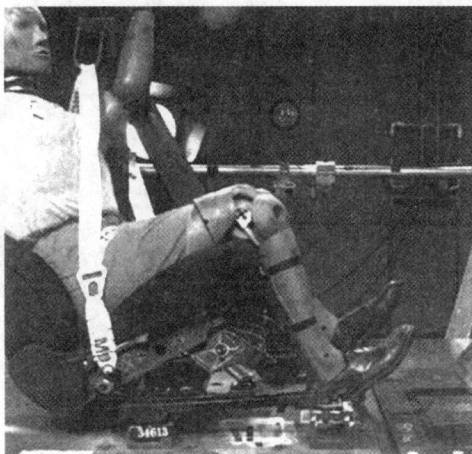

图24　正面碰撞测试中的反弹损伤

后座碰撞试验是用第 50 百分位成年男性 Hybrid Ⅲ假人在座椅处于垂直/最后端的位置上进行的，测试的峰值加速度为 15.7 g。图 25 所示为原型材料座椅顶部 CAE 分析和底部物理测试时的最大挠曲的比较。

仿真和物理试验之间的座椅靠背挠曲及假人移动的对比如图 25 所示，座椅保持了其结构的完整性。然而，我们仍然计划对座椅进行后续检查，以确定座椅的任何损伤与原型意向材料模拟所预测的高应变区域是否是一致的。

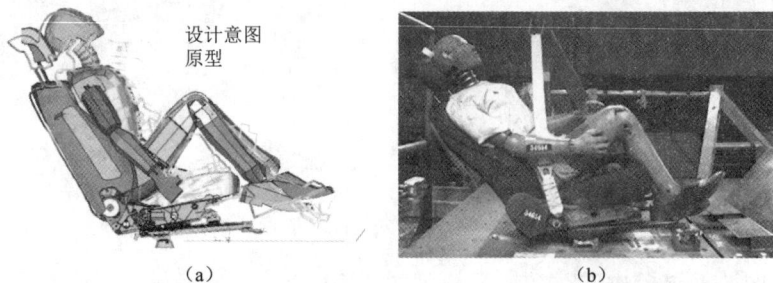

（a）   （b）

图 25　后座碰撞试验中最大挠曲时的座椅变形

为了评估座椅靠背上部和头枕附件，我们根据 FMVSS202 的规定，在仿真和物理试验中，对头枕施加 890 N 的准静负荷。FMVSS202 要求头枕在 373 N·m 的负荷下挠曲应小于 102 mm。原型试验期间，头枕在 373 N·m 的负荷下的挠曲为 45 mm。在 890 N·m 的全负荷下，原型材料模拟预测头枕最大挠曲为 78 mm，挠曲试验结果为 81 mm。在 890 N·m 的负荷下每个座椅靠背变形的比较如图 26 所示。

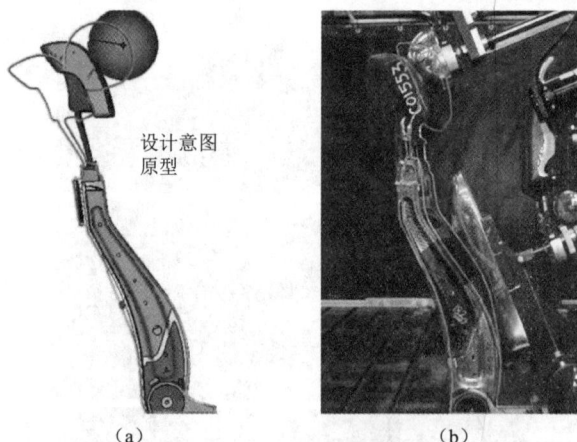

（a）   （b）

图 26　头枕加载下的座椅靠背挠曲

头枕加载试验中的座椅靠背达到了预期目标。座椅靠背挠曲与仿真预测是一致的。座椅靠背或座椅靠背的头枕安装区域没有观察到损伤。头枕杆变形与期望值一样。

在编写本章时，组件层面的 IP/CCB 测试尚未全部完成。

总　结

我们设计、建造和测试了设想的碳纤维增强尼龙复合材料前座和 IP/CCB 结构，每辆车的座椅结构质量总共减小了 1.6 kg（相对于基准的钢冲压件，质量减小了 17%），每辆车的 IP/CCB 结构质量总共减小了 5.2 kg（相对于基准的钢冲压件，质量减小了 30%）。我们在两种设计方案中引入了各种荷载工况的 CAE 分析，并进一步研究了座椅 CAE 结果和物理测试结果之间的差异。IP/CCB 的物理测试结果仍在进行中。

参 考 文 献

[1] ECE-R17 UNECE Agreement Concerning the Adoption of Uniform Technical Prescriptions for Wheeled Vehicles, Uniform Provisions Concerning the Approval of Vehicles with Regard to the Seats, their Anchorages and Any Head Restraints.

[2] FMVSS NO. 202 Head Restraints for Passenger Vehicles, Office of Regulatory Analysis and Evaluation Plans and Policy, December 2000.

致　谢

作者要感谢为此做出贡献的 Eicher 团队：Jianying Li，Qaiser Khan，Mike Sancho 和 Eicher 团队的其他成员。我们还要感谢为此做出贡献的福特汽车公司（Ford Motor Company）的其他团队成员：Grant Compton，Tejaswi Nandam，Feng Luan 和 Jeff Wallace。我们同样还要感谢美国能源部的资金支持。

免 责 声 明

具体商业产品、工艺或服务，并不代表美国政府或其下属任何机构指定或暗示对其予以认可、推荐或支持。作者在文章中的表述并不一定代表或反映美国政府或其下属任何机构的观点和看法。这种支持并不代表能源部对作品或所表述意见的认可。

定义/缩写

MMLV——多材料轻量化汽车

IP/CCB——仪表板/汽车仪表板梁

PAB——乘客安全气囊

KAB——膝部安全气囊

FMVSS——联邦机动车辆安全标准

CFRP——碳纤维增强塑料

CAE——计算机辅助工程设计

MMLV：底盘设计和组件测试

2015-01-1237

2015 年 4 月 14 日发表

陈晓明（Xiaoming Chen）

福特汽车公司（Ford Motor Company）

杰夫·L·康克林（Jeff L. Conklin）和罗伯特·M·卡本特（Robert M. Carpenter）

麦格纳国际公司（Magna International Inc.）

杰夫·华莱士（Jeff Wallace），辛西娅·弗莱尼根（Cynthia Flanigan），戴维·A·瓦格纳

（David A. Wagner）和维吉塔·吉莉德纳（Vijitha Kiridena）

福特汽车公司（Ford Motor Company）

史蒂芬·伯特朗科特（Stephane Betrancourt）

索格非集团（Sogefi Group）

杰森·洛格斯登（Jason Logsdon）

日本弹簧株式会社集团（NHK Spring Group）

引文：Chen，X.，Conklin，J.，Carpenter，R.，Wallace，J.等人，"MMLV：底盘设计和组件测试"，SAE 技术论文 2015-01-1237，2015，doi：10.4271/2015-01-1237.

摘　　要

由麦格纳国际公司（Magna International Inc.）和福特汽车公司（Ford Motor Company）研发的多材料轻量化汽车（MMLV）是美国能源部 DE−EE0005574 项目的研究成果。该项目展示了五座乘用车在保证车辆性能和乘员安全的前提下的轻量化潜力。该项目已制造出了原型车，并进行了有限的整车测试。采用商用材料和生产工艺进行的 Mach-I 车辆设计可实现 364 kg（23.5%）的减重，

这使其仅使用一个 1.0 L 三缸发动机即可，从而进一步明显提高了环境效益并降低了燃油消耗。

作为该项目的一部分，我们选择了一些汽车底盘部件用于 MMLV C/D 级轿车的开发和评估。底盘的关键技术包括复合材料和空心钢管螺旋弹簧、碳纤维车轮、具有高且窄设计的轮胎、空心钢稳定杆、铝质副车架、控制臂和连杆。该 MMLV 底盘系统实现了 98 kg 的质量减小量。这些轻量化底盘部件使用混合和复合材料来优化质量。本章中提到的技术为所选组件提供了一个成功证明这些技术可以使汽车底盘系统实现高达 74 kg 的质量减小量的机会。

引　言

我们确定了所选的底盘组件，以支持五座 C/D 级轿车的 MMLV Mach-Ⅰ 设计和开发。该项目的目标是评估用于演示目的的轻量化材料技术和生产原型零件。MMLV 项目涵盖的系统广泛，包括动力总成、车身结构、底盘、电气和内饰设计。本章的研究范围侧重于为 MMLV 示范车选定轻量化底盘组件。MMLV 轻量化底盘系统由铝质前部和后部副车架、控制臂、连杆、碳纤维车轮、具有高且窄设计的橡胶绳轮胎、空心钢稳定杆以及复合材料和空心钢弹簧组成。图 1 所示为轻量化车辆上使用的上述原型零件。在整个项目中，尽管减小的质量应以千克牛为单位，但研发团队还是将质量减小的单位设定为千克。

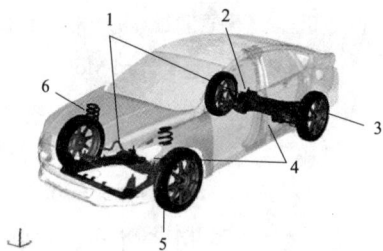

图 1　轻量化底盘原型组件

1—空心钢稳定杆；2—空心钢弹簧；3—碳纤维车轮；
4—铝质副车架；5—高且窄的轮胎；6—复合材料前螺旋弹簧

我们为底盘结构开发了用于前部和后部的悬架副车架、前部和后部控制臂以及后部悬架连杆的轻量化组件。这些底盘结构由卡斯马国际公司（Cosma International）设计，并通过战略性地选择最好的材料和工艺以减小质量，并满足部件的技术要求。通过计算机辅助工程系统（CAE）设计并分析底盘结构，以满足假设减重 25% 的轻量化汽车改变耐久性载荷后的刚度要求。设计中假定所有的材料和工艺都是生产就绪技术，且目前应用于小产量和某些大产量的实际制造当中。与基准部件相比，MMLV 轻量化底盘结构部件的质量优化设计可使其质量减小 37%，同时满足所有由 OEM 合作伙伴提出的硬度和耐久性的要求。

前部和后部支架被重新设计为掺入低压铝铸件和铝合金挤压件的气体保护金属极弧焊（GMAW）组件。我们利用铝锻造和挤压技术重新设计了后悬架连杆和控制臂。与基准底盘结构组件相比，这些设计变化会导致总质量减小 40%。

对于高且窄的轮胎的评估是在三个具有不同材料结构且每个轮胎最终质量为 7.7 kg（17 lb）的具有不同套件的轮胎上进行的。这些轻量化轮胎结构基于一个 155/70 R19 的轮胎尺寸，与类似平台使用的标准轮胎尺寸相比，它具有较大的直径和较小的宽度。碳纤维车轮被用来替代铝轮毂，从而使其质量进一步减小。通过实验室和车上评价选择优化的轮胎/车轮组件。其玻璃纤维增强复合材料前弹簧和空心钢后弹簧的质量减小量分别达到 59% 和 37%。经内部喷丸硬化和外部两次喷丸硬化处理的中空钢稳定杆使得前杆的质量减小了 39%、后杆的质量减小了 59%。

MMLV 铝质前侧副车架

前侧副车架由铝质低压永久铸模（LPPM）铸件和使用一种金属惰性气体（MIG）熔融焊接工艺连接的铝挤压件组成，如图 2 所示。LPPM 铸造和挤压制造工艺可接合空心型钢，并提供了一个高效的轻量化机会，以满足产品的刚度要求，同时将其维持在车身布置约束条件之内。由于前侧副车架的质量减小，它与车身的隔离被认为是不必要的，因而，我们从总成中拆下了车身托架衬套。与基准前侧副车架相比，MMLV 前侧副车架的质量优化设计可使其质量减小 46%。

MMLV 铝质后侧副车架

后部副车架也由 LPPM 铝铸件和采用金属惰性气体（MIG）熔融焊接工艺连接的铝挤制件组成，如图 3 所示。对于后部设计，LPPM 使用"空心"铸造技术使闭合型材加入桁材铸件中。空心铸造技术与挤制件中空型材一起，可以实现有效的轻量化设计，同时满足产品的刚度要求并将其维持在车身布置约束条件之内。MMLV 后部副车架的质量优化设计主要包括车身衬套，与基准后侧副车架相比，MMLV 后侧副车架的质量优化设计可使其质量减少 48%。

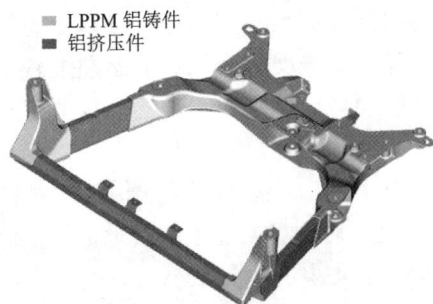

图 2 MMLV 铝质前侧副车架的设计　　图 3 MMLV 铝质后侧副车架的设计

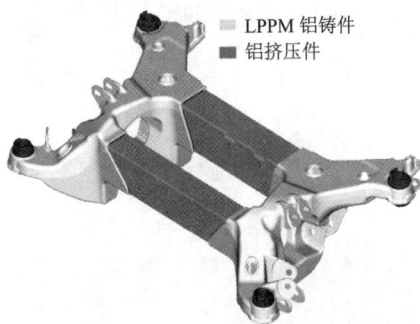

85

控制臂和连杆

前控制臂是由铝锻件（基准材料/工艺）、铝挤制连接支架、悬挂衬套和球窝接头组成的，如图4所示。图4中也展示出了后控制臂，它由铝铸件（基准材料/工艺）以及悬挂衬套组成。衬套和球窝接头的质量减小量是通过减少套筒和优化衬套尺寸来实现的，以满足改变后的耐久性负载。由于控制臂是刚度驱使的组件，且与基准件相比其刚度目标保持不变，因为它的基本材料是铝，从而部分实现了最大程度的质量减小。由于减少了耐久性负载和重新设计了前控制连接支架，因此实现了部分质量减小。MMLV 前后控制臂的质量优化设计包括对悬挂衬套和球窝接头的优化设计，与基准控制臂相比，它实现了19%的质量减小量。

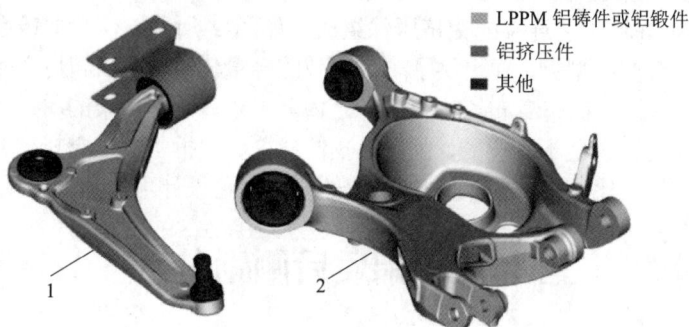

图4 MMLV 铝质前侧和后侧控制臂设计

1—前控制臂；2—后控制臂

后悬架连杆由铝锻件、铝挤制件和悬架衬套组成，如图5所示。外倾角调节杆被重新设计为铝锻件以满足所要求的刚度和耐用性。对前束调节杆和整体调节杆进行了重新设计，使用铝挤制件来提高刚度，以进行高效的质量优化。悬架衬套的优化是通过减小套筒和衬套的尺寸实现的，以适应改进后的耐用性负载。与基准后悬架调节杆相比，包括悬架衬套在内的MMLV 后侧悬架连接的质量优化设计实现了43%的质量减小。

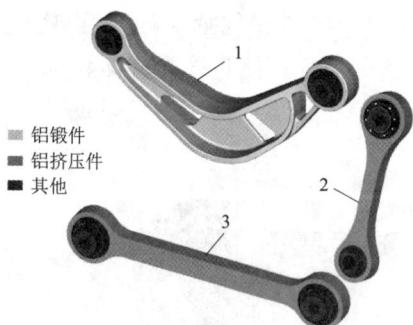

图5 MMLV 铝质后悬架设计

1—前轮外倾角调节杆；2—整体调节杆；
3—前束调节杆

MMLV 原型铝质前支架

由于预算和验证测试计划的限制，前侧副车架是测试所需原型的唯一一个 MMLV 轻量化底盘结构，如图 6 所示。进行 A356 合金热处理的前侧副车架 LPPM 铝铸件与生产工具是由位于澳大利亚珀斯及加拿大安大略省的卡斯马铸造公司（Cosma Casting）制造的。铝挤制件 6063-T6 由位于宾夕法尼亚州马丁图的萨帕挤制件北美公司（Sapa Extrusions North America）供货。金属惰性气体（MIG）熔焊装配工艺是在安大略省宾顿市 Promatek 研究中心实施的。这些步骤完成后，组件被运到魏玛国际公司（Vehma International）并组装到测试车辆中。原型托架的质量与设计质量计算值的偏差在 1% 以内。

图 6　原型铝前侧副车架

MMLV 轻量化碳纤维车轮

MMLV 使用 5J×19 的碳纤维复合车轮，如图 7 所示。"一体式"碳纤维车轮的开发和制造无造型的限制，所以我们只针对车轮的质量和耐用性能进行了设计。这些车轮不是仅减小了质量而已，而且通过转动惯量和簧下质量的减小还相应地改善了车辆的动力属性，例如：加速度、转向和操控性能。

图 7　MMLV 一体式碳纤维复合材料车轮

MMLV 原型车的单个碳纤维车轮的质量仅为 6.15 kg，其质量减小了 4.59 kg，熔铸铝车轮的质量减小了 43%。

碳纤维复合材料车轮的试验计划包括耐用性、过弯疲劳、螺栓载荷保持等项目。MMLV 车轮顺利通过了在一个 4 in 高的正方形坑洞中实施的 100 次撞击的临界耐久性试验。我们观察到试验车轮仅有轻微损伤。车轮顺利通过了所有的结构测试。车轮在热冲击和加速长期老化试验中发生一些意想不到的退化，其中包括外部透明涂层起雾，这属于外观问题。

MMLV 高且窄的轮胎

我们设计了原型轮胎，并由米其林北美公司制造（Michelin North America Inc.），该公司优化了用于轻量化乘用车的每套轮胎的胎面材料和轮胎结构，如

改进后的胎面

图 8 MMLV 高且窄的轮胎

图 8 所示。在 155/70 R19 轮胎尺寸的基础上开发了高且窄的轮胎，以实现大于 20%的减重效果。与标准轮胎相比，轻量化轮胎结构使用一个直径较大、宽度轮小的轮胎，这通常用于类似的车辆平台 P225/50 RI7。通过改变材料的结构和轮胎的最终质量对三种不同的轮胎套装进行评估。每个轮胎的质量仅有 7.7 kg（17 lb）左右，而标准轮胎的质量为 11.4 kg（25 lb）。

对原型轮胎进行关键性能标准的试验室评估，其中包括接地面分析、滚动阻力和牵引性能的评估。MMLV 轮胎接地印迹如图 9 所示，该图所示的轮胎接地长度为 142 mm，宽度为 104 mm。

Flat Trac 轮胎侧向力试验被用来测量轮胎产生的侧向力，包括抓地力峰值与负载。SAE 方法 J2452 用于测定滚动阻力系数。实验室测试结果如表 1 所示。

实验室测试的结果表明，质量减小 20%的原型轮胎，与 P225/50R17 相比，其在牵引力和滚动阻力方面的实验室性能相差不多。与全季节轮胎以及用于大多数试验的标准轮胎相比，这些轻量化的夏季花纹轮胎表现出与之相当或更好的性能。测试包括乘坐、主观噪声、转向、湿处理、路边石处理、干燥制动和湿制动评估。我们所选择的轮胎结构（17.6 lb）顺利通过了美国交通部（DOT）的试验和高速试验。

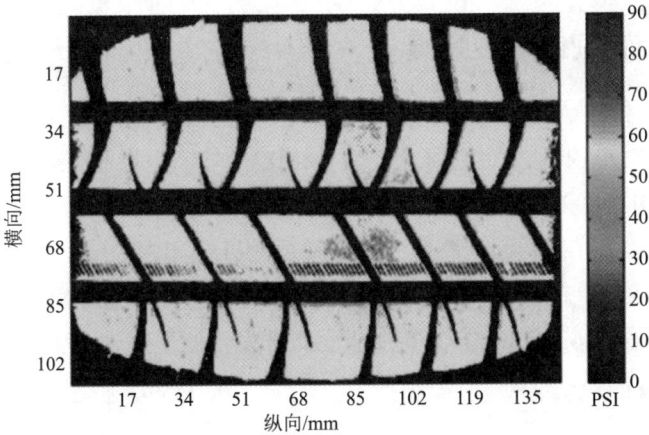

图 9　MMLV 轮胎接地印迹（见彩插）

表 1　MMLV 高且窄的轮胎的试验室试验结果

试　验	目　的	数　值	单　位
Flat Trac 侧向力试验，峰值滚动阻力系数（F_y/F_z）	牵引	0.970	N/N
SAE J2452 滚动阻力系数	滚动阻力	7.250	1lb/1 000 lb

MMLV 轻量化螺旋弹簧

三种轻量化螺旋弹簧被用于 MMLV 车辆中，这三种弹簧分别为复合材料前侧弹簧、空心钢后侧弹簧和钛材后侧弹簧。由索格菲集团（Sogefi Group）生产的复合材料前侧弹簧和由 NHK 弹簧集团生产的空心钢后侧弹簧被用于 MMLV 原型车中。由 Renton 螺旋弹簧公司制造的钛弹簧为该研究项目的替代品。三种弹簧和它们的质量状态如图 10 所示。

弹簧	前轮复合材料	后轮空心钢	后轮钛
质量信息	质量 1.2 kg　减重 57%	质量 2.7 kg　减重 37%	质量 2.0 kg　减重 54%

图 10　MMLV 轻量化螺旋弹簧

复合材料前侧螺旋弹簧

该复合材料螺旋弹簧由玻璃纤维和环氧树脂制成。弹簧的刚度和验算荷载是基于福特汽车的动力性能要求使用 MMLV 车辆质量和悬架系统配置开发的。我们沿用产品 Fusion 所用前弹簧并根据它确定了其余的参数，如弹簧检查高度、颠簸减震行程和回弹减震行程、弹簧的外径和内径等，以满足原型结构的组件限制条件。复合材料螺旋弹簧由福特汽车公司（Ford Motor Company）和索格菲集团（Sogefi Group）的加盟团队开发，原型部件由索格菲集团制造。

弹簧设计

该复合材料弹簧的设计是通过计算机辅助工程（CAE）技术实现的。帘布层的数量和纤维的取向是由通过 CAE 评价引导的设计迭代决定的。该复合材料弹簧的 CAE 模型如图 11 所示。

图 11　复合材料螺旋弹簧的 CAE 模型（见彩插）

我们已通过组件试验对该 CAE 设计方法进行了验证。验证对比了在边荷载与局部应变情况下的试验测定和 CAE 计算所得的弹簧变形。边荷载补偿的 CAE 计算和试验结果之间的差异小于 1.5%，而针对应变的情况，二者之间的差异则小于 7%。这也表明 CAE 技术是设计复合材料螺旋弹簧的可靠工具。

复合材料螺旋弹簧的制造

该复合材料螺旋弹簧的原型制造包括以下几个步骤，其细节如图 12 所示。

（1）线材制造（纤维缠绕和树脂管理）；

（2）卷绕（连续的多轴设备）；

（3）聚合处理弹簧（分批处理炉）；

（4）熔芯处理（熔体泵+注塑模具+机加工）；

（5）螺旋弹簧表面处理（手动切割）。

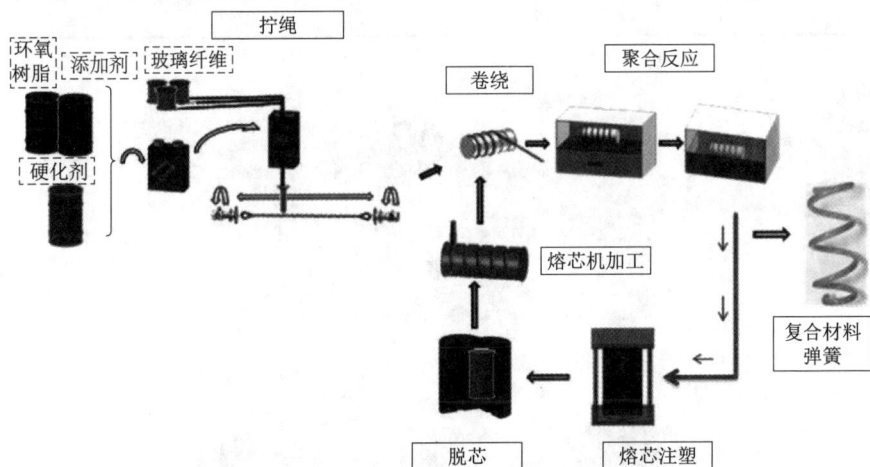

图 12　复合材料螺旋弹簧的生产步骤

复合材料弹簧的组件测试

根据福特汽车公司的工程规格，我们对复合材料弹簧进行了负载/刚度试验和疲劳试验。另外，我们还根据弹簧的材料特性提出了额外的测试。这些测试包括：

（1）高温下的疲劳试验（80 ℃或 176 ℉[①]）；

（2）松弛/下垂试验；

（3）用氢氟酸测试材料的兼容性；

（4）水下交变温度疲劳试验。

对 6 个弹簧进行了负载/刚度测试，没有检测到回弹减震过载或全颠簸减震过载问题。

在环境温度下，我们对弹簧进行了 1 Hz 的干燥疲劳循环试验。该试验要求

① 1 ℉=−17.222 222 2 ℃。

弹簧在刚度损失小于 4% 的条件下经受 200 000 次的循环试验。我们对 4 个弹簧进行了测试，试验结果如表 2 所示。图 13 所示为弹簧的失效模式和疲劳裂纹。

表 2　复合材料弹簧的干疲劳循环试验结果

弹簧编号	弹簧高度		循环次数/次	是否损坏
	H_{min}	H_{max}		
40			295 056	是
41	颠簸减震	回弹减震	209 341	是
42			232 743	是
43			257 924	是

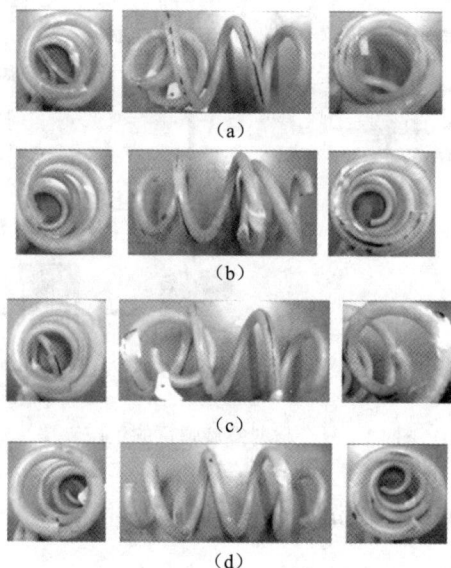

图 13　弹簧干疲劳循环试验结果——弹簧的失效模式和疲劳裂纹

（a）40 号弹簧；（b）41 号弹簧；（c）42 号弹簧；（d）43 号弹簧

复合材料弹簧也需要进行高温测试序列下的干疲劳试验。在 80 ℃（176 ℉）条件下测试两个弹簧。两个弹簧都在不断裂的情况下通过了 200 000 次循环的疲劳试验，试验结果如表 3 所示。两个弹簧的刚度变化均小于 4%。

表 3　复合材料弹簧的高温疲劳试验结果

弹簧编号	弹簧高度		循环次数/次	是否断裂
	H_{min}	H_{max}		
85	回弹减震	颠簸减震	200 000	否
86			200 000	否

松弛测试是在两个复合材料弹簧上进行的。弹簧被压缩到回弹减震长度并在室温下保持 48 h，然后将其释放到自由长度。标准要求其松弛率应低于 4%，高度损失应小于 10 mm，测试结果如表 4 所示。

$$松弛率=\left(\frac{负载损失}{原始负荷}\right)\times100\%$$

表 4　复合材料弹簧的松弛试验结果

项　　目	样品 1	样品 2
松弛率/%	3.64	3.74
高度损失/mm	7.5	7.7

该复合材料弹簧的关键寿命试验是在环境条件下进行的疲劳试验，包括热阻、防石击性、冷挠曲性、耐磨性和耐腐蚀循环试验。我们对 4 个复合材料螺旋弹簧进行了试验，它们全部通过了表 5 所示的 200 000 次循环试验，而标准要求通过 20 000 次循环试验即可。

表 5　复合材料弹簧的关键寿命试验结果

弹簧编号	试验站	实现的循环次数/次	断裂位置
75	左侧	215 420	2.0 下端
76	右侧	226 185	1.5 下端
77	左侧	280 000	无（完整的）
78	右侧	280 000	无（完整的）

结果表明，无论是环境因素，如热、冷、潮湿，还是小石子和盐水等因素，均不会降低复合材料弹簧的疲劳寿命。

我们还对复合材料弹簧进行了水下变温疲劳试验。该试验旨在评估在寒冷的冬天，弹簧在工作期间在树脂中产生较小损伤或裂纹的情况下，复合材料弹簧的特性。裂纹的扩展可能是弹簧失效的原因之一。水浸的轻微损伤加上低温冰冻可能对复合材料弹簧的耐久性有严重的影响。我们通过如图 14 所示的变温和疲劳周期对复合材料弹簧进行了试验。

如表 6 所示的结果表明，水下温度交替变化的试验条件不会影响复合材料弹簧的耐久性能。两个弹簧经过 280 000 次疲劳循环后，没有发现损坏。

表 6　复合材料螺旋弹簧的水下温度交变试验结果

弹簧编号	试验站	实现的循环数量/次	断裂位置
79	左侧	280 000	无（完整的）
82	右侧	280 000	无（完整的）

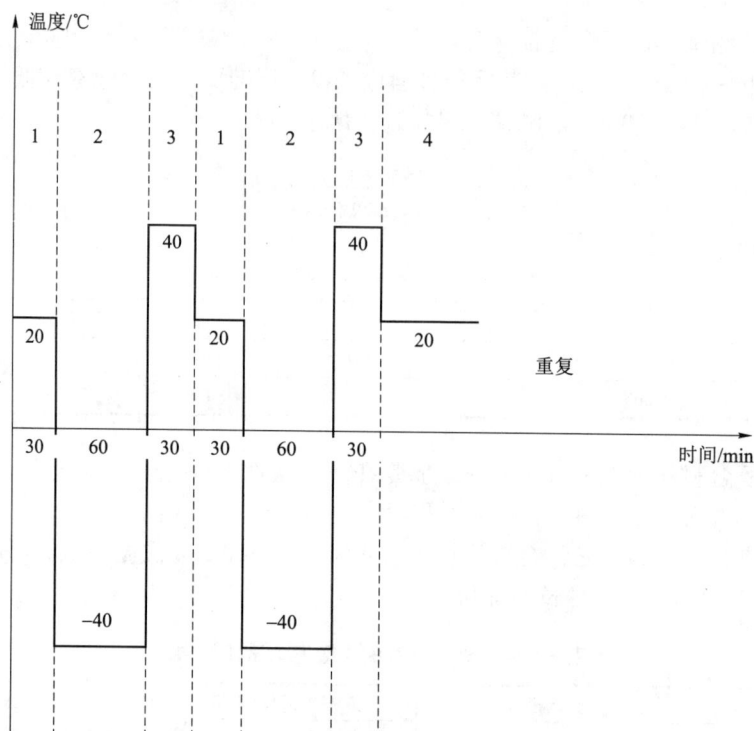

图 14 复合材料弹簧的水下变温疲劳试验

1—静止以使水充注到弹簧中；2—静止以使水结冰；3—静止以使冰融化；4—20%疲劳循环

考虑到弹簧在使用期间可能接触到化学物质，我们可通过耐化学性疲劳试验来验证复合材料弹簧在这方面的问题。我们采用索格菲材料相容性测试方法并使用如表 7 所示的化学品对 MMLV 弹簧进行测试。测试程序包括以下几个步骤：

（1）将弹簧加载到额定高度 3 个月；

（2）在此期间，每周用汽车专用的液体重新冲洗饱和过滤板；

（3）进行剩余疲劳试验。

表 7 复合材料弹簧的耐化学性疲劳试验用化学品

弹簧编号	顶部喷射的液体	底部喷射的液体
51	发动机油	汽油
52	轴润滑油	制动液
53	挡风玻璃洗涤剂	防冻液
54	乙醇汽油	变速器油
55	蓄电池酸液	轮毂清洗剂
56		氢氟酸

我们将材料兼容性试验前后测得的弹簧参数进行对比可知，暴露在化学品中和处于疲劳循环组合情况下的弹簧的变化率小于 4%。其在暴露化学品期间的负载损失超过 10%，而在疲劳试验后期其损失则小于 3%。

组件测试期间，我们可以观察到复合材料弹簧存在一些高度损失，在干疲劳试验、高温疲劳试验和松弛试验中均可观察到这种高度损失。在上述所有情况下，其高度损失均小于 10 mm。

汽车试验场耐久性试验

我们将前复合材料螺旋弹簧安装在 MMLV 原型车中，并且在福特汽车公司的密歇根州试验场对其中的一辆车进行了耐久性评估测试。我们创建了检查列表，旨在测试期间观察包括明显损伤、悬架装载高度变化以及车辆隔载荷变化在内的复合材料弹簧的特性。

前复合材料弹簧在车辆耐久性试验中表现良好。我们在测试中没有观察到弹簧的损伤。试验中及试验后测定的两侧悬架装载高度变化的最小值小于 4.0 mm。我们在测试后的审查中发现，线圈上的痕迹说明线圈之间可能发生过接触，如图 15 所示。

中空钢后螺旋弹簧

中空钢螺旋弹簧是由 NHK 弹簧集团公司研发的。弹簧选用的材料是抗拉强度超过 1 900 MPa 且能够冷热卷绕的 UHS 1970 超高强度钢。

中空钢弹簧设计

中空钢弹簧设计也是通过 CAE 优化钢丝直径从而达到质量减小的过程。仿真使用 ABAQUS®。图 16 所示为中空弹簧的 CAE 应力仿真。

图 15　测试后发现复合材料弹簧可能存在线圈接触

图 16　中空钢弹簧的 CAE 应力仿真（见彩插）

中空钢管螺旋弹簧的制造工艺

中空钢管螺旋弹簧有两种主要的制造工艺，即线材制作和卷绕。由 NHK 供应商开发的创新型中空钢管的制造工艺如图 17 所示。卷绕过程与 NHK 公司现有的用于闭合末端的成型操作后的热绕工艺相同。

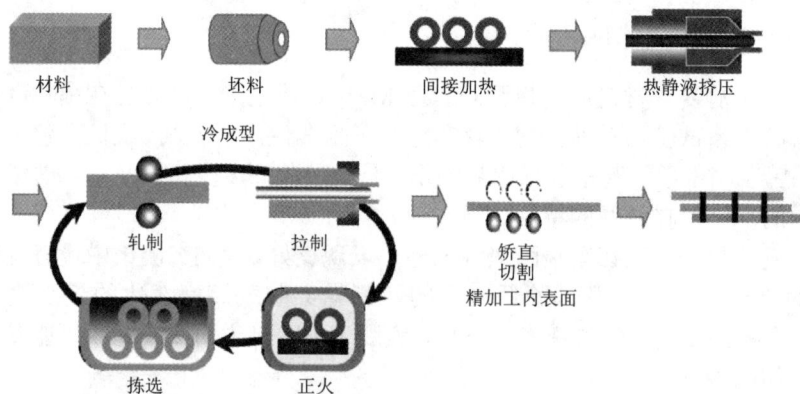

图 17　中空钢管的制造工艺

中空钢弹簧组件测试

按照福特汽车公司的常规钢弹簧工程规范对中空钢螺旋弹簧进行测试。对 6 个弹簧进行了负载/刚度测试，测试期间没有检测到问题。

对 6 个中空钢弹簧进行了干疲劳试验。6 个弹簧全部达到了 200 000 次疲劳循环测试的要求并且没有发生破坏。其在 200 000 次循环试验之后测量的负载/刚度有小于 4%的变化。中空钢弹簧在测试暂停之前达到了 500 000 次循环。这说明弹簧设计可以得到进一步的优化，以减小质量，但原型材料的可用性限制了其质量的进一步减小。

我们对 6 个 MMLV 中空钢弹簧进行了关键寿命测试。为了对比，我们还对三个实心钢参考螺旋弹簧进行了测试。在腐蚀周期过后，我们可以观察到 MMLV 线圈面上有零星分散的小斑点，而参考线圈上则有更多的斑点。因此，我们可以观察到参考线圈的腐蚀面积均大于 MMLV 中空钢弹簧上的腐蚀面积，详情如图 18 和图 19 所示。

在腐蚀周期过后，我们对两个参考弹簧和 MMLV 弹簧的疲劳寿命进行了测试。MMLV 空心钢弹簧通过了要求的关键寿命疲劳循环次数。在 6 个弹簧均通过 500 000 次疲劳循环且没有检测到故障的前提下，与干疲劳试验相比，关键寿命试验期中的疲劳循环次数减少了，详情如表 8 所示。

参考弹簧

MMLV中空钢弹簧

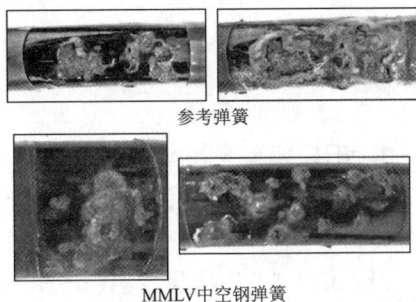

图 18　中空钢弹簧与参考弹簧的
腐蚀情况（见彩插）

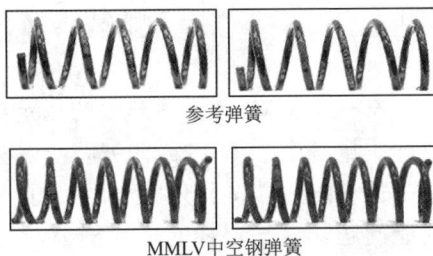

参考弹簧

MMLV中空钢弹簧

图 19　弹簧的腐蚀区域（见彩插）

表 8　关键寿命试验的疲劳测试结果

试样 ID	行程/mm	完成的疲劳循环次数/次	缺陷位置	定向	故障原因
#1		24 008	L2.80	4.0	腐蚀斑点
#16		33 910	L1.85	3.2	腐蚀斑点
#19	311.0～199.5	200 000	尚未确定		未提供
#22		41 633	L3.00 L4.00	4.0 4.0	腐蚀斑点
#24		37 866	L1.90	4.3	腐蚀斑点
#28		42 793	L2.75	4.0	腐蚀斑点

97

汽车试验场耐久性试验

　　我们把中空钢后螺旋弹簧安装在 MMLV 原型车中并在密歇根州福特汽车
试验场对其中的一辆汽车进行了耐久性评估测试。

　　后部空心钢弹簧在测试过程中表现良好。在检查过程中未发现任何损坏或
性能问题。在测试后的审查过程中发现，弹簧圈上的痕迹说明弹簧圈之间可能
存在接触，如图20所示。

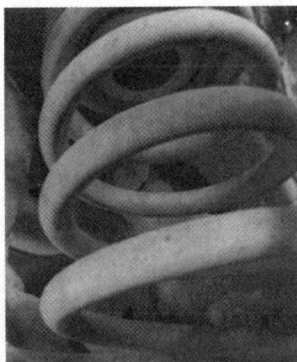

图 20　测试后发现中空钢弹簧圈之间可能发生过摩擦

MMLV 轻量化稳定杆

安装在 MMLV 原型车中的稳定杆是由 NHK 弹簧集团制造的空心钢筋。前杆质量减小了 1.7 kg（39%），后杆质量减小了 2.1 kg（52%）。空心钢筋在试验场耐久性试验期间表现良好。在对前稳定杆的检查中没有发现损坏或性能问题。后稳定杆的尺寸稍小。后稳定杆通过了结构试验，其在 90%动力总成耐久性的情况下会发生断裂，这一结果达到了组件测试所预期的耐久性目标。

总　　结

本章所提到的一些底盘组件是为多材料轻量化车辆（MMLV）而开发的，旨在评估它们与现有产品材料之间的技术性能差别，并评估其质量减小的情况。该 MMLV 底盘系统实现了 98 kg（或 216 磅）的质量减小量。该组件的产品组合包括一个轻量化的底盘结构（前后副车架、前部和后部控制臂、后悬架连杆）、特有的轮胎/车轮组件、空心钢稳定杆、空心钢和复合材料弹簧。底盘系统中的各个组件在减重方面的贡献如图 21 所示。

总的来说，本章中提到的 MMLV 底盘组件使整车系统的质量减小了 74 kg 左右，同时能维持其关键性能符合标准。

底盘结构组件的优化设计使当前基准车辆的质量减小了 37%，同时达到了车辆原有的刚度和耐久性目标。

对于轮胎/车轮组件来说，实验室和车载结果表明，与针对一些测试标准的全季节标准轮胎相比，夏季胎面的轮胎表现出与之相当的或更好的性能。碳纤维车轮使熔铸铝轮毂的质量减小了 42%，且能够满足组件和整车对耐久性能的要求。

玻璃纤维增强复合材料前弹簧及中空钢后弹簧的减重分别达到 59%和37%。两种弹簧均顺利通过了要求的和额外的组件测试，并顺利通过了地面耐久性试验。

复合材料弹簧的疲劳寿命对环境条件并不敏感。我们在疲劳组件测试和松弛试验中都检测到了它在高度方面的损失，其损失不超过定义的标准值。试验场耐久性测试期间，弹簧的悬架高度变化小于 4 mm。

MMLV 组件优化设计使得经内部喷丸硬化和外部两次喷丸硬化的中空钢稳定杆的前杆质量减小了 39%，后杆质量减小了 59%。前杆通过了两个所要求的组件测试和试验场耐久性试验，而后杆在同样的测试中却出现缺陷。

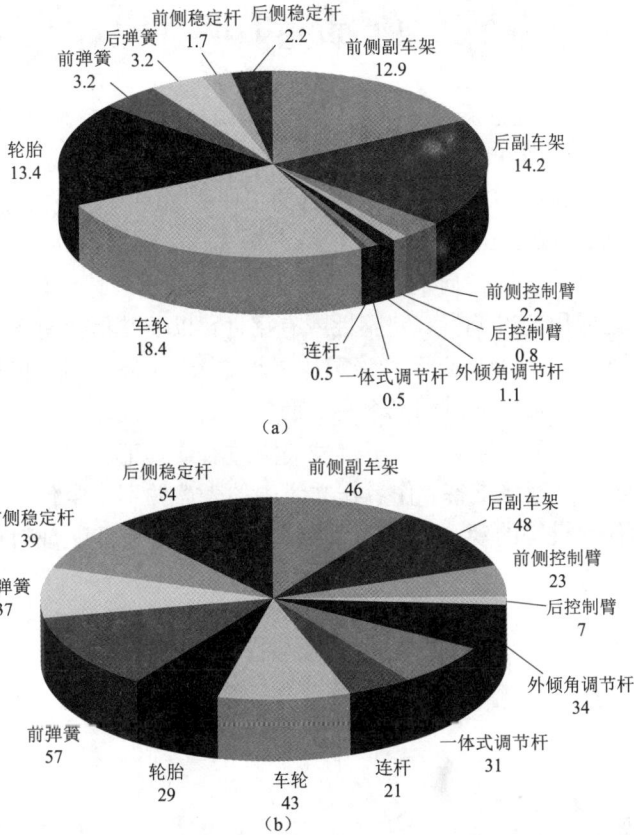

图 21　MMLV 系统中的各个组件的质量减小量及其百分比（与标准车辆部件相比）（见彩插）

（a）组件的质量减小量（kg）；（b）组件的质量减小百分比（%）

致　谢

　　我们感谢福特汽车公司的同行 Jon Watson 和 Alberto Girelli Consolaro 在弹簧设计和测试方面给予的指导和帮助，感谢 Gerald Heath 和 Michael Azzouz 在组件研究方面做出的贡献，感谢 Rod Ackley 为我们提供的弹簧设计参数。还要感谢 David Rohweder， David Klekamp，Dan Haakenson 和 Janice Tardiff 在分析轻量化车辆轮胎性能方面做出的技术贡献，并感谢 Jim Radcliffe，Dave Reiche， Tsu-Ren Ko 和 Andrew Tomasic 为我们提供的部件和车辆轮胎的测试结果。我们同样还要感谢 Michelin 公司开发的高而窄的轮胎，尤其是 Bob Wozniak 和 Drew Stiwinter 所做出的特殊贡献。

免 责 声 明

　　本文是基于美国能源部（DOE）国家能源技术实验室（NETL）所资助的决标编号为 DE-EE0005574 的论文集。

　　本章根据美国政府机构所发起项目的工作成果编写而成。无论是麦格纳国际公司（Magna International Inc.）、福特汽车公司（Ford Motor Company）或者美国政府，还是其下属任何机构或任何员工对本章所表述的任何信息、设备、产品以及工艺应用的准确性、完整性或有用性，以及其他没有侵犯私有权的表述不作任何保证（无论是明示、暗示还是承诺），并且也不承担相关的任何法律责任或义务。本章中通过商品名称、商标、制造商或以其他方式提及的所有具体商业产品、工艺或服务，并不代表美国政府或其下属任何机构指定或暗示对其予以认可、推荐或支持。作者在文章中的表述并不一定代表或反映美国政府或其下属任何机构的观点和看法。这种支持并不代表能源部对作品或所表述意见的认可。

MMLV：带舱壁嵌件和铝合金连杆的铝缸体

2015-01-1238

2015 年 4 月 14 日发表

克里夫·玛奇（Cliff Maki），凯文·伯德（Kevin Byrd）和
布莱恩·迈克尤（Bryan McKeough）

福特汽车公司（Ford Motor Company）

罗伯特·G·伦奇勒（Robert G. Rentschler）

福特铸造操作部（Ford Casting Operations）

布莱恩·J·奈伦巴赫（Brian J. Nellenbach），瑞克·L·威廉姆斯（Rick L. Williams）和
詹姆斯·M·波瓦洛（James M. Boileau）

福特汽车公司（Ford Motor Company）

引文：Maki, C., Byrd, K., McKeough, B., Rentschler, R. 等人，"MMLV：带舱壁嵌件和铝合金连杆的铝缸体"，SAE 技术论文 2015-01-1238，2015，doi：10.4271/2015-01-1238.

摘　　要

由麦格纳国际公司（Magna International Inc.）和福特汽车公司（Ford Motor Company）研发的多材料轻量化汽车（MMLV）是美国能源部 DE-EE0005574 项目的研究成果。该项目展示了五座乘用车在保证车辆性能和乘员安全的前提下的轻量化潜力。该项目已制造出了原型车，并进行了有限的整车测试。采用商用材料和生产工艺进行的 Mach-I 车辆设计可实现 364 kg（23.5%）的减重，这使其仅使用一个 1.0 L 三缸发动机即可，从而进一步明显提高了环境效益并降低了燃油消耗。

整体 MMLV 质量减小的显著因素是动力总成系统的质量从 340 kg（常规）

减小至 267 kg（MMLV）。因此，它可使用一个 1.0 L 的三缸发动机作为主要动力装置。通过将发动机小型化和在发动机内更改材料使发动机的质量减小了 29 kg。

本章探讨了对 MMLV 两个关键的动力总成部件进行研究的结果。其中一个是带钢制舱壁嵌件的铝制发动机缸体；另一个是使用高强度铝合金锻造的连杆。与传统钢铁类似的组件相比，它们都可以显著减小质量。

对于 MMLV 来说，我们希望动力总成系统采用小排量、高输出的发动机。基于原型 1.0 L I3，该 MMLV 变型的材料为铸铝而不是灰铸铁。由于铝缸体结构不足以承受与操作相关联的负载，因此需要进行加强。舱壁嵌件（处于专利申请过程中）的设计制造将负载从前部驾驶舱移至曲轴区域，同时在主曲轴轴颈内保持稳定的热生长特性。嵌件的最佳几何形状是具有 I 型梁的横截面，这种形状增加了大锯齿状横截面以增强缸体与舱壁嵌件之间的连接。

这项研究发现，带舱壁嵌件的铸铝缸体使 I3 缸体的质量减小了 9.5 kg。这说明与铸铁缸体相比，其质量减小了 42%。该研究还确定了舱壁嵌件可被设计成能够承受燃烧过程中产生的 95% 的主轴承负荷。此外，铸造过程允许在缸体和嵌件之间发展出一个大界面黏结。最终，我们用舱壁疲劳台架试验来验证设计，并在舱壁嵌件中准确预测缺陷的位置。

该研究的结果已被继续用于评价带舱壁嵌件的铝缸体。

对铝连杆的研究发现，随着材料和工艺的优选，生产用于大批量 OEM 汽车的铝连杆是可行的。此外，研究发现，最近开发的高温、高应变率锻造工艺确实提高了 2618-T6 铝合金的延展性和疲劳强度。

我们使用 CAE 分析来确保一个连杆可以使用 2618-T6 合金进行设计，以满足疲劳安全系数以及夹紧载荷和紧固件的要求。该分析确定了通过使用铝合金可使连杆质量减小 200 g 以上（I3 发动机总共减少 700 g 的质量）。与传统钢合金连杆相比，其质量减小了 40%。

就缸体而言，对铝连杆的初步研究表明，进一步的材料、设计和组件的验证是必要的。

带舱壁嵌件的气缸体

车辆的质量减小可以成为提高燃油经济性的重要因素。这一目标可以通过直接减小质量来实现，使用铝合金作为缸体材料替代灰铸铁就是其中的一个例子。这种质量减小也可以通过在不牺牲性能的情况下使用更小排量的动力系统来实现，从而提高了燃油经济性。

在过去的几十年中，缸体的设计已经逐渐发生了变化。过去，由于使用砂型铸造灰铸铁的保守设计，很多缸体的排量较大；今天，很多缸体为小排量设计，并进行了高度优化，且采用了复杂的制造工艺，如高压压铸等工艺。

作为多材料轻量化汽车（MMLV）项目的一部分，我们生产了一个基于原型 1.0 L 的新的变型，即汽油直喷涡轮增压（GTDI）三缸发动机，并制定了一些性能指标，其中包括：

（1）沿用以前的 1.0 L I3 缸体的几何形状；

（2）保持 1.0 L I3 缸体的组件空间；

（3）与铸铁相比，质量显著减小；

（4）确保 123 Hp @ 6 350 r/min 和 210 N·m@5 000 r/min 的性能指标。

经过初步分析确定，为了实现高功率密度的小排量发动机，发动机的铝缸体结构必须得到加强。因此，我们制造了一个预制的粉末金属舱壁嵌件，该嵌件的作用是承受从驾驶舱头部到曲轴区域的负载路径。

舱壁嵌件的开发

MMLV 1.0 L I3 发动机的设计目标包括保持缸膛的几何形状以及气缸冲程和缸心距离。然而，在初步分析中使用在主轴承轴颈上施加的高于 25 kN 的峰值燃烧压力。事实证明，这个压力对于铝缸体的设计来说过大。因此，我们需要找到另外一个设计新颖的解决方案。

因此，我们开发了一个集成的粉末金属钢合金舱壁嵌件（处于专利申请过程中），以管理由燃烧产生的力（如图 1 所示）。嵌件的设计允许在气缸盖和曲轴之间直接连接。因此，燃烧负荷路径被包含在舱壁嵌件之中，而铝合金气缸体结构仅用于保持嵌件的位置。

嵌件也是保持缸心距离的一个关键因素。嵌件的优点是可以提供围绕曲轴主轴颈的单一且均匀的材料。这一设计实现了更低的热膨胀系数，从而改善了下端的噪声、振动和不平顺性（NVH）。

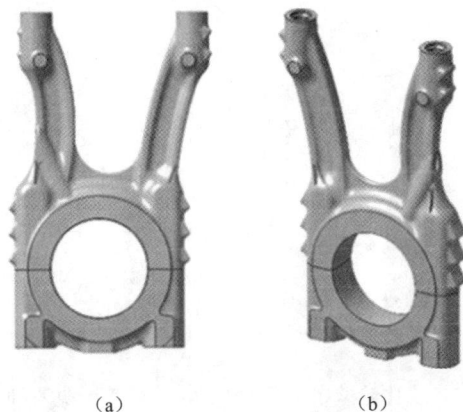

(a)　　　　　　　　　　(b)

图 1　粉末金属舱壁嵌件（专利申请中）与一个采用断裂分割线的主轴承盖

将嵌件设计成一个二维几何形状，这非常适合用粉末冶金工艺来制造。他们也被设计成一个常见的形状，并被允许放置在气缸体的四个隔板中任何一个位置（如图2所示）。

图2　气缸体内舱壁嵌件的位置

CAE 分析

进行 CAE 分析以优化舱壁嵌件设计。如前面所述，独立的舱壁嵌件可承载主轴承负荷。我们用铝铸造母材将嵌件封进内部，这些嵌件相互对齐并保持在适当的主轴颈位置上。因此，我们进行了一系列的设计迭代，并针对两个"腿"的多个几何形状进行了分析测试，目的是要确定气缸盖螺栓"腿"的最佳几何形状，从而将负载以最小负载的方式传递到主轴承盖螺栓上。

根据 I 型梁的几何形状，我们发现了可增加承载能力的"腿"的最佳横截面。如图3所示，这种几何形状使应力的量级和"腿"的应力梯度都达到了最小化。

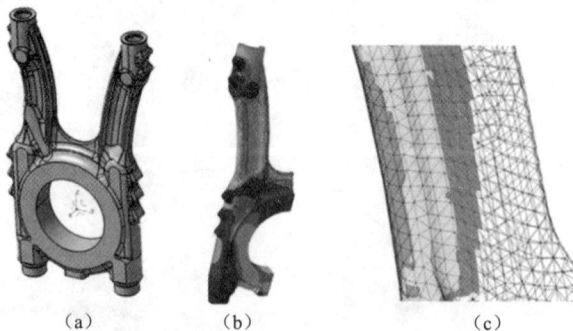

(a)　　　　　　(b)　　　　　　(c)

图3　优化舱壁嵌件配置中的应力梯度（见彩插）

（a）优化设计；（b）嵌件中的应力梯度；（c）横截面中的应力梯度

我们还进行了额外的 CAE 分析以检测几种可能用于制造舱壁嵌件的合金（如图 4 所示）。通过分析结果可以证实，粉末冶金基钢合金是在强度、成本和制造方面的最优选择。

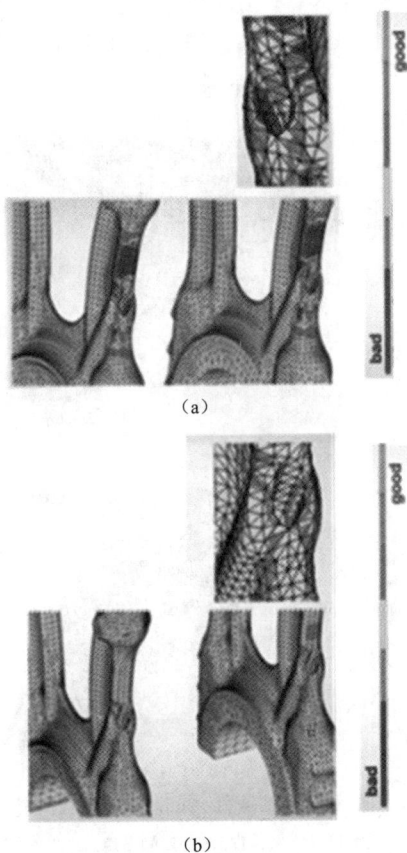

(a)

(b)

图4　两种不同材料的优化舱壁嵌件配置中的安全系数分布（见彩插）
(a) 铁；(b) 粉末冶金钢

我们在具有舱壁嵌件的气缸体上进行了一系列的 CAE 分析。这些分析是必要的，通过这些分析可以评估组件限制与舱壁嵌件整合情况。这些模型被网格化后，应用了临界热负荷和机械负荷。这些载荷包括对铝合金气缸体铸件进行热处理，这导致在水淬火处理过程中，残余应力增大。

因为嵌件是通过合金钢制造的，且该气缸体是由铝铸造的。众所周知，这些原因可能会导致在铸造后这两种金属的键合出现问题。为了更好地理解这些因素对接合表面完整性的影响，CAE 分析采用了这两种不同金属的摩擦系数的较低值。

CAE 气缸体分析结果发现，舱壁嵌件和气缸体结构之间的连接结合程度越高，则嵌件中的总应力越低（如图 5 所示）。因此，我们可以观察嵌件的表面纹理以及舱壁嵌件的外部形状。它们是影响气缸体/嵌件表面耐久性的关键因素。

连接的重要性要求嵌件具有一组特殊的几何"锯齿"，如图 1 所示。这些"锯齿"位于嵌件曲柄端的两侧，其功能是防止两个嵌件在组装（静态）和运行（动态）负载条件下从气缸体上分离。

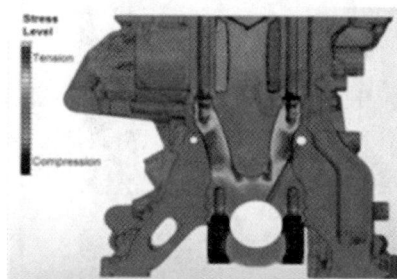

（a）

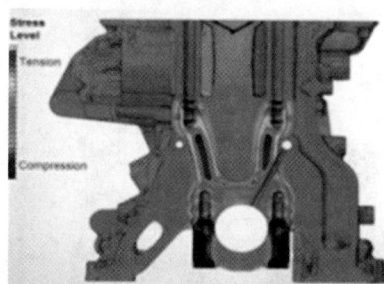

（b）

图5 应力与气缸体和舱壁嵌件之间界面的结合程度（见彩插）

（a）低摩擦（低粘接性）；（b）高摩擦（高粘接性）

嵌件制造工艺

设计原则

为适应较高的生产率，舱壁嵌件被设计成在单个铸造操作期间被铸成在铝合金气缸体结构中。一个关键的设计要求是需要确定气缸体的主要加工数据和曲轴控制缸膛的位置和倾斜度。因此，这个要求决定了沿曲轴和气缸体长轴嵌件的相对位置。

为了获得最佳的制造工艺，我们对设计概念进行了分析，以确定其制造工艺与当前标准铸造工艺相符合的程度。根据缸体设计和材料特性的要求，我们选择了一种低压砂型铸造工艺。

芯材组件设计

我们面临的主要技术挑战是在铸造过程中正确的定位和支撑四个独立的粉末金属舱壁嵌件。我们采用 CAE 工具对一些隔板的定位概念进行了评价，最终的选择是一个结合有 1 个基材、3 个曲轴箱芯材和 2 个端部芯材的芯材组件概念。这种布置可使每个舱壁嵌件均实现正确的定位和支撑。此外，CAE 分析表明，该芯材组件设计使芯材的生产和组装达到最小化，并为总体制造最小化提供了最好的机会。

舱壁嵌件周围的金属填充物和铝固化的效果是 CAE 分析的第二个关键领域。该分析的目的是能够通过填充模具得到优质的铸件，同时降低工艺的复杂性和成本。我们对两个不同的方向进行了研究，具体包括：

（1）轿厢位置（缸盖顶面朝上）；

（2）缸盖顶面朝下。

根据初始模拟，我们可以确定气缸盖顶面朝下可以为获得优质铸件提供最高的概率。该定向允许在铝接触舱壁嵌件之前尽可能多地填充金属。这为避免嵌件充当冷硬铸型、切割金属流动至铸件的相邻部分提供了最大的可能性，并减小造成大冷疤和产生微观缩孔的可能性。

为了进一步最小化冷疤和微观缩孔产生的可能性，并实现最大有效性，我们随后对冒口的几何形状进行了优化。此外，金属小球的冷硬铸型也被添加到固化分析中以显示出有轻微收缩可能性的区域。

芯材组件的开发

（1）进行 CAE 分析后，生产了一系列具有舱壁嵌件的原型气缸体；

（2）验证 CAE 分析；

（3）确定初始铸件质量；

（4）开发具体的热处理工艺参数。

为生产这些铸件，缸体模压组件是由一系列互锁砂芯制造而成的。芯材是使用 3D 添加制造技术生产的。这一技术允许采用 3D 打印工艺简单且迅速地转换成芯材设计。这确保可以快速制造多个芯材组件，并进行评估以确定最佳设计。

我们生产了两套最初铸件。第一套包括一个单个气缸体，以确保最终的 CAE 仿真是准确的。通过对该气缸体的分析发现，嵌件被正确定位。此外，还得到了收缩率和孔隙率的水平，这些指标对于确定铝制发动机缸体铸件的数量和典型的尺寸是次要的。

107

第二套包括 3 个铸件,生产这 3 个铸件可以实现热处理开发和材料测试的试样。因为我们有保持泛化过程的目标,所以选择了一种 T7 热处理工艺。这种热处理工艺通常用于大量的铝砂型铸造发动机缸体。这些研究结果表明,热处理实现了其机械性能和硬度要求。

型芯组件的改良

我们基于对前两套型芯组件的铸造经验确定出一些问题。这样,我们可以通过对型芯组件的一系列改变来简化装配和提高铸件质量。

铸模几何形状的改进也改善了充型和补缩问题。为了减少金属充型问题,我们增加了浇道厚度,简化了浇道的几何形状并加大了各内浇口的半径。为了改善补缩和降低收缩气孔巢,我们将几个冒口隔离,这一措施可以增加凝固过程中金属保持熔融状态的时间。

因此,这些冒口能长时间为铸件的关键区域补缩,同时还可以消除收缩气孔巢。

我们在将这些改变结合到型芯组件设计中以后,分两个不同的批次一共铸造了 11 个缸体。这些铸件随后被用于持续的工艺开发和初始产品的静态评估中。每个缸体(包括嵌件)的最终质量比类似的灰铸铁块质量减小了 9.5 kg(20.lb),相当于减重 42%。

主轴承盖

为了改善主轴承盖在安装过程中的重新排列,我们采用了断裂剖分式主轴承盖。与通常使用的粉末冶金连杆一样,断裂剖分工艺可生产出断面之间的单向配件。与使用独立轴承盖或底板结构的标准发动机缸体相比,断裂剖分工艺增加了如下两步操作:

(1)制造用于插入曲柄孔表面的激光蚀刻(如图 6 所示);

(2)使用一个嵌入式心轴将单件式舱壁嵌件制成断裂剖分式主轴承盖。

然而,我们通过取消下面的三个操作即可抵消上述操作:

(1)取消主轴承座(主轴承盖)安装端面的铣削;

(2)取消缸体侧的锁止宽度压合;

(3)取消对主轴承盖的加工,使之能够装配到缸体主轴承座中。

图 6 嵌件曲柄连杆孔两侧的激光蚀刻

NVH 测试

制造过程对缸体和嵌件之间界面黏合完整性的影响仍是个未知数。因此，我们需要用 NVH 测试来测量锤击轴承盖的频率并进行定量。这需要使用一个经标定的冲击锤（如图 7（a）所示）和一组安装在缸体和嵌件上的单向加速度计来完成（如图 7（c）和图 7（d）所示）。

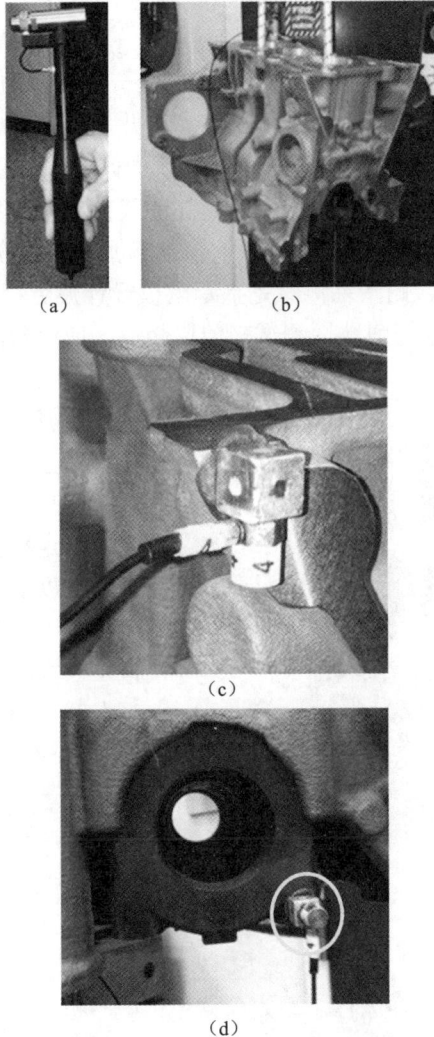

（a）　　　　　　　（b）

（c）

（d）

图 7　NVH 测试的关键组件

（a）冲击锤；（b）测试时的缸体定位；（c），（d）安装在缸体上的加速度计

用冲击锤对每个测试样品分别捶击 5 次，然后对结果加以平均以确定出一

阶模态强迫响应频率（FRF）。我们通过该方法测量 1.0 L 灰铸铁发动机缸体产品的一阶模态强迫响应频率并得到验证。有趣的是，比较一阶模态 FRF 数据时可以发现，带嵌件舱壁嵌件的铝缸体具有与那些灰铸铁缸体产品非常相似的轴承盖模态频率。

NVH 试验结果表明，不管已经实施了何种制造操作，嵌件舱壁嵌件都可以保持稳定和接合。

隔板的耐久性试验

最初的耐久性试验是在隔板疲劳台架试验台上进行的，该试验台基于一个只能在单轴方向施加载荷的 MTS 测试架。因此，该试验台不能完全模拟完全点火发动机中的工作条件。这是采用一个新型偏心曲轴直列气缸体设计的结果。这种设计强调了在主轴承轴颈上所施加的载荷相对于气缸内径轴线的固有非均匀分布。MTS 设备不适用于主轴承轴颈施加载荷的分布。

然而，经验表明，耐久性测试是揭示隔板设计疲劳相关问题的有效方法。因此，福特汽车公司常用耐久性测试来验证隔板区域内预测的疲劳安全系数和失效位置。

图 8　用于隔板疲劳台架试验的试样的几何形状

他们所采用的试样为经过精加工的垂直于铸件长轴的横截面（如图 8 所示）。该 MTS 测试架具有调节固定载荷的功能，并且可以在 60 Hz 以下的频率运行。测试单元还具有一个封闭的加热单元，以模拟 120 ℃ 以下的工作温度。

在我们所设计的一系列载荷下完成的各个耐久性试验可以模拟发动机运行中的各种不同条件。为与常规疲劳试验保持一致，每次测试都应运行到隔板发生故障时为止或测试累计 1 000 万次循环时暂停。

我们一共对 8 件试样进行了不定荷载下的隔板疲劳台架试验。其中 5 件试样的试验循环超出了 1 000 万次且无故障；在所有这些试验中，载荷均超出了发动机运行中预期的载荷。剩下的三个试样在载荷大大超过预期的情况下测试时发生了失效。从这些失效结果中可以发现，隔板疲劳台架试验验证了 CAE 分析所预测的失效位置（如图 9 所示）。

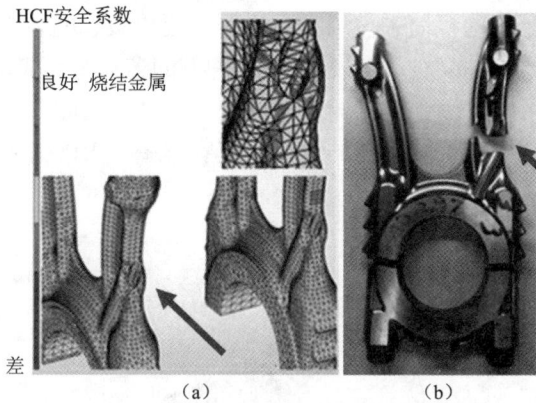

图 9　嵌件应力分布的 CAE 分析与在隔板疲劳台架
试验台上进行的嵌件测试之间的相关性（见彩插）
(a) CAE 分析；(b) 断裂的嵌件

隔板疲劳台架试验结果表明，带嵌件的缸体能够满足耐久性要求。因此，我们已经开始进行点火发动机测功机试验。占空比是由潜在顾客驾驶循环和浸泡温度的组合组成的；我们所设计的循环应该能够评估发动机结构下端的疲劳性和耐久性。对第一个缸体的初步测试结果表明，它能够满足怠速条件下的所有要求。

铝　连　杆

使用铝合金有可能减小相应连杆的质量。最近，我们已为工程性能材料开发出了结合有可控高温锻造工艺（热机械加工）的新方法（Whitmore，Lake，MI）。

HTMP 工艺可以细化晶粒大小，从而提高了铝的延展性和疲劳强度，进而提高了铝合金被用于生产诸如汽车连杆等大体积及高应力组件的潜力。

因此，作为多材料轻量化汽车项目的一部分，我们研究该方法以确定生产基于 1.0 L 汽油涡轮增压直喷（GTDI）三缸发动机原型中的铝合金连杆的可行性。

铝合金连杆的基准

铝合金连杆已被业界使用了数十年。多年来，铝合金连杆早已被用于轻型低功率发动机中；这些连杆也已被延伸使用于小型发电机和草坪设备的发动机的大批量生产中（如图 10（a）所示）。在运输行业中，Triumph 公司多年前就已将铝连杆成功应用于多种摩托车发动机中（如图 10（b）所示）。

　　一般情况下，铝连杆尚未被用于高里程和更重负载的乘用车和商用车中。铝合金连杆可用于高性能机动车发动机的售后市场产品（如图 10（c）所示）。然而，在这些应用中，铝合金连杆通常被认为是"一次性"产品。因此，大多数铝合金连杆经常被用于短时间的短程高速赛车中。在这些应用中，铝合金连杆的使用寿命较短，通常在不到一个赛程或一个赛季的几百圈后就会被更换。

（a）

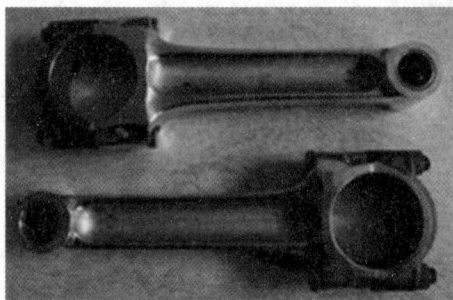

（b）

（c）

图 10　典型铝合金连杆

（a）低功率密度（5Hp 4 冲程）连杆；（b）1959—1976 年 Triumph Bonneville T120 连杆；

（c）高输出赛车连杆（R&R 赛车产品）

材料选择

　　2618 铝合金是一种已经在诸如售后活塞等高性能汽车应用中使用的较高

强度的材料。合金是由铝和以铜、镁、铁、镍为主要代表的合金元素组成的。铜和镁在热处理过程中通过形成析出物来提高强度。铁和镍在较高温度下可以提供更大的强度。

如图 11 所示，2618 铝合金的抗拉强度和疲劳极限通常比大多数其他 5000/6000 系列铝合金更大，只有经过热处理后的某些 7000 系列铝合金才具有更高的常温机械性能。但是，随着温度的升高，7075-T6 的特性会以比 2618-T6 更快的速率下降。

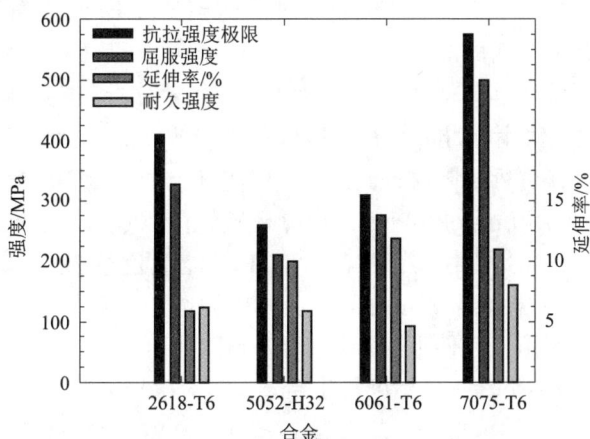

图 11　选择铝合金时的室温典型力学特征[1]

如图 12 所示，在 130 ℃的温度下（连杆在发动机中的典型峰值温度），7075-T6 的特性等效于 2618-T6 的特性。当温度高于 130 ℃时，2618 铝合金更加适合作为连杆的材料。

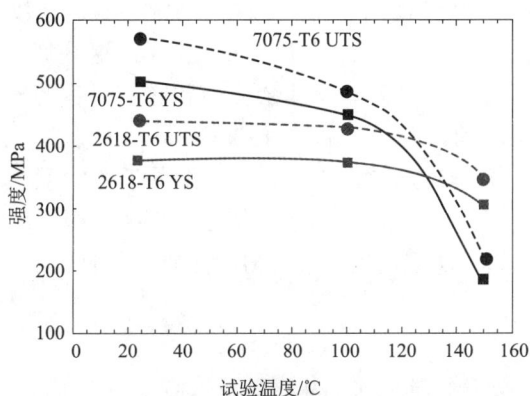

图 12　温度对所选择的铝合金材料的力学特征的影响[1]

113

材料试验

试验方面

最近，工程性能材料公司（Engineered Performance Meterials）（Whitmore，Lake，MI）已开发出了含有经特殊高温机械加工（HTMP）处理的 2618 铝合金的测试材料。这种合金在高应变率下锻造后，可获得动态再结晶和细小的晶粒。然后，对锻造合金进行人工老化以使其达到类似于 T6 条件下的硬度。测试毛坯是由合金加工而成的。

我们用电感耦合等离子体发射光谱法进行化学分析，得到其精度极限为测量值的±5%。我们对用标准金相技术镶嵌和抛光的样品进行显微构造分析，并用凯勒腐蚀剂对其进行极限腐蚀。然后，用奥林巴斯 GX53 倒置显微镜来检查其微观结构。我们用 ImageProPlus 图像分析软件在 200 倍下通过测量 300 个晶粒来确定晶粒尺寸，并用配有牛津 AZTEC 能量色散 X 射线分析系统的 JEOL6610 扫描电镜检查金相试样和疲劳试样的选定表面。

硬度测试是在矩形坯件上进行的。硬度测试使用了 Wilson Rockwell™硬度试验机，其用 Rockwell "B" 标度检定至 ±2 R_B。根据 ASTM 标准 E—23 的规定，我们用毛坯加工出 Charpy V 型缺口试样，并将样品放置在一个自重摆臂单元中，在 21 ℃和–195 ℃的温度下对其进行测试。

按照 ASTM 标准 E—8 和 E—9 的规定，我们用毛坯加工出拉伸和受压试样。所有试验都是在一个符合 ASTM 标准 E—8、E—9 和 E—21 规定要求的伺服机械测试架上进行的。这些测试是在室温和 130 ℃下，在实验室大气环境下以及以 5×10^{-3} mm（mm/min）的初始速度进行冲程控制的情况下进行的。以上测试完成后，我们在 95%的置信水平上使用双尾学生 t 检验进行数据的统计分析。

我们同样用矩形坯料加工 10 个疲劳试验样品。这些疲劳试验样品均采用低应力研磨技术制造，以尽量减少残余应力和它们对疲劳寿命的影响。所有的疲劳试验都是同轴的，并在室温和 130 ℃下，在实验室大气条件下，使用 40 Hz 的频率且应力比 R 为–1。由于样本的数量有限，我们无法生成一个完整的 S—N 曲线。因此，我们在应力水平接近预期疲劳极限（10^7 个循环）的情况下进行多样品试验，从而可以对疲劳寿命进行定性评价。

结果

表 1 所示为化学分析的结果。从表中可以看出，该研究中的测试样品正好处于锻造 2618 铝合金所公布的成分范围内，这些铝合金通常被用于活塞和飞机部件的制造。

表 1　EPM2618-T6 铝合金的化学成分

元素	测量值（质量百分比）/%	公布的范围[1]（质量百分比）/%
Cu	2.34±0.10	1.80–2.70
Mg	1.53±0.03	1.30–1.80
Fe	1.00±0.05	0.90–1.30
Ni	0.93±0.04	0.90–1.20
Si	0.17±0.01	0.10–0.25

图 13 所示为 EPM2618-T6 铝合金的典型微观结构特征。EDS 分析证实，该合金包含由铝-铜-镁晶粒组成的基体和黑色 Al-Fe-Ni 系第二相粒子。

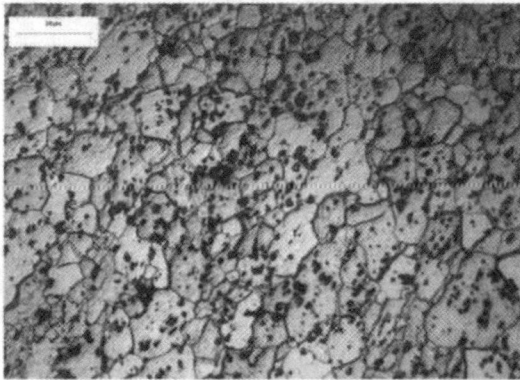

图 13　EPM 2618-T6 铝合金的典型微观结构特征

为了量化晶粒的大小，我们对一组限定样品进行了初始图像分析研究。此分析确定了该合金的平均晶粒大小为 14 μm±9 μm，其中 67%的晶粒大小为 14 μm 或更小，而 90%的晶粒大小在 25 μm 以下。以往的 EPM 研究发现平均晶粒大小为 5 μm，我们正在使用电子背向散射衍射仪（EBSD）对其进行更详细的分析，以更好地确定这种材料的晶粒大小。

表 2 所示为 EPM2618-T6 铝合金的冲击能量数据。该数据显示出预期的趋势，即能量吸收量会随着温度的降低而减小。其减小幅度是适度的（≈40%），并且与 FCC 材料的预期一致（如铝）。一般情况下，BCC 材料（如铸铁或非合金钢）在冲击能量方面显示出随着温度的降低而急剧减少的倾向（高达 10 倍）。

表 2　EPM2618-T6 铝合金的冲击能量

试验温度	−195 ℃ （−320 ℉）	21 ℃ （70 ℉）
冲击能/J	5.9±0.8	9.5±0.1

对于经 HTMP 处理的 2618-T6 铝合金，我们可以知道其在室温和高温（130 ℃）情况下的机械特性。因为测试样品的数量有限，不符合最低统计要求，所以，我们无法给出其绝对值。然而，这些初步结果可用于与公布的数据值[1, 2]进行定性比较。

对于经 HTMP 处理的 2618-T6 铝合金，我们发现其在室温下的布氏硬度和弹性模量等同于传统加工 2618-T6 铝的布氏硬度和弹性模量。

我们可以观察到，与常规 2618-T6 铝合金相比，经 HTMP 处理的合金在常温下的极限屈服强度和拉伸屈服强度会适度升高（8%～15%）。然而，其断裂延伸率比常规 2618-T6 铝报告的数值有明显增加（高达 80%）。

与预期的一致，试验温度会影响经 HTMP 处理后的 2618-T6 铝合金的机械特性。随着温度从室温增加至 130 ℃，可导致其极限拉伸强度最多降低 15%，屈服强度下降高达 7%，断裂延伸率增加高达约 50%。这些数据与常规加工的 2618-T6 铝合金的温度效应是一致的。

经 HTMP 加工的 2618-T6 铝合金在 130 ℃下的有限单轴疲劳试验的定性结果如图 14 所示。数据分析表明，在 130 ℃下，经 HTMP 加工的铝合金相对于传统 2816-T6 铝至少增加了 8% 的耐久极限[1, 2]。

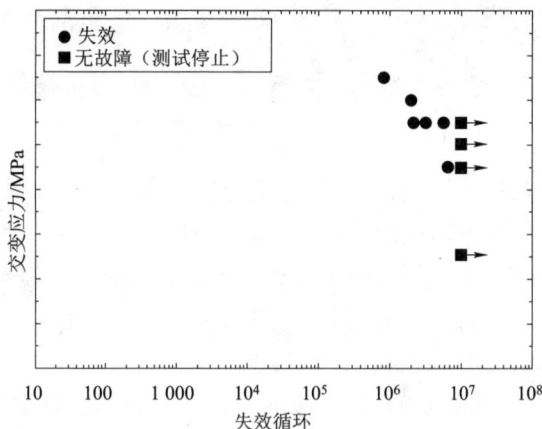

图 14　EPM 2618-T6 铝合金的应力寿命图

综上所述，初始机械性能测试结果表明，HTMP 工艺提高了 2618-T6 铝合金的拉伸强度、伸长率和疲劳寿命。所以，我们正在对其进行更全面的研究，以统计并量化改进程度。

概念设计和 CAE

我们用多个 CAE 分析来评估经 HTMP 处理的 2618-T6 铝合金连杆的初始设计可行性。我们使用从初期试验中获得的材料性能，通过疲劳评估来计算整个连杆的疲劳安全系数。如图 15 所示可知，7 个关键设计区域中的 6 个可以达到 2 以上的安全系数。分析表明，区域"A"中的孔口平面深度可能会出现应力集中。因此，必须将孔口平面深度加以降低，以改善该区域中的疲劳特性。

作为 CAE 方法的一部分，我们对连杆盖连接面进行分析以确定连接面的接触压力，这样做可保证夹持载荷的一致性，从而有助于避免发动机在运行期间的磨损。如图 16 所示，该 CAE 分析结果证实了使用经 HTML 处理的 2618-T6 铝合金时所需的夹持载荷和紧固件的初始假定。

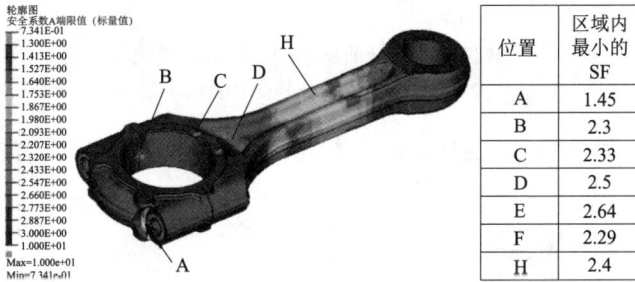

位置	区域内最小的 SF
A	1.45
B	2.3
C	2.33
D	2.5
E	2.64
F	2.29
H	2.4

图 15　HTMP 2618-T6 铝合金连杆的 CAE 疲劳安全系数预测（见彩插）

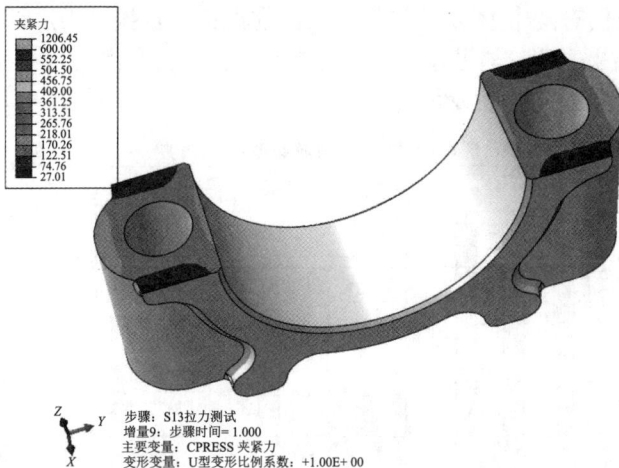

图 16　HTMP 2618-T6 铝连杆的连杆盖连接面的 CAE 夹紧力分布预测（见彩插）

由于铝与钢的机械性能有所不同，因此我们也对其他区域进行了分析，以避免发动机在运行中发生故障。因为轴承间隙和油膜厚度都非常小，所以我们对 HTMP 2618-T6 连杆的销和曲轴端进行了孔变形分析。然后，我们将其与那些大批量生产的发动机中的常规钢连杆进行对比分析。

图 17 所示为 HTMP 2618-T6 连杆和钢连杆曲柄端变形分析的对比。从图中可以看出，铝连杆中的曲柄变形非常类似于钢连杆中的情况，这表明适当的轴承间隙可保证铝连杆的使用性能。

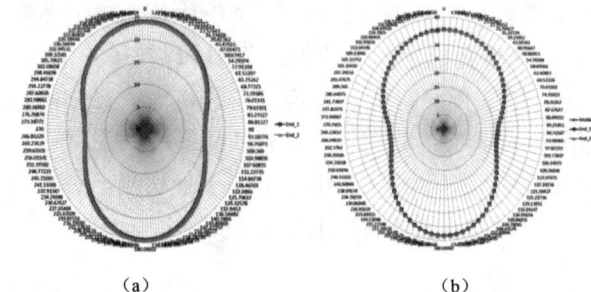

（a） （b）
图 17 两连杆曲柄端的变形分析结果
（a）1.0 L Fox；（b）3.5 L GTDI

每个 HTMP 2618-T6 连杆的最终质量比粉末冶金钢合金制的类似连杆的质量小约 0.2 kg（0.44 lb），这相当于减重约 40%。

NVH

使用铝的一个主要优点是可以通过减小连杆质量来降低其惯性载荷。这反过来还能降低结构和空气的 NVH（振动和不平顺性噪声、振动和不平顺性）。

最近，我们对几个 I4 发动机组合断面的次级垂直振动力进行了量化研究。这项研究的结果表明，那里存在有超过极限的振动力，需要为其在发动机上加入平衡轴模块（如图 18 所示）。

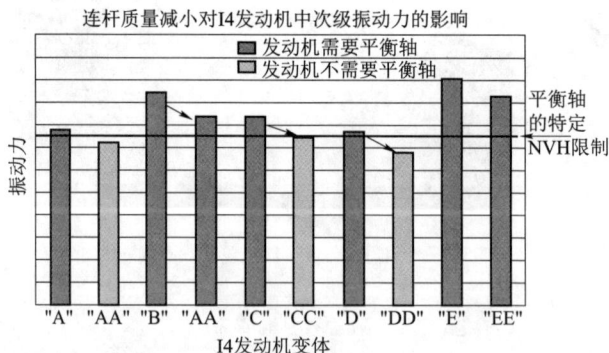

图 18 各种 I4 发动机配置中的次级垂直振动力

研究还发现，连杆质量减小 30%～45%可使振动力平均减少 6%～12%。这突出了使用高强度铝合金连杆（如这里提出的 HTMP2618-T6 连杆）来消除对平衡轴模块需求的潜力。

总　　结

关于轻量化动力总成零部件的两项研究是麦格纳国际公司（Magna International Inc.）和福特汽车公司（Ford Motor Company）在美国能源部 DE-EE0005574 项目下开发的多材料轻量化车辆（MMLV）项目的一部分。

该研究涉及的第一个组件是为加强隔板区域而加入了独特粉末冶金钢嵌件的 1.0 L I3 铝合金缸体。这种设计可减重 9.5 kg（42%）；第二个组件是高强度铝合金连杆，其设计总共可为一组三连杆减重 0.7 kg（40%）。

在对铝合金缸体的研究中，我们使用正在申请专利的嵌件——舱壁嵌件的目的是使主曲轴轴颈具有优异的承载能力以及稳定的热膨胀特性。嵌件的最佳几何形状应当具有一个工字钢横截面，其中加入宏观锯齿形状，以增强缸体和舱壁嵌件之间的连接。

从对舱壁嵌件的研究中可以得出以下结论：

（1）CAE 分析表明，我们所设计的铝合金气缸体舱壁嵌件能够成功地承载 95%的主轴承负荷；

（2）对型芯组件的分析表明，其设计具有易于装配的高精度；

（3）铸造模具设计允许缸体和嵌件之间的高界面黏结；

（4）分析表明，高界面黏结足以贯穿所有机加工和组装操作；

（5）隔板疲劳台架测试已经验证了设计并准确预测了舱壁嵌件的故障位置；

（6）大功率、小偏移铸铝发动机是一个可行的方案，与灰铸铁相比其质量减小了 42%，此缸体对 MMLV 轻量化做出了巨大的贡献。

在对高性能铝连杆的研究中发现，通过仔细选择材料和工艺就可以实现大批量地生产 OEM 车辆铝连杆。此外，本研究还得出了以下结论：

（1）对初始机械性能的研究表明，HTMP 工艺可改善 2618-T6 铝合金的延展性和疲劳强度；

（2）CAE 分析表明，我们所设计的连杆在所有区域可在疲劳安全系数＞2 的情况下使用 HTMP 2618-T6 铝合金；

（3）CAE 分析表明，我们所设计的 HTMP 2618-T6 铝合金连杆能够满足夹持载荷和紧固件的要求；

（4）高性能铝合金连杆具有减少振动力和平衡轴模块需求的明显潜力；

（5）高性能铝合金连杆是可用于大批量汽车生产的一个可行方案。与传统粉末冶金钢相比，它具有40%的减重潜力。我们进一步在材料、设计和组件层面验证了这些铝合金连杆。

综上所述，舱壁嵌件和铝连杆有力地证明了MMLV项目中所实现的质量减小。这两个组件在实现1.0 L三缸发动机的29 kg的质量减小量中贡献了10.2 kg。这在MMLV的动力系统的73 kg的质量减小量以及364 kg（23.5%）的整车质量减小量中是一个显著因素。原型车已被制造出来并进行了有限的整车测试，测试证实了五座乘用车可以在保证车辆性能和乘客安全性的同时达到轻量化的目标。

参 考 文 献

[1] Aluminum and Aluminum Alloys, ASM Specialty Handbook, Davis, J.R., (ed.), ASM International, Materials Park, OH, 1993

[2] Forged Products 2618 Technical Data, available at www.kaiseraluminum.com, accessed 10/15/2014

免 责 声 明

本章是基于美国能源部（DOE）国家能源技术实验室（NETL）所资助的决标编号为DE-EE0005574的论文集。

本章根据美国政府机构所发起项目的工作成果编写而成。无论是麦格纳国际公司（Magna International Inc.）、福特汽车公司（Ford Motor Company）或者美国政府，还是其下属任何机构或任何员工对本文所表述的任何信息、设备、产品以及工艺应用的准确性、完整性或有用性，以及其他没有侵犯私有权的表述不作任何保证（无论是明示、暗示还是承诺），并且也不承担相关的任何法律责任或义务。本章中通过商品名称、商标、制造商或以其他方式提及的所有具体商业产品、工艺或服务，并不代表美国政府或其下属任何机构指定或暗示对其予以认可、推荐或支持。作者在文章中的表述并不一定代表或反映美国政府或其下属任何机构的观点和看法。这种支持并不代表能源部对作品或所表述意见的认可。

MMLV：碳纤维复合材料发动机零件

2015-01-1239

2015 年 4 月 14 日发表

尼尔科里（Neal J. Corey），马克·马丹（Mark Madin）

和瑞克·L·威廉姆斯（Rick L. Williams）

福特汽车公司（Ford Motor Company）

引文：Corey, N., Madin, M.和 Williams. R.，"MMLV：碳纤维复合材料发动机零件"，SAE 技术论文 2015-01-1239，2015，doi：10.4271/2015-01-1239.

摘　　要

对机动车设计和制造轻量化的研究已经持续了数年，我们在动力总成技术轻量化领域需要满足功能性的要求以及克服材料和制造限制所带来的困难与挑战。

由麦格纳国际公司（Magna International Inc.）和福特汽车公司（Ford Motor Company）研发的多材料轻量化汽车（MMLV）是美国能源部 DE－EE0005574 项目的研究成果。该项目展示了五座乘用车在保证车辆性能和乘员安全的前提下的轻量化潜力。该项目已制造出了原型车，并进行了有限的整车测试。采用商用材料和生产工艺进行的 Mach-I 车辆设计可实现 364 kg（23.5%）的减重，这使其仅使用一个 1.0 L 三缸发动机即可，从而进一步明显提高了环境效益并降低了燃油消耗。

基于福特 1.0 L 13 EcoBoost 发动机，福特汽车公司（Ford Motor Company）与材料供应商巴斯夫公司（Basf Corporation）再加上梦达驰股份有限公司（Montaplast GmbH）、瀚森公司（Hexion Inc.）和 WGS 全球服务有限责任公司

（WGS Global Services LC）共同设计和开发了碳纤维复合材料前盖、油底壳和凸轮托架。质量减小的前盖和油底壳不仅在结构上足以支撑发动机安装附件，而且还能够满足所有量产发动机动力总成中出现的弯曲应力目标。最终，前盖和油底壳部件分别达到了 24% 和 33% 的显著减重。

带有创新分割气缸头设计的碳纤维复合材料凸轮托架可使凸轮托架的上气缸盖部分不依赖气缸头下部而独立支撑凸轮轴和气门机构组件。气缸盖的分割有利于使用两种不同的材料来满足功能设计的要求。上部分或凸轮托架可提供 15% 的质量减小量，并且由铝材料铸成的气缸盖下部将支持 GTDI 发动机中出现的较高峰值气缸压力。

引　言

本项目包括以下几个方面：基于生产线下线的福特 1.0 L I3 EcoBoost 发动机的碳纤维复合材料前盖、油底壳和凸轮托架的设计，CAE 分析，制造可行性和早期组件测试，如表 1 所示。在完成了初步设计并在 CAE 中确认其性能后，我们进行了一些设计修改，以提高零件的可制造性。

表 1　福特 1.0 L I3 EcoBoost 发动机

配置	I3
排量	999 cc（61.0 in^3）
功率	92 kW（123 hp[①]）
扭矩	200 N·m（148 lb-ft[②]）
缸径	71.9 mm（2.831 in）
活塞冲程	82 mm（3.228 in）
气缸中心距	78 mm（3.071 in）

福特汽车公司与材料供应商巴斯夫公司（Basf Corporation）合作设计并开发了前盖和油底壳，并选定梦达驰股份有限公司（Montaplast GmbH）作为制造用于生产成品零件所有模具的合作伙伴。前盖和油底壳的生产已经完成，所有部件都已交付。注塑成型的碳纤维材料显示出良好的机械加工性和尺寸稳定性。嵌件和负载限制器被广泛用于需要螺栓的功能区域。碳纤维复合材料油底壳减重 1.02 kg（33%）。碳纤维复合材料前盖减重 1.0 kg（24%）。

[①] 1 hp=0.745 699 9 kW。

[②] 1 lb-ft=1.356 33 N·m。

一旦凸轮托架的最初设计被定型，研究的主要重点将是修订生产工艺，以优化零件的注射成型。充型分析由瀚森公司（Hexion Inc.）来进行。初步分析结果确定了"网状"零件的注射成型是可行的。然而，由于模具成本和时间的限制，我们决定先做出"近网状"注射成型坯锭的第一个原型。这种方法在解决项目的预算和时间限制问题的同时还能进行方案验证（POC）。混合材料、铝和碳纤维复合材料整体减重 1.2 kg（15%）。所有的质量减小量均来自凸轮托架上部分碳纤维复合材料的使用。

凸轮托架的生产已经完成，并已交付第一个凸轮托架坯体。坯体显示出良好的机械加工性和尺寸稳定性。铝凸轮轴轴承嵌件和青铜合金推杆孔嵌件黏合在托架上。利用嵌件可为转动凸轮轴和直接作用的机械铲斗运动所需的流体动力学（油）膜提供足够的表面。用来评估去除未来托架设计的嵌件的研究正在进行中。对紧固件的测试结果表明，与铸铝相比，这种材料可提供类似的紧固件保持特性和负荷能力。

概 念 设 计

前盖和油底壳都是基于生产线下线的 I3 1.0 L EcoBoost 发动机设计的。然后，福特汽车公司研究部门的设计师和工程师基于 CAE 仿真结果和巴斯夫公司（Basf Corporation）与梦达驰股份有限公司（Montaplast GmbH）在碳纤维树脂以及复合材料注塑成型方面的专门技术又对其进行了大量的重新设计。需要特别强调的是安装发动机的凸台区域，由于非常高的负载和所需零件的复杂性造成的模塑挑战，所以需要对设计和加肋结构进行一些修改，如图 1 所示。而铝部件使用 RTV 密封功能，所有原型部件均采用易于组装和拆卸的压入式垫片。零件保留了原始模型中的如下几个主要特点。

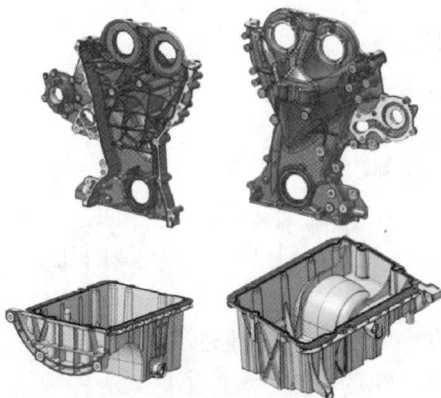

图 1　MMLV 前盖和油底壳

（1）集成的发动机架；

（2）可变气门控制系统（VCT）单元的安装凸台；

（3）水泵；

（4）曲轴密封套；

（5）变速箱安装接口。

福特汽车公司与巴斯夫公司在用来生产这两种零件的碳纤维材料基体方面进行了密切的合作。选择正确类型的碳纤维热固性塑料，对于确保正确的材料特性来说是至关重要的。在对基体材料进行多次迭代后，团队最终选择了 Ultramid LCF50（PA66 50%的质量含量）热塑性复合材料。由于 Ultramid 的理想特性，使得许多应用成为可能，尤其是在汽车制造方面[1]。这种材料还使得团队能够优化零件的加工和模具。由于材料的特有性质，在此处只能提供有限的信息。

团队还必须克服一些因材料性质而给模具和工艺方面带来的挑战。在材料基体中加入碳纤维可生产出具有更高黏度的树脂。出于这个原因以及为确保最终零件可以产生正确的网状结构，我们在模具套件中加入了额外的浇口并提高了模制温度和压力。尽管面临这些挑战，我们最终还是生产出了能够满足所有尺寸和功能要求的零件。

未来，我们计划进行广泛的拉伸试验和酸消解试验，以了解材料中的碳纤维是否达到了预期长度。这可使团队正确地了解 CAE 预测与实际测量结果的相互关系。

同样，凸轮托架的设计也是基于 1.0 L I3 EcoBoost 发动机进行的。它沿用了原来生产的缸盖结构，并保留了其关键特征，例如：燃烧系统、气门角度、凸轮轴高度、凸轮轴间距和冷却系统等。这样做的结果是，沿用的缸盖零件是可控的，具体沿用的零件如下：

（1）气门坐圈、导杆、火花塞；

（2）气门、弹簧、挡圈、气门锁片、油封；

（3）凸轮轴、推杆、轴承盖；

（4）点火、燃料和冷却系统；

（5）气门盖、进气和排气歧管泵。

要减轻 MMLV 缸盖的质量，必须采用两件式设计。这需要精心设计一个用于引入碳纤维复合材料凸轮托架的可行"分割面"，如图 2 所示。

以下列出这种碳纤维复合材料凸轮托架设计的几个关键特性。它们包括基于压铸设计方法的轻量化碳纤维酚醛材料 Bakelite PF1110 CF（PF30/ 5%碳纤维）凸轮支架坯料、进气和排气凸轮轴的铝制凸轮轴轴承嵌件、直动机械摇杆（DAMB）的青铜合金推杆孔嵌件、母材上的紧固件螺纹以及发动机质量减小15%（见图 3）。

概念设计

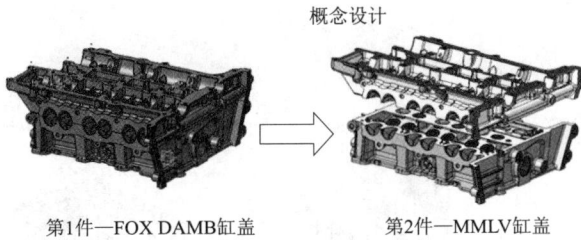

第1件—FOX DAMB缸盖　　　　　第2件—MMLV缸盖

图2　MMLV 缸盖

压铸件设计方法

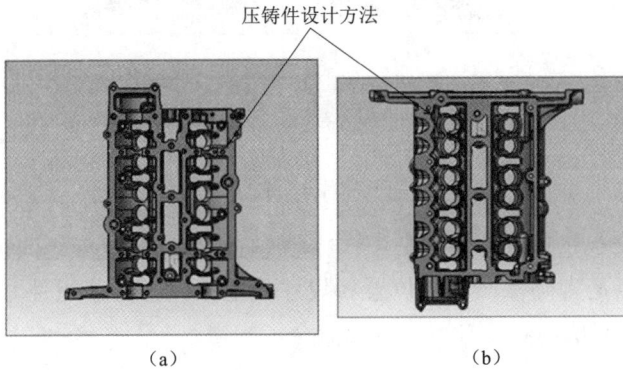

（a）　　　　　　　　　　　　（b）

图3　碳纤维复合材料凸轮托架

（a）俯视图；（b）仰视图

选择复合材料时，我们更愿意选择热固性树脂而非热塑性树脂。根据的设计原理是热塑性材料在壁厚＞6 mm 时通常会出现问题。典型的问题包括内部空隙、气泡、翘曲等。与热塑性材料不同，热固性树脂的壁厚可以超过 6 mm。发动机部件的一个重要设计优势是，该方法可以采用图4所示的经典铸造设计原理。

壁厚>6 mm

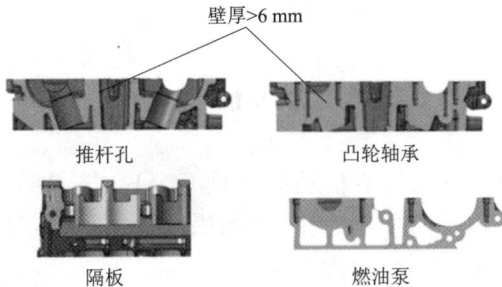

推杆孔　　　　　　　　　凸轮轴承

隔板　　　　　　　　　　燃油泵

图4　凸轮托架壁厚（见彩插）

这种碳纤维复合材料凸轮托架设计需要对缸盖进行几处改进，具体包括为降低高度需要对新缸盖进行铸造和机械加工、密封凸轮托架的新法兰、安装凸轮托架的新紧固件以及更改凸轮轴的润滑油供给量（如图5所示）。

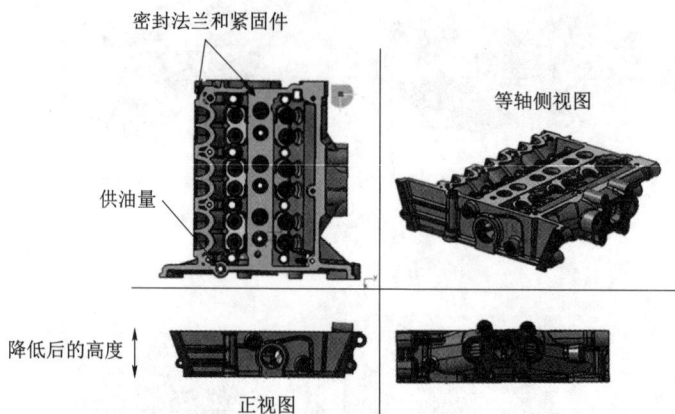

图5 铝合金缸盖

将 O 形密封垫压入凸轮托架中,未对气缸盖和凸轮托架之间进行密封。这种设计的特点是为确保凸轮轴位置和尺寸稳定性允许两个组件之间的金属相互接触,如图 6 所示。

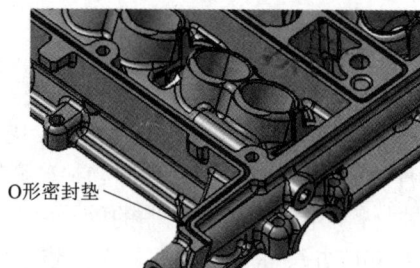

图6 密封槽

CAE/NVH 分析

工程和设计团队使用计算机辅助工程(CAE)技术通过多次零件迭代,优化了所有三个零件的 CAD 设计。原始铝压铸模型的基准 CAE 被用作起始点。团队还使用了金属表面形貌学软件,以使整个零件的壁厚一致,从而避免在那些不添加任何有益零件结构和 NVH(噪声、振动和不平顺性)区域增加质量。此外,这些工具还用于成功预测油底壳在当前发动机中处于全局垂直、横向和扭转弯曲模式下的动力总成弯曲应力目标,如图 7~图 9 所示。

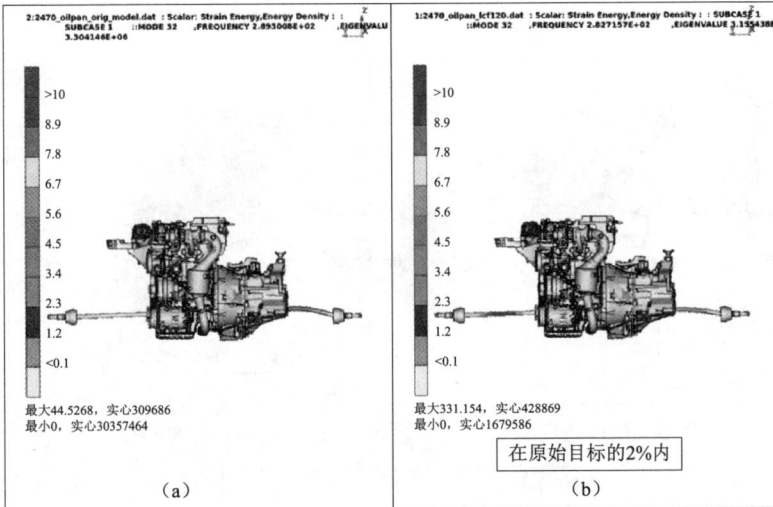

图 7   整体垂直弯曲产品与碳纤维油底壳的对比（见彩插）
（a）原始模型；（b）复合材料结构油底壳

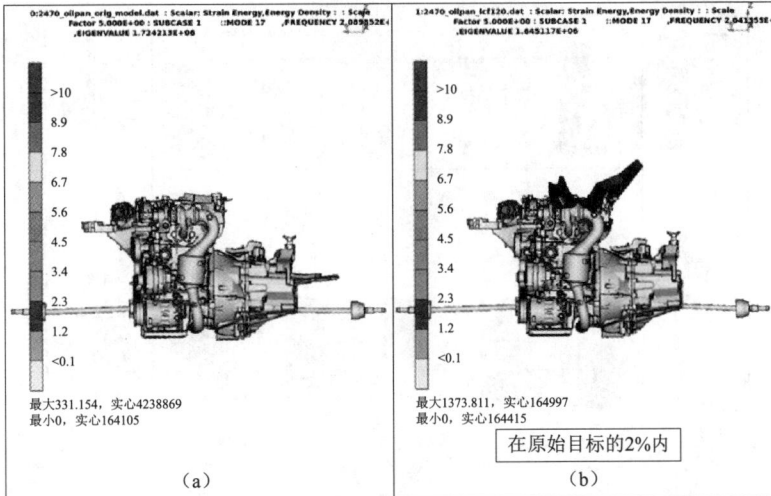

图 8   整体侧向弯曲产品与碳纤维油底壳的对比（见彩插）
（a）原始模型；（b）复合材料结构油底壳

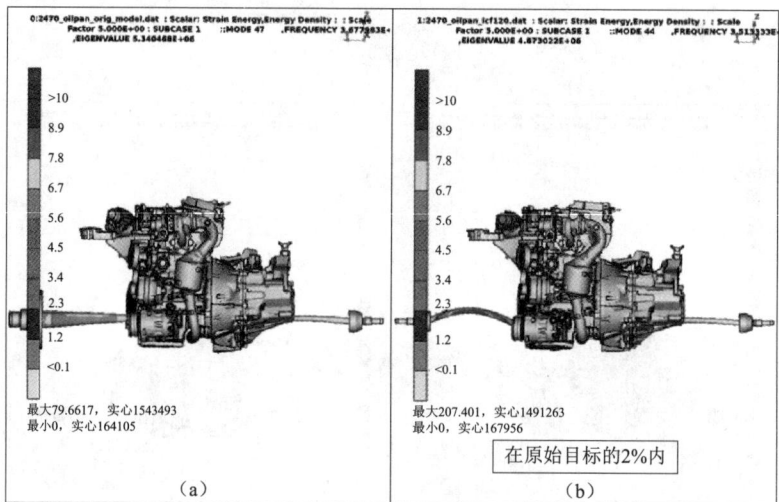

图 9 整体扭转弯曲产品与碳纤维油底壳的对比（见彩插）
(a)原始模型；(b)复合材料结构油底壳

同样，图 10 和图 11 所示为前盖 CAE 优化分析的结果。

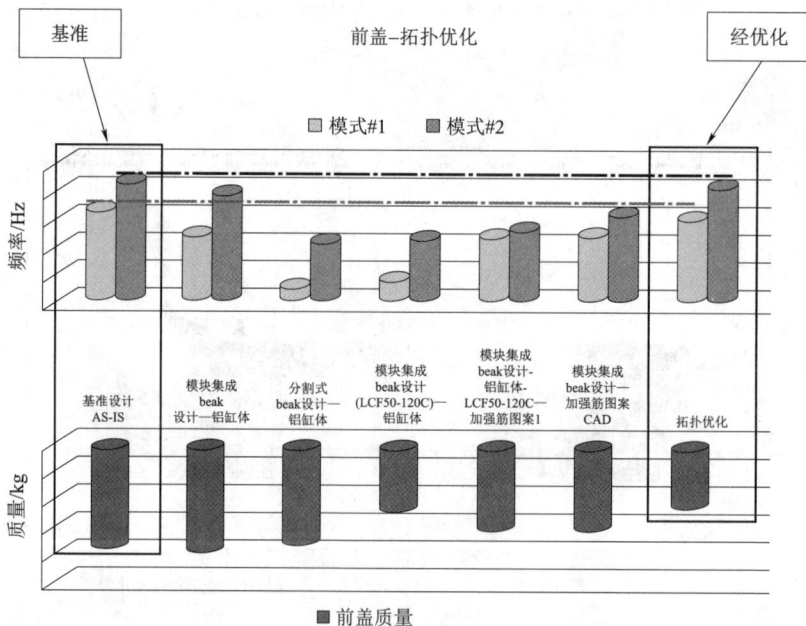

图 10 前盖的拓扑优化

基于 CAE／NVH 分析，零件可满足或超过 NVH 和动力总成弯曲的设定目标。工程团队可通过测试来验证 CAE 分析与实际测量结果的相互关系。

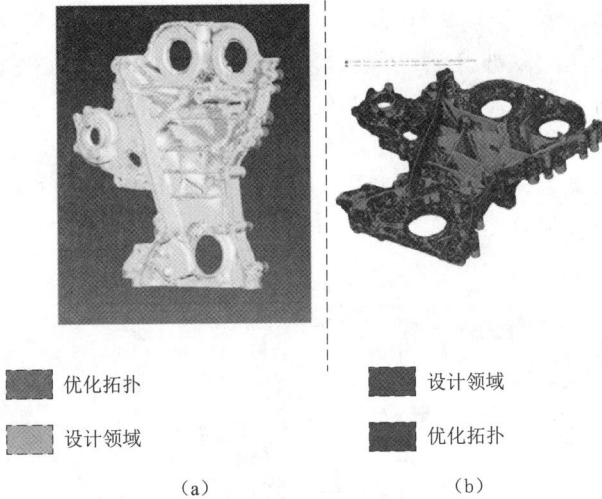

优化拓扑　　　　　　　　设计领域

设计领域　　　　　　　　优化拓扑

（a）　　　　　　　　　　（b）

图 11　前盖的设计优化（见彩插）

（a）基于 NVH 优化实现加强筋结构；（b）发动机支架极端负载状况

充型分析由瀚森公司（Hexion Inc.）在凸轮托架上进行。这一分析是通过托架模具的几何形状来预测树脂流动前沿的发展。该分析可以用于在模具构造开始之前分析压力分布、节流、内部气泡、浇口位置、排气口、温度和充型时间。一旦决定针对第一个原型对坯料进行机加工，则该分析止于刚开始进行加热模拟和纤维排列之前。零件模制被确定为是可行的。固化分析（瀚森公司（Hexion Inc.））包括以下参数：压力分布、节流、保留气泡、浇口位置、排气口和充型时间，如图 12 所示。

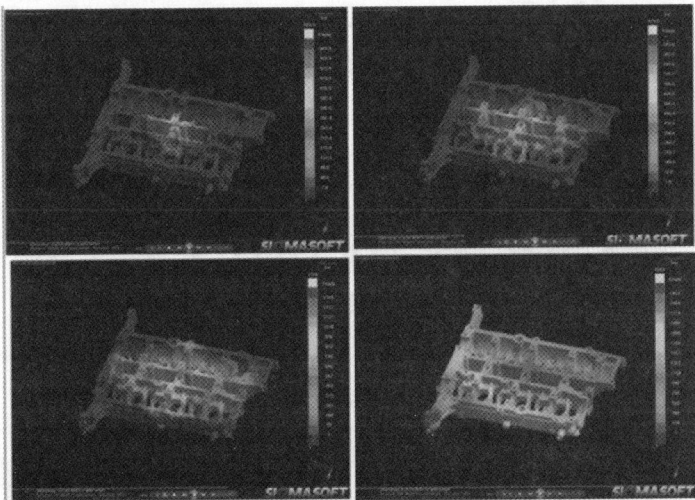

图 12　充型分析（瀚森公司（Hexion Inc.）/ ISK 有限责任公司）（见彩插）

　　1.0 L I3 EcoBoost 发动机气门机构的动态分析被用于凸轮托架上，这个分析由福特汽车公司的欧洲 R&A 工程技术部门来进行。托架受到打开、关闭进气门和排气门时的高动态力。凸轮轴承上会承受很高的负载，这些载荷的力矢量沿着进气和排气门角度指向凸轮轴承盖和紧固件。同时，凸轮托架还会受到直接喷射的燃料泵和燃油导管的明显的载荷。直动机械摇杆（DAMB）气门机构的侧向载荷可以忽略不计，如图 13 所示。

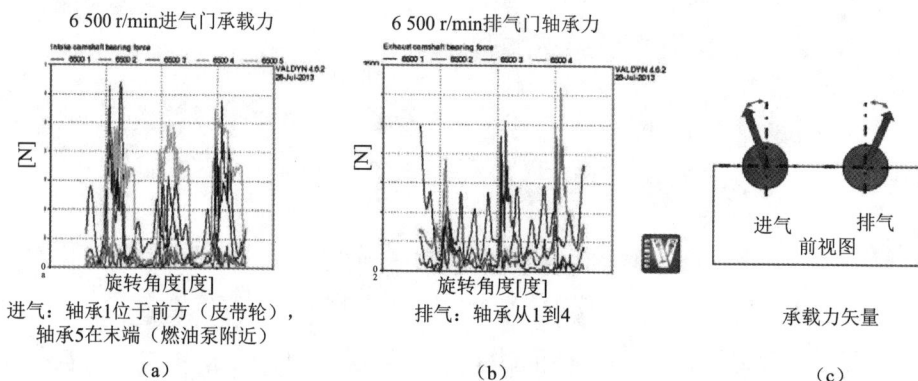

图 13　气门机构载荷（见彩插）

　　针对动态气门机构组件和托架之间的接触表面，嵌件被定义为凸轮轴轴承，DAMB 衬套的嵌件被黏合到托架中，如图 14 所示。嵌件可为转动凸轮轴和直动机械摇杆运动所需的流体动力学（油）膜提供足够的表面，但也因此带来了具有挑战性的对其直径和位置公差的要求。团队所设计的进气和排气凸轮轴的铝凸轮轴轴承嵌件形成了下轴瓦面，铝凸轮盖形成了上表面。这种设计特点有助于避免双金属机加工。我们所设计的直动机械摇杆用青铜合金推杆孔嵌件来形成柱面。通过利用青铜合金可使其具有薄横截面套筒的设计功能。

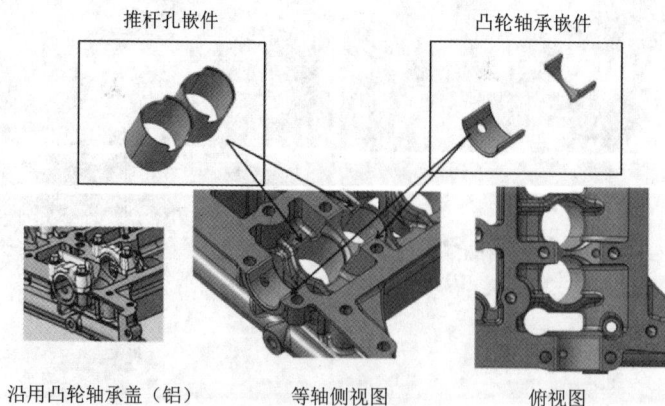

图 14　凸轮轴和推杆的嵌件

针对取消嵌件的研究看起来前途无量。一种被称为 Carbomould 的工艺可能允许使用母料网状孔。碳纤维强化 Carbomould 模塑化合物的设计能够满足对摩擦和滑动功能组件的摩擦要求。

台 架 试 验

我们对凸轮托架盖紧固件进行紧固件测试。紧固件的测试结果表明，与铸铝相比，这种材料可提供与之类似的紧固件夹持特性和负荷能力。1.0 L I3 EcoBoost 发动机通过 M6×1.0 级 8.8 紧固件按照扭矩规格将顶置气门凸轮轴与各个凸轮轴盖分别固定在一起。那些包含气缸螺纹部分的紧固件连接件必须能够承受气门机构所产生的负荷。如上所述，计算所得的气门机构的载荷非常大。福特汽车公司（Ford Motor Company）的紧固件设计准则要求 8.8 级紧固件应当在螺纹损坏之前发生明显的材料失效。一个评估紧固件连接完整性的通用测试是加载扭矩 M6，直到紧固件屈服。然后，安装强度更高的 M6×1.0，等级为12.9 的紧固件，以探究该材料的上限。在碳纤维材料缸体试样上进行的相同的台架试验得出了类似的结果。该测试的初步结论是，碳纤维复合材料可提供与铸铝材料和 8.8 级紧固件材料类似的紧固件夹持载荷特性（如表 2 所示）。

表 2　紧固件测试

M6×1.0 紧固件测试材料的对比 （铝与碳纤维）				
试验编号	材料	紧固件级别	屈服扭矩	结果
1	铝	8.8	28 N·m	紧固件不合格
2	铝	8.8	28 N·m	紧固件不合格
3	碳纤维	8.8	28 N·m	紧固件不合格
4	碳纤维	8.8	29 N·m	紧固件不合格
5	铝	12.9	35 N·m	螺纹不合格
6	碳纤维	12.9	34 N·m	螺纹不合格

铝

碳纤维

我们制造了一个气门机构试验台来进行凸轮托架台架试验。试验台是由一个带配重的电动回转装置、飞轮、凸轮传动装置以及通过曲轴驱动的碳纤维复合材料凸轮托架和缸盖总成组成的。气门台架试验是专为低速磨损和高速测试设计的。该测试结果还需对过度磨损、过早失效和紧固件扭矩保持进行一个试验后的检验。图 15 所示为气门机构电动回转装置。

　　虽然，大多数前盖组件的测试项目还没有最后完成，但我们已经开始了一些嵌件拔出测试。带有泵安装面的前盖是承受大载荷的区域，这是因为发动机前端附件驱动系统（FEAD）的传动带增加了螺栓和疲劳载荷。这些嵌件不被拉出并且保持在零件中是至关重要的。为进行嵌件保持试验，我们用螺栓将零件固定在固定板上并施加必要的模拟负荷，如图 16 所示。

图 15　气门机构试验台

图 16　嵌件拔出试验的位置

　　我们已在前盖发动机支架上完成了初始静载测试。该试验研究了前盖的负载能力并确定了过载情况下的最大损坏位置。这些结果为验证 CAE 疲劳预测模型提供了极好的信息。我们把相应的载荷加载在发动机机架的凸出部分来对原前盖进行 CAE 模拟。图 17 所示为实际测试的结果，该结果表明在何种负载下零件会发生损坏。

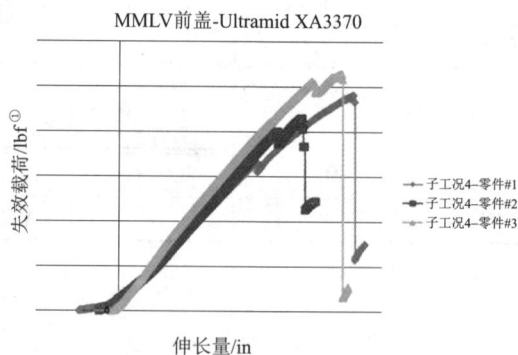

图 17　静态负载测试

————————————

① 1 lbf=4.448 222 N。

总　　结

在今后几十年中，汽车制造商将会继续尝试减小整车质量，以满足更高的燃油经济性要求和更低的排放标准，并且将对每个组件的质量减小量加以评估。任何质量的减小都必须是在不牺牲安全性、汽车性能和耐久性的前提下实现的。

作为该项目的结果，前盖和油底壳团队能够在严格满足这些组件结构要求的同时，设计并制造出长碳纤维增强热固性复合材料发动机部件原型，使得前盖质量减小 24%，结构性油底壳质量减小 33%。

此外，通过引入 PF30/5%碳纤维材料发动机凸轮架结构件使得整体气缸盖质量减小了 15%。PF30/5%复合材料是一种可回收的材料，即环保安全的材料。未来的设计将会采用更高的碳纤维含量，以提高材料的强度并进一步减小质量。这项研究是寻找内燃机用气缸盖的替代轻量化材料的第一步。

未来，我们将进行更广泛的测试，以验证这些零件的初始原型。同时，我们在这里也获得了根据其材料基体对热固性碳纤维复合材料进行设计优化、成型和制造等方面的宝贵经验。最终，在福特汽车公司、巴斯夫公司（Basf Corporation）、梦达驰股份有限公司（Montaplast GmbH）、瀚森公司（Hexion Inc.）和 WGS 全球服务有限责任公司（WGS Global Services LC）团队的通力合作下，我们研发并制造出了业界第一个碳纤维复合材料的发动机结构部件。

参 考 文 献

［1］ BASF Corporation, "Engineering Plastics-Ultramid (PA)," http://www.plasticsportal.net/wa/plasticsEU/portal/show/content/products/engineeringjplastics/ultramid,accessed Apr. 2014.

［2］ Bayerl, F., ter Heide, S., and Ball, C.. "Recent Case Studies of Engineering Thermosets for Under the Hood Applications," SAE Technical Paper 2013-01-1392, 2013, doi: 10.4271/2013-01-1392.

［3］ Hexion Inc.,"Thermoset Moulding Compounds for the Automotive Industry," Product Bulletin, Carbomould. Germany, 2006.

致　　谢

感谢福特汽车公司研究与先进工程及先进制造部门的同事（Brian Brown，John Cornell，Bryan McKeough，Brian Nellenbach，Robert Rentschler，Glen Smith，

Sonny Stanley，Patricia Tibbenham，David Wagner，Chris Wicks，Matt Zaluzec）以及巴斯夫公司（Basf Corporation）、梦达驰股份有限公司（Montaplast GmbH）、瀚森公司（Hexion Inc.）和 WGS 全球服务有限责任公司（WGS Global Services LC）部门出色的团队合作精神和他们所完成的创造性的工程。

免 责 声 明

本章是基于美国能源部（DOE）国家能源技术实验室（NETL）所资助的决标编号为 DE-EE0005574 的论文集。

本报告根据美国政府机构所发起项目的工作成果编写而成。无论是麦格纳国际公司（Magna International Inc.）、福特汽车公司（Ford Motor Company）或者美国政府，还是其下属任何机构或任何员工对本章所表述的任何信息、设备、产品以及工艺应用的准确性、完整性或有用性，以及其他没有侵犯私有权的表述不作任何保证（无论是明示、暗示还是承诺），并且也不承担相关的任何法律责任或义务。本章中通过商品名称、商标、制造商或以其他方式提及的所有具体商业产品、工艺或服务，并不代表美国政府或其下属任何机构指定或暗示对其予以认可、推荐或支持。作者在文章中的表述并不一定代表或反映美国政府或其下属任何机构的观点和看法。这种支持并不代表能源部对作品或所表述意见的认可。

MMLV：自动变速器的轻量化

2015-01-1240

2015 年 4 月 14 日发表

詹姆斯•卡恩斯（James Kearns）和朴熙舜（Soon Park）

福特汽车公司（Ford Motor Company）

约翰•萨博（John Sabo）和杜桑•米拉希克（Dusan Milacic）

麦格纳国际公司（Magna International Inc.）

引文：Keams，J.，Park，S.，Sabo，J 以及 Milacic，D.，"MMLV：自动变速器的轻量化"，SAE 技术论文 2015-01-1240，2015，doi：10.4271/2015-01-1240.

摘　　要

本章详细介绍了福特汽车公司的先进传动系统研究团队在多材料轻量化车辆项目中的轻量化成就。

由麦格纳国际公司（Magna International Inc.）和福特汽车公司（Ford Motor Company）研发的多材料轻量化汽车（MMLV）是美国能源部 DE–EE0005574 项目的研究成果。该项目展示了五座乘用车在保证车辆性能和乘员安全的前提下的轻量化潜力。该项目已制造出了原型车，并进行了有限的整车测试。采用商用材料和生产工艺进行的 Mach-Ⅰ 车辆设计可实现 364 kg（23.5%）的减重，这使其仅使用一个 1.0 L 三缸发动机即可，从而进一步明显提高了环境效益并降低了燃油消耗。

最终，我们在一些福特 6 速前轮驱动（FWD）自动变速器部件中选定了三个作为轻量化设计的最佳 MMLV 原型。第一个部件是后托架离合器外壳与太阳齿轮组件，其中的外壳材料将由钢转换为铝；第二个部件是泵支架，其中的支架材料将由铸铁改为铸铝，相关的紧固件材料将由钢转换为铝；第三个部件是控制机构铸件，其中的机构材料将由铸铝改为铸镁，相关的紧固件材料将由钢转换为铝。三个部件的相应的质量减小量分别为 0.39 kg、1.84 kg 和 1.3 kg。

我们在轻量化工作中付出的努力将具体体现在每个部件的有限元分析（FEA）结果、原型部件制造和所有组件级别的测试结果中。

引　言

由于正在实施的更严格的新燃油经济性和温室气体法规，使得在机动车设计中对减重的要求在北美、欧洲和亚洲汽车制造行业中具有很高的优先级。

由于车辆动力系统的质量庞大并具有后续可进行轻量化的潜力，因而成为减重的重要对象。

因为自动变速器和驱动桥含有一些大质量部件以及一些高速旋转部件，如果对这些高速旋转部件进行轻量化可带来转动惯量降低的额外好处，所以它们也就成为了减小质量的理想候选目标。将转动惯量降低到更低的水平还可使更少的热质量进入离合器并且改善换挡质量，且能够整体降低离合器占空比。

零件的选择

基于减小质量和降低转动惯量的可能性，对离合器外壳和齿轮总成进行轻量化是一个显而易见的选择。根据已知方程 $I=mr^2$ 当中转动惯量和质量的线性关系可知，任何质量的减小都将产生几乎与之成正比的惯性降低。在这种情况下，其惯性的降低分别可达到 55% 和 63%。

离合器外壳和齿轮组件还为我们提供了一个很好的评估对铝制外壳与钢齿轮接口进行异种金属接头摩擦焊接的可行性的机会。

长期以来，铸铁泵支架由于其质量较大而一直是减重的目标。在该特定变速器中，铸铁泵支架的质量为 3.57 kg。我们所面临的困难是零件需要承受较大的占空比。泵支架是阻碍之前的轻量化尝试的大载荷结构件。然而，在该具体实例中，由于 MMLV 车辆采用了小排量发动机，从而使传递到泵支架的载荷足够低，这也推动了对轻量化的尝试。

控制机构是变速器中的另一个大质量零件和轻量化逻辑选择物的代表。将零件从铸铝转换为铸镁约可以将其质量减小三分之一。作为非结构性零件，质地较软且刚度较小的镁零件并不存在强度的问题。它的主要问题是由于推荐使用的镁控制机构和沿用铝阀之间的热膨胀系数的差异可能造成气门咬住或卡滞。

离合器外壳及齿轮总成

图 1 所示为 MMLV 自动变速器后托架离合器外壳与太阳齿轮总成。该产品总成的质量为 0.71 kg。项目推荐使用的铝制外壳总成的质量为 0.32 kg，由此可得到 0.39 kg 的质量减小量。

图 1　MMLV 自动变速器后托架离合器外壳与太阳齿轮总成

我们选择 7075-T6 铝合金来替代 HSLA（高强度低合金）钢外壳产品。其材料性质与现产 HSLA 零件（分别为 340 MPa 和 7.8 g/cm³）相比具有较高的屈服强度（500 MPa）和较低的密度（2.80 g/cm³）。7075 铝还显示出保持成型生产工艺所必需的可接受的延展性。

该设计的制约因素之一是要保持 2.5 mm 的外壳产品壁厚，所以替代材料具有高屈服强度是至关重要的。外壳上有排除任何向内和向外径向生长的 OD 或 ID 花键。

选择 7075 的一个驱动因素是担心产生压痕。配合钢离合器片的花键会向外壳施加较高的接触载荷，这将导致用质地较软或强度较弱的材料制成的外壳产生压痕（凹痕）。

所要求的改进

将离合器外壳材料从钢转换为铝需要对外壳和齿轮总成的几何形状和加工进行改进。在生产中，外壳和齿轮是用激光焊接的方式来连接的。然而，因为铝外壳和钢齿轮之间的熔融温度有相当大的差异，所以激光焊接的方法不适合用于新离合器铝外壳的连接。项目合作伙伴麦格纳国际公司（Magna International Inc.）的动力总成系统部门通过摩擦焊接工艺成功地将两个不同金属材料的部件连接在一起。

新的摩擦焊接工艺要求对外壳和齿轮产品的尺寸进行小的改进，应除去齿轮的肩部，以使其具有与铝外壳更大的接触面积。图 2 和图 3 所示为改进前、后的离合器外壳与齿轮总成的对比图。

137

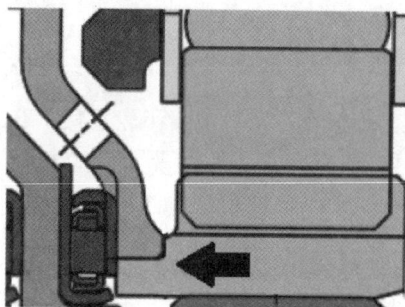

图 2　离合器外壳与太阳
齿轮总成（改进前）

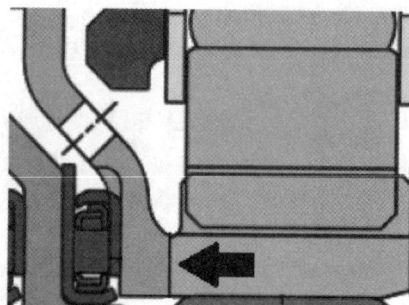

图 3　改进后的离合器外壳与齿轮总成
（具备较大的摩擦焊接接触面积）

分析

　　我们对其进行了 FEA 分析（有限元分析），以便为两种材料确定适当的应力、挠度和疲劳安全系数。其承载条件是在最坏情况下的负载和速度分别为 250 N·m 和 13 000 r/min。边界条件为实际生产，其中转矩施加在太阳齿轮上并在外壳 OD 花键和两个接触点上施加反应负荷，以模拟两个离合器摩擦片花键。

　　所得的 FEA 分析结果表明，最高应力和挠度均位于润滑油孔的内外边缘上，如图 4 所示。表 1 所示为有限元分析结果。

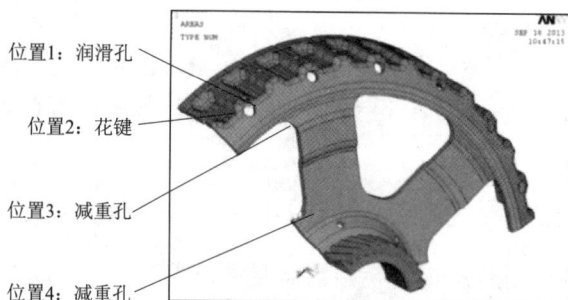

位置1：润滑孔

位置2：花键

位置3：减重孔

位置4：减重孔

图 4　最高应力的位置

表 1　FEA 分析结果

分析项目		产品钢制壳体		推荐使用的铝合金外壳	
		离合器 ID	离合器 OD	离合器 ID	离合器 OD
应力/MPa	第一主应力	643	606	232	195
	等效冯米斯应力	622	585	222	187

分析项目		产品钢制壳体		推荐使用的铝合金外壳	
		离合器 ID	离合器 OD	离合器 ID	离合器 OD
偏移/μm	位移量	228	199	180	122
	轴向位移	191	160	127	63
	切向位移	86	81	85	65
疲劳安全系数	位置 1	0.74	0.78	0.86	1.09
	位置 2	0.9	0.95	1.06	1.32
	位置 3	1.27	1.3	1.55	1.72
	位置 4	1.4	1.39	1.63	1.6

有限元分析结果表明，铝外壳在所有分析位置上都比钢零件产品具有更小的应力，且表现出略小的挠度以及更优越的保险系数。应力水平的明显降低是铝零件质量较小的副产物。由于离心式负载与质量线性相关，所以铝制外壳比现产钢零件的应力水平低得多。

我们也对摩擦焊接进行了有限元分析，其第一主应力为 70 MPa，冯米斯应力为 140 MPa。有限元分析假设它是一个 360° 焊接。这些应力值远低于 7075 铝 500 MPa 的屈服强度，因此，可以假定焊接是可靠的。

零件制造

项目合作伙伴麦格纳国际公司（Magna International Inc.）的动力总成系统部门通过用改装后的现产滚压模具成型铝制外壳，并通过为 MMLV 项目的一部分专门开发的摩擦焊接工艺装配制造原型零件。

测试

我们对现产产品进行三套独立测试，以评估和验证原型总成。我们还对非现产产品进行两个为铝制外壳装配专门开发的额外成套测试。具体测试及结果请参见下面的总结。

疲劳试验

标准：250 N·m@800 000 次循环（B10 寿命）无故障。

样品 1，2，3：250 N·m@2 000 000 次循环：所有样品均通过。

样品 1，2，3：400 N·m@ 2 000 000 次循环：所有样品均通过。

样品 1：520 N·m：未能通过@178 000 次循环。

样品 2：520 N·m：未能通过@181 000 次循环。

样品 3：520 N·m：未能通过@285 000 次循环。

疲劳试验是作为组件台架试验来进行的，测试中标准测试的依据是圆满完成 800 000 次循环的 250 N·m 循环加载，这代表了外壳与齿轮组件的 B10 寿命。所有三个零件都成功完成了 800 000 次循环的测试。然后对其继续试验 2 000 000 次，以试图让其产生故障。在这一点上，所测试的新样品在发生故障之前均达到了所列的更高扭矩水平。

极限扭力强度试验

标准：1 200 N·m 的最小负载至焊接失败。

样品 1：通过。焊接破坏@1 361 N·m。

样品 2：通过。焊接破坏@1 401 N·m。

极限扭力强度试验是一个焊缝的完整性测试，测试中将逐步增加的负载施加到齿轮上，并且其反作用在外壳 OD 上。可接受的最小焊缝破坏扭矩为 1 200 N·m。

极限推力试验

标准：9 100 N 侧向载荷加载在齿轮上并且反作用在外壳 OD 上，不得屈服或失效。

样品 1：通过。组件屈服@36 000 N。

极限推动试验也是一个简单的测试，测试中将一个侧向负载施加到齿轮上，并且其反作用在壳件 OD 的相对侧。

我们还进行了两个专为精确评估铝制外壳而设计的附加测试。

壳体爆裂测试

标准：新产品在最大速度下与现产产品的外壳变形相当或比它具有更好的径向偏差。

样品 1, 2, 3：在 13 000 r/min 的转速下，平均挠度在类似钢制零件的 10 μm（最差情况）内。我们认为这一结果是可以接受的。

爆裂试验是由项目的合作伙伴麦格纳国际公司（Magna International Inc.）的动力总成系统部门实施的，用以评估产品在高速情况下相对于现产钢外壳的过度变形。将零件运行到 13 000 r/min 并测量其挠度。三件钢件的平均挠度为 114 μm。铝零件的平均挠度为 124 μm。

外壳 OD 花键的压痕测试

标准：量化接合钢离合器片花键的冲击载荷所造成的 OD 花键上的凹痕。

样品 1 和 2：2 500 000 次 250 N·m 扭矩循环后具有最小凹痕（几乎察觉不到）。我们认为这一结果是可以接受的。

样品 3（阳极氧化处理外壳）：与样品 1 和 2 具有相同的最小磨损。我们认为这一结果是可以接受的。

进行压痕试验是为了通过对离合器摩擦片的硬配合钢花键造成压痕（凹痕）来减轻对"软"铝的压力。

总　　结

原型铝离合器外壳与太阳齿轮组件满足或超过所有现产产品的设计和测试标准。FEA 分析表明，与现产钢制零件相比，由于铝零件质量较小，所以其在高速下应力较低。FEA 分析还预测了铝零件具有比钢制零件更优越的疲劳安全系数。

实际测试结果证实，铝零件能够满足或超过所有现产产品的性能目标。

用铝外壳和齿轮组件替代现产钢制壳体组件是一个可行的低风险方案，这一方案还可明显减小质量，并降低转动惯量。

铝泵盖总成

图 5 和图 6 所示为泵盖和泵盖总成。

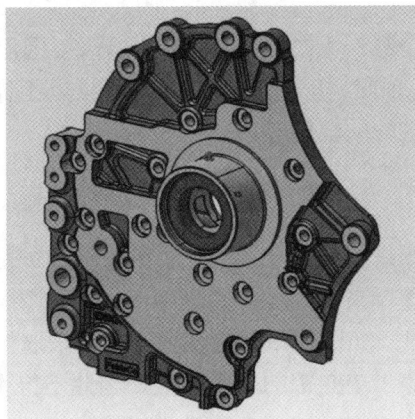

图 5　泵盖原型和嵌件（嵌件为紫色）

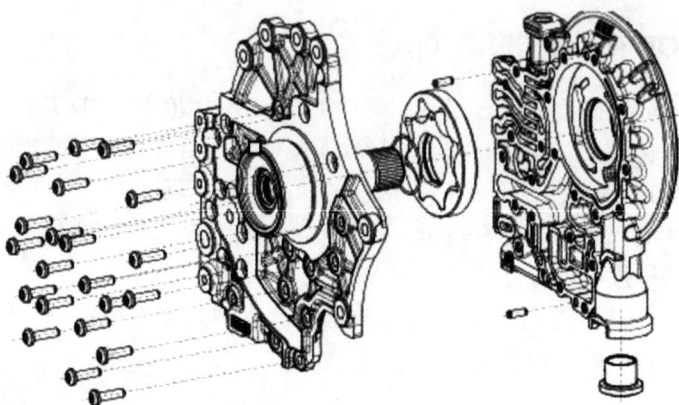

图 6   现产泵盖总成

现产球墨铸铁泵盖的质量为 3.57 kg，推荐使用的铝盖原型的质量为 1.73 kg，即可实现 1.84 kg 的质量减小量。盖总成利用了 22 M6 紧固件，这说明材料在由钢转化为铝时额外产生了 0.3 kg 的减重。

现产泵盖采用 JIS G5502 FCD450-10 级铸铁（屈服强度最小值为 280 MPa，密度为 7.3 g/cm^3，弹性模量为 169 MPa）制造。轻量化泵盖选用的材料是经 T6 热处理的铸铝 390（屈服强度最小值为 240 MPa，密度为 2.7 g/cm^3，弹性模量为 81 MPa）。

铝合金 390-T6 被选为替代材料远远不是简单的因为它能将泵体的质量减小而已。390 级铝合金还含有能为泵提供使用所需的耐磨性的硅，且具有比常规铝合金更高的弹性模量（刚度）（81 MPa 对比 69 MPa）。由于泵盖会与速度高达 7 000 r/min 的烧结铁泵齿轮侧面相接触。因此，与之相配的现产泵体也是由 390 级铝合金制成的，而 390 级铝合金的特性在这种要求高的应用中是非常受欢迎的。

由于泵盖具有一个独一无二且较大的工作循环，因而也面临着众多的设计挑战。它会承受较高的轴向、扭转和弯曲载荷以及与泵配合带来的压力和磨损，还有来自泵、链条和链轮的辐射噪声。

必要的改进

想要使用铝盖必须进行两个主要改进。第一个改进是，通过选择肋材来增强结构，且通过增加壁厚来提高零件的刚度（如图 7 所示）。第二个改进是，增加球墨铸铁花键嵌件（如图 5 中紫色部分所示）来取代较弱的铝花键。分析结果表明，其应力约等于 390 铝的屈服极限，因此不得不对其进行设计变更。在随后的分析部分，我们将对这两个改进进行更详细的说明。

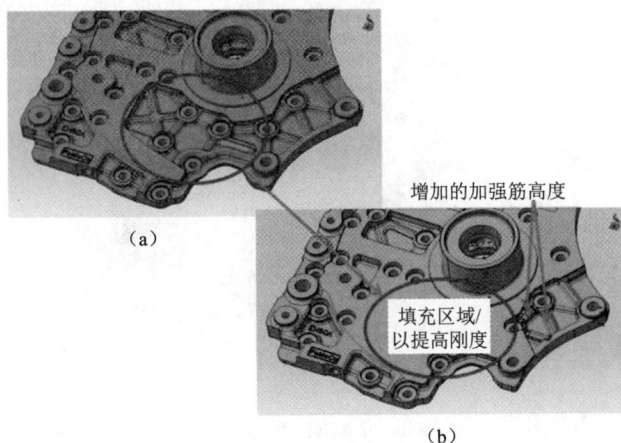

图 7　原型铸件的改进

(a) 原始设计；(b) 改进的设计

假设输入扭矩

使用铝盖的额外的促成因素是该变速器和 MMLV 车辆特有的较低的输入扭矩水平。在这项研究中，我们所参考的现产铸铁盖被用于多个福特前轮驱动（FWD）变速器应用中，包括用于额定输入扭矩为 400 N·m 的变速器。基于其与 1.6 L 发动机配合使用和用于轻量化车辆的事实，我们为 MMLV 车辆应用选择使用一个额定转矩为 250 N·m 的变速器变体。

在下面章节中的所有分析都以铸铁盖上的 400 N·m 变速器输入扭矩所加载的载荷作为比较基准。我们将为铝盖在 250 N·m 的变速器输入转矩载荷下建模。

分析

对整个泵盖总成进行"全局"FEA 分析，以评估有竞争性的泵盖设计。输入载荷包括输出的链侧向载荷、压入式定子轴的扭转载荷以及来自所配合泵和泵体的压力载荷，还有来自紧固件的夹持载荷（如图 8 所示）。我们对其进行独立的花键分析来评估泵盖/定子轴接口上的花键。

我们用以下四个建模场景作为比较基准进行全局 FEA 分析。

（1）具有较高现产输入扭矩载荷（基准）的现产铸铁零件；

（2）具有较低 MMLV 输入扭矩载荷的现产铸铁零件；

（3）未改进的铝设计与较低的 MMLV 负载（图 7（a）中所示的"原始设计"）；

143

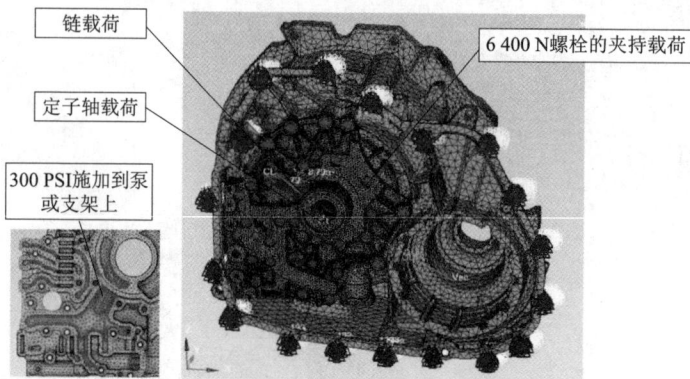

图 8　泵盖总成的全局 FEA（见彩插）

（4）改进后的铝设计与较低的 MMLV 负载（图 7（b）中所示的"改进的设计"）。

提交每个分析结果的简要说明，其目标是确保方案 4 中改进后的铝盖具有与方案 1 中现产铁零件相同或更好的性能。我们还必须使应力水平低于具有足够安全系数的屈服强度。

链载荷

我们需要关注与链载荷相关的两个区域，即泵毂变形和泵毂圆角半径应力（我们还需要额外考虑的是直接与挠曲相关的链和链轮辐射噪声）。

泵毂还充当了链轮内圈的支架。差动链和链轮所产生的侧向载荷在衬套上施加了一个弯曲（悬臂）负载。表 2 和图 9 所示为其有限元分析的结果。

表 2　泵毂挠曲的 FEA 结果

变速器输入扭矩/（N·m）	材料	设计	泵毂挠度/mm	
400	铸铁	原始	0.114 1	改进后铝件的挠度低于基准铁件
250	铸铁	原始	0.062	
250	铝	原始	0.092	
250	铝	改进后	0.088 1	

FEA 结果表明，相对于基准铸铁零件的挠曲 0.114 mm，优化后铝零件的挠曲为 0.088 mm，其泵毂圆角应力为 98 MPa。这一结果远低于 240 MPa 的铝 390 的屈服强度，并体现出设计中 2.45 的安全系数。

144

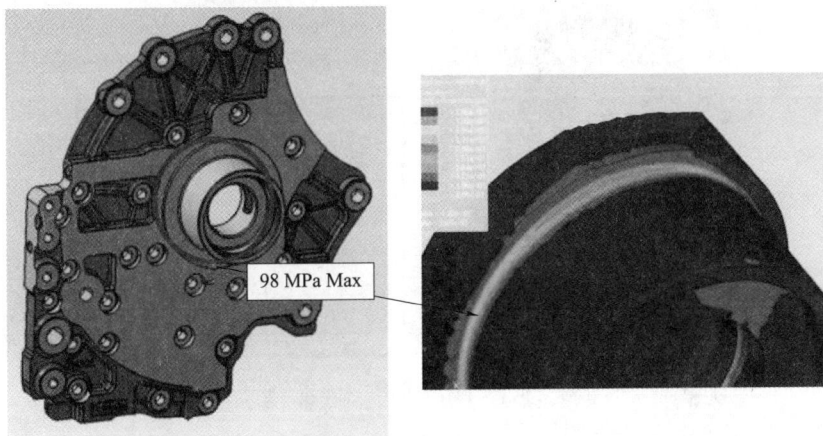

98 MPa Max

图9　优化铝盖中泵毂圆角应力的有限元分析结果（见彩插）

定子轴负载和球墨铸铁嵌件的必要性

钢定子轴被压入配合到泵盖 ID 中。值得关注的是，钢轴和铝盖之间的花键界面上的 CTE（热膨胀系数）和高应力的巨大差异。

花键分析表明，在−40 ℃和 150 ℃的极限运行温度下，花键接触不充分。

在−40 ℃的极限运行温度下，花键的最大径向干涉为 0.107 mm，铝花键的屈服压应力为 83%，安全系数仅为 1.2，这一结果被认为是高风险的。此外，在这种情况下，铝花键双轴屈服应力为 111%（远大于其屈服强度），安全系数仅为 0.9，这一结果似乎是一种失效。

在 150 ℃的极限运行温度下，花键的最小径向干涉为 0.058 mm（0.002 in）。在这种情况下，因其齿面接触不足，几乎无法避免失效。

基于花键分析的结果，我们决定用球墨铸铁嵌件来替代不足的铝花键（如图 10 所示）。新嵌件的外径和内径都设计有花键。由于嵌件是由与基准现产泵盖相同等级的球墨铸铁制成的，因此，我们并没有对沿用的 ID 花键设计进行变更。外径花键是一个新的设计，我们希望大直径（有更大的相应接触面积）和升级后的花键设计能够将铝盖的应力降低到可接受的水平。分析表明，铝盖的花键压应力只达到屈服强度的 24%，而安全系数达到 4.2。其静态剪切应力仅为屈服强度的 8%，安全系数达到了 12.8。两个结果都被认为是可靠的。

嵌件的组装顺序是，首先将其从外径花键界面压入盖中，然后将定子轴从内径花键界面压入盖/嵌件组件中。

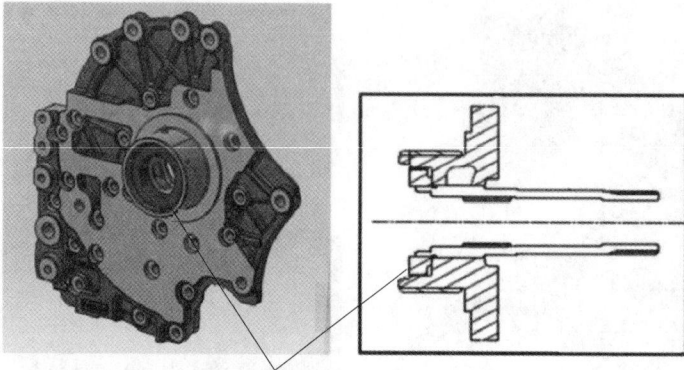

球墨铸铁嵌件，用于避免铝质内花键在定子支架接口处失效

图 10   球墨铸铁泵盖嵌件

泵体阀孔变形

新总成中的泵体存在两个问题，即变形和与盖分离的问题。本节将对变形问题加以阐述，在下一节中则会对分离问题进行详细介绍。

泵体现在被配对到一个质地较软且刚度较低的盖上，因此，需要关注的是泵体中阀孔变形的情况。泵体包含两个液压阀，即压力调节阀和转换器离合器控制阀。典型的阀与孔间隙非常小（最大 0.05 mm），因此泵体内的任何额外变形都会导致孔中的阀黏着或接合。

我们对泵体进行 FEA，以确定孔变形的情况（如图 11 所示），分析结果如表 3 所示。

图 11   阀孔变形情况

表3　阀孔变形的有限元分析结果

圆柱度/mm	压力调节阀	转换器离合器控制阀
高扭矩铸铁支架（电极）	0.014	0.006 3
低扭矩铸铁支架	0.011	0.003 0
低扭矩铝支架	0.016	0.004 3
改进后的低扭矩铝支架	0.011	0.003 9
注：由于较低的链负载输入，推荐的设计显示出较低的阀孔变形。		

有限元分析结果表明，相对于现产的基准产品，推荐的新型泵与盖组件的两阀孔的变形更小。这一结果并不令人意外，因为输入负载的降低主要来自链。

泵体从支架上分离

泵/盖接口的分离与阀孔变形的问题同样重要。我们对泵与盖组件进行有限元分析，以确定泵体"蠕虫尾迹"从各种泵盖设计中分离的数量，其结果如图12所示。

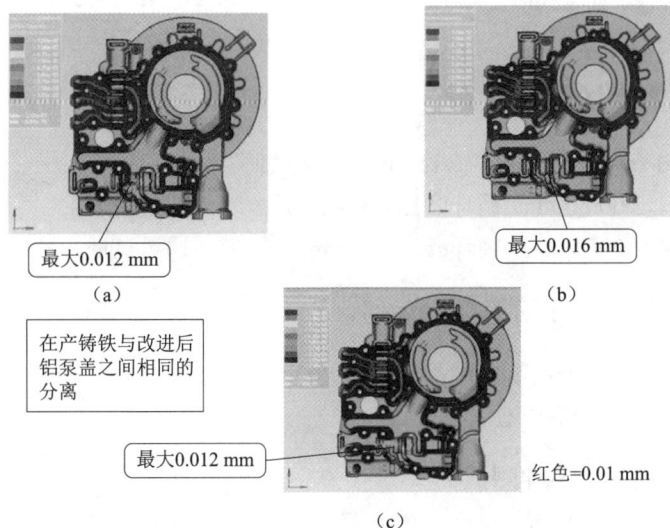

最大0.012 mm
（a）

最大0.016 mm
（b）

在产铸铁与改进后铝泵盖之间相同的分离

最大0.012 mm

红色=0.01 mm

（c）

图12　FEA结果显示的等效分离（泵总成的"蠕虫尾迹"分离）（见彩插）
（a）高扭矩铸铁盖；（b）低扭矩铸铁盖；（c）改进后的低扭矩铝盖

有限元分析结果表明，改进设计与现产设计的分离度相同。

原型件的制造

铝盖原型是通过熔模精密铸造工艺生产的。其原始设计意图是使用熔模铸造工艺惯用的 A390 铝合金。遗憾的是，在制造时，由于国内稀缺 A390 合金，所以我们决定采用压铸级 B390 铝。二者除了在可铸性方面有细微差别之外，这两种合金的物理性能非常相似。

B390 铸件均采用 T5 工艺进行热处理（自然冷却，然后在升温的情况下进行人工时效）。因为我们进行的所有 FEA 都设定了 A390-T6 材料的性能和 240 MPa 的屈服强度，所以我们希望 B390-T5 零件能够具有与设计意图 A390-T6 零件相似的物理性能。B390-T5 铸件的预期屈服强度范围为 200～260 MPa。相对于 240 MPa 的设计意图，这也被看作是在可接受的范围内。

测试

我们对产品进行了六组独立测试，以评估和验证原型总成。

定子轴极限扭矩

标准：152 N·m 的最小扭矩用以拆除在盖/轴接口上的花键。

样品 1：当轴在负荷下旋转 1.28° 时，在 474 N·m 下花键被拆下。通过试验。

定子轴疲劳试验

标准：1 000 000 次循环@152 N·m 无故障。

样品 1：2 000 000 次循环@152 N·m 无故障。通过试验。

样品 2：2 000 000 次循环@211 N·m 无故障。通过试验。

泵功能测试（简要测试）

标准：泵必须满足基本产品功能要求。

样品 1～5：全部通过试验。

泵性能测试（多种测试）

标准：泵必须满足广泛试验条件范围内的所有最低要求。

样品 1，2，3：通过试验。

泵卡滞试验

标准：泵必须能打到最小压力，且在不同速度下流动时不得出现卡滞或过度磨损。

样品 1 和 2：在报告发布时测试还没有完成，但根据所有其他成功的试验来看，我们期望其顺利通过测试。

变速器 NVH 测试

标准：必须达到既定的 NVH 验收标准。

样品 1：在不同的齿轮、负荷、压力和转速水平下超出了最大可接受的辐射噪声限值。噪声在 1 400 Hz 时，其情况特别糟糕，其中测得的持续噪声水平高于比较基准变速器 2～10 dB 之间，并超过了可接受的限度（如图 13 所示），则测试失败。

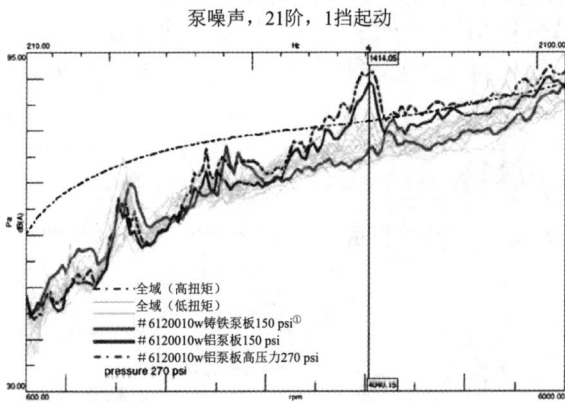

图 13　辐射声功率图显示的 1 400 Hz 下的过大噪声（见彩插）

泵及盖总成原型被向后放进一个过去已测试过的现产变速传动器中，并在专用 NVH 试验室中对其进行测试。我们将结果进行比较，并与既定验收限值进行比较。

在几乎所有接近 1 400 Hz 的测试条件下测得的铝盖辐射声功率一概高于基准铁零件 2～10 dB。我们发现铝盖在接近 1 400 Hz 时产生了由 7 齿齿轮泵在 7、14、21、28 和 35 这样的倍数阶才激发的共振。在这些阶接近 1 400 Hz 时，铝盖充当了扬声器，不仅放大了泵齿轮噪声，而且还有放大附近的差动齿轮和链条及链轮噪声的倾向。

除此以外，原型组件会通过每个所需的机械试验，并且通常还具有相当的安全裕度（除还未完成的卡滞试验外）。

① 1 psi=6.895 kPa。

总结

NVH 测试表明，在接近 1 400 Hz 时，由于共振现象的产生，铝泵盖原型具有不可接受的高噪声水平。我们需要进行进一步的有限元分析，以优化其刚性和 NVH 设计，并且随后还需要通过测试加以验证。

除此之外，原型零件没有其他问题（假定待进行的卡滞试验已成功）。多次 FEA 的分析结果表明，零件的应力水平是可接受的，而成功的机械测试也证实了有限元分析的结果。

与现产的铁零件相比，我们设计的铝零件原型可减重 1.84 kg。假设我们适量增加铝盖结构以增加其刚度，那么在将来的设计中，其很可能至少减小 1.7 kg 的质量。如果再加上铝紧固件的使用，系统的质量减小量可能会达到 2.0 kg。

镁控制机构总成

图 14 所示为镁控制机构总成。图中底部所示的灰色部分为机构下半部分铸件；机构上半部分铸件用红色（黑色）表示；在顶部的灰色部分为塑料引线框架。

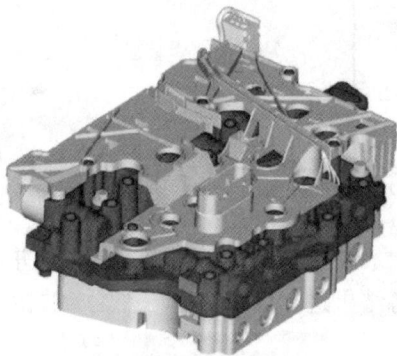

图 14　镁控制机构总成

现产的控制机构总成包括两个被称为上、下机构的独立铝压铸体。总成还包括两个钢隔板、四个衬垫（板每侧一个）和一个塑料引线框架。

现产的上、下 Al（铝）机构的组合质量为 2.52 kg，推荐使用的 Mg（镁）零件的质量为 1.66 kg，因而可得到 0.86 kg 的组合质量减小量。我们用不同长度的 22 M6 紧固件将机构固定在变速器外壳上，并用两个额外的紧固件连接两个机构。如果将材料由钢转化为铝，则它们还会额外减小质量 0.2 kg。

现产机构是由压铸铝 380（密度为 2.74 g/cm³）制成的。轻量化机构选用的材料是 Mg AZ91D（密度为 1.81 g/cm³）。

设计意图只是对机构和紧固件进行简单的材料替代（内部阀始终采用铝材）。否则，零件将完全相同。这样做就不需要改变尺寸或加工工艺。

由于成本限制，我们在这个项目中使用了现产铝阀门，而不是镁阀门。理想的情况是，控制机构及其内阀应由普通材料制成，以避免 CTE 问题。然而，实际测试结果表明，镁机构和 Al 阀之间无粘连或结合问题（细节参见测试部分）。

控制机构不是变速器内的结构或承载元件，因此它们具有相对小的占空比。它所面临的主要工程技术问题是，足够的密封接触压力（夹紧力）和阀孔变形。

分析

我们在变速箱控制机构的安装位置上创建一个全局有限元模型（见图 15 和图 16）。除了两个机构铸件之外，其中还包括两个钢隔板、四个纸垫片和充当接地单元的变速箱。

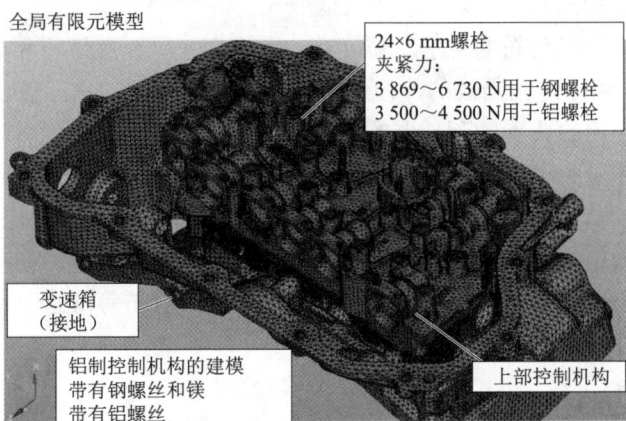

全局有限元模型

24×6 mm螺栓
夹紧力：
3 869～6 730 N用于钢螺栓
3 500～4 500 N用于铝螺栓

变速箱
（接地）

铝制控制机构的建模
带有钢螺丝和镁
带有铝螺丝

上部控制机构

图 15　全局有限元模型（见彩插）

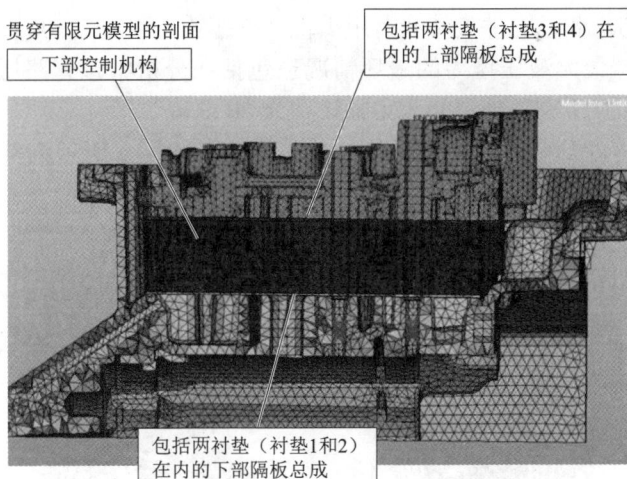

贯穿有限元模型的剖面

下部控制机构

包括两衬垫（衬垫3和4）在内的上部隔板总成

包括两衬垫（衬垫1和2）在内的下部隔板总成

图 16　贯穿全局有限元模型的剖面（见彩插）

1—机体；2—板材；3—衬垫；4—变速箱

我们对其进行两个独立的 FEA 分析，以解决以下两方面的问题：

（1）在所有四个衬垫表面上的接触压力；

151

（2）阀孔变形。

两个分析的建模场景是相同的，即：

（1）带钢制紧固件的现产铝机构；

（2）带铝制紧固件的镁机构原型。

FEA 模型中使用的唯一输入负载是来自 24 M6 紧固件的夹紧力。这两项研究中的紧固件夹紧载荷的最小至最大范围如下：

3 869～6 730 N 用于 8.8 级 M6 钢螺栓；

3 500～4 500 N 用于 4.8 级 M6 铝螺栓。

上面的值与已公布的标准负荷（11 600 N 用于 8.8 级螺栓和 6 230 N 用于 4.8 级螺栓）相比是相当低的，但这也代表了装配车间的实际值。公差带是用来表示工厂使用的典型的驱动器的变量，并用来确保不会出现驱动器"超出规定"的情况和避免可能发生的螺栓断裂情况。

在夹紧载荷分析中，最坏的情况采用最小紧固件载荷。在阀孔变形分析中，最坏的情况采用最大紧固件载荷。

在这两项研究中，衬垫压缩值采用福特汽车公司先前试验中各种夹持负荷下压缩的实际测量值。

接触压力的有限元分析

我们对代表四个密封表面的所有四个垫片进行接触压力分析。将最坏的情况 3 869 N 的最低紧固件夹持载荷用于现产钢螺栓，而将 3 500 N 的载荷用于铝螺栓原型。最大液压压力的最坏情况也包括在分析中，管路压力被设定为 300 lb/in^2，并且所有其他信号压力被设定为 80 lb/in^2。

接触压力的验收标准是最小 1 MPa。图 17～图 19 所示为其有限元分析的结果。

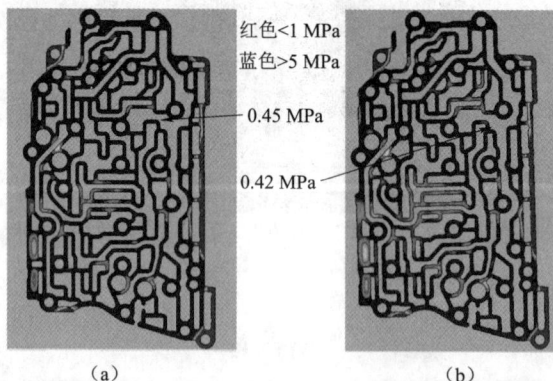

红色<1 MPa
蓝色>5 MPa

0.45 MPa

0.42 MPa

（a）　　　　　　　　　　（b）

图 17　衬垫 2 的接触压力结果（较低的阀体，底部）（见彩插）

（a）带钢螺栓的铝机构，3 869 N；（b）带铝螺栓的镁机构，3 500 N

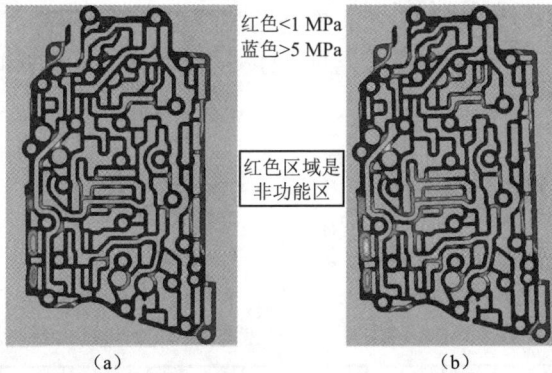

红色<1 MPa
蓝色>5 MPa

红色区域是
非功能区

（a） （b）

图18　衬垫4的接触压力结果（机构上半部分）（见彩插）

（a）带钢螺栓的铝机构，3 869 N；（b）带铝螺栓的镁机构，3 500 N

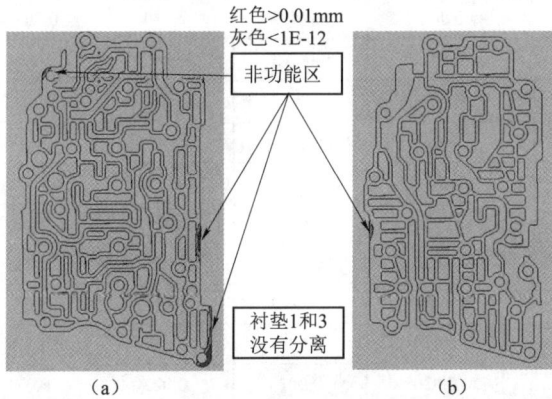

红色>0.01mm
灰色<1E-12

非功能区

衬垫1和3
没有分离

（a） （b）

图19　衬垫2和4的表面分离压力结果（镁机构@3 500 N）（见彩插）

（a）衬垫4；（b）衬垫2

在四个衬垫分析中，衬垫2和4表现最差，如图17～图19所示。从图17所示可以看出，总成都不满足2衬垫2位置的最小1 MPa接触压力的要求。否则，两种设计的结果非常相似。

图18所示为两个衬垫4样品处于沿机构边缘的不可接受的接触压力区域。然而，由于这些区域是非液压增压机构的非功能区域，因此，这些结果是可以接受的。

图19所示为镁硬件中衬垫2和4边缘的实际分离（零接触压力）（衬垫1和3实际上没有分离）。如前面所述，由于分离出现在非功能区域中，因此这一结果是可以接受的。

阀孔变形

镁的弹性模量（刚度）约为铝的2/3（镁AZ91D和铝380的弹性模量分别

为 45 GPa 与 71 GPa）。镁控制机构的问题是阀孔在负荷下会产生更大的变形。由于受到较低的夹持载荷和更兼容的 CTE（热膨胀系数）的影响，特别是在高温情况下，铝紧固件的使用应有助于减少部分变形。

我们对阀孔进行变形分析，以量化和比较两种相互竞争的设计之间的变形水平。这项研究首先在室温（21 ℃/70 ℉）和没有内部液压压力的情况下进行，然后，再在升高的温度（104 ℃/220 ℉）和最大内部液压压力的情况下进行。表 4 所示为其分析结果。

表 4　阀孔变形的研究结果（圆柱度与最大 LP 和最大夹紧力）　　　mm

孔 3#	铝机构，钢制螺栓，70 ℉ 6 730 N 负荷	镁机构，铝螺栓，70 ℉ 4 500 N 负荷	Δ（镁-铝）@ 70 ℉	铝机构，钢制螺栓，220 ℉ 6 730 N 负荷	镁机构，铝螺栓，220 ℉ 4 500 N 负荷	Δ（镁-铝）@ 220 ℉
1	0.009 4	0.009 9	0.000 5	0.010	0.009 3	−0.000 7
2	0.007 5	0.007 8	0.000 3	0.009 5	0.008 7	−0.000 8
3	0.006 7	0.007 1	0.000 4	0.007 9	0.007 2	−0.000 7
4	0.011	0.013	0.002	0.013	0.014	0.001
5	0.011	0.015	0.004	0.016	0.022	0.006
6	0.016	0.020	0.004	0.021	0.024	0.003
7	0.018	0.022	0.004	0.021	0.025	0.004
8	0.003 7	0.003 9	0.000 2	0.006 7	0.007 2	0.000 5
9	0.011	0.014	0.003	0.015	0.018	0.003
10	0.018	0.020	0.002	0.021	0.021	0
11	0.013	0.015	0.002	0.014	0.014	0
12	0.011	0.012	0.001	0.013	0.011	−0.00 2
13	0.009 9	0.011	0.001 1	0.012	0.011	−0.00 1
平均	0.011 2	0.013 1	0.001 9	0.013 9	0.014 8	0.000 9
最大	0.018	0.022	0.004	0.021	0.025	0.004

镁机构的额外孔变形

分析结果表明，在几乎所有的工作条件下，镁阀孔的变形都很大。其在室温情况下的平均变形为 17%，在温度和压力升高的条件下其变形则可能达到 24%。

有限元分析证实，由于优越的紧固件兼容性，相对于现产铝制成品而言，在升高的温度情况下，镁机构中的变形情况有所改善。

测试

我们对产品进行五组独立测试，以评估和验证镁总成原型。

主控制机构泄漏

标准：在各种齿轮状态中的不同速度、压力和温度下测得的泄漏不得超过既定测试极限。

样品1：满足所有验收标准。通过试验。

主控制机构功能

标准：确认挡位状态、压力和传递函数的综合测试。必须满足最低既定目标。

样品1，2，3：满足所有验收标准。通过试验。

调节阀循环测试

标准：完成1 000 000次循环，同时满足所有最低测试要求。

样品1，2，3：阀孔局部抛光，但是没有磨损。全部通过试验。

用富士胶片进行的夹紧力（接触压力）测试

标准：当用螺栓将机构总成固定在变速器壳体上时，采用1 MPa的最小接触压力。

比较样品1，2，3：所有3个样品均不合格。

使用压力敏感度为0.5～2.5 MPa的富士胶片进行夹紧力试验。较高的夹紧力会产生较暗的胶片图像，测试结果如图20所示。

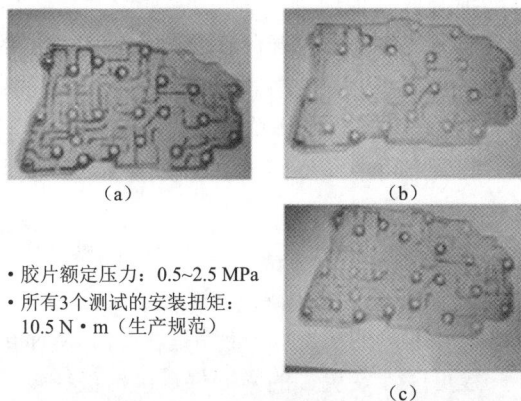

(a)　　　　　　　　　(b)

· 胶片额定压力：0.5~2.5 MPa
· 所有3个测试的安装扭矩：
　10.5 N·m（生产规范）

(c)

图20　FUJI胶片夹持载荷测试结果比较（见彩插）

(a) 铝机构/钢螺栓（基准产品）；(b) 铝机构/铝螺栓；(c) 镁机构/铝螺栓

如图 20 所示将三个独立的测试作为比较工具，测试结果表明，包括现产样品在内的所有 3 个样品的夹持载荷均低于 1.0 MPa 的不可接受压力的最低极限。具有铝紧固件的样品在几乎所有的位置上都显示出比现产基准更低的接触压力。产生这一结果的可能原因是，在铝螺栓中，更高比例的预载荷被用于螺栓拉伸，而不是像钢螺栓那样用于夹持载荷。有趣的是，机构的材料似乎对夹持载荷的大小没有明显影响。

螺栓扭矩保持测试

标准：在–29 ℃～121 ℃之间的 3 次热循环后，所有 22 个控制机构螺栓位置上的螺栓扭矩不得低于初始安装扭矩的 45%。

比较样品 1，2，3：热循环后，所有 3 个样品的所有 22 个位置上测得的负荷与原始预紧几乎是一样的。所有 3 个样品均通过测试。

螺栓连接设计理论决定了带铝螺栓的镁机构在长期热循环下比带钢制螺栓的铝机构能够保持更高比例的最初夹持载荷。这个测试结果表明，所有被测样品具有相同的性能。由于本次测试只涉及 3 次 18 h 以上的热循环，样品在这么短的时间内很难出现差异。

总结

对夹持载荷和孔变形的有限元分析结果表明，镁控制机构原型和铝紧固件与现产基准铝制机构和钢紧固件相比，其性能稍微有所降低。

有限元分析结果还表明，原型和现产样本所选择位置上的衬垫的接触压力低于 1.0 MPa 的设计极限。台架试验结果证实了有限元分析的结果，并且显示两个样本都有多个方面不符合要求。然而，对其进行的功能测试是成功的，两个样本都没有过多的泄漏或其他问题。

螺栓扭矩保持测试则表明，所有样品在这方面都是相同的。量化铝螺栓所具有的优于钢螺栓的所有优点需要进行额外的长期热循环试验。

阀孔变形有限元分析结果表明，镁总成原型在室温条件下有 17% 以上的变形，在 104 ℃ 条件下其变形可能达到 24%。在实际功能测试中，两个样本都没有出现阀卡滞或其他问题的迹象。

带铝紧固件的镁控制机构是一个具有中度风险的替代方案，这需要在申报投产前随时进行额外的有限元分析和测试。我们建议进一步进行研究的领域包括加强镁阀体，以减少孔变形的情况和升级铝紧固件，从而传导更高的夹持负荷。合理的紧固件升级可能涉及更多的紧固件，包括直径较大的紧固件或对允许更高安装扭矩的车间驱动设备进行更严格的控制。

与现产铝零件相比，我们所设计的镁机构原型说明其可减重 0.86 kg。假设我们适量增加镁机构的结构以增加其刚度，那么在将来的设计中，其质量很可能至少减小 0.8 kg。如果再加上铝紧固件的使用，系统的质量减小量可能会达到 1.0 kg 以上。

致　　谢

本项目历时两年多，这期间有很多优秀的福特汽车公司（Ford Motor Company）和麦格纳国际公司（Magna International Inc.）的工作人员参与其中。以下所列人名是为这个项目作出主要贡献的人，他们仅是项目的实际参与者中的一小部分代表。

Magna 团队：

Aaron Phillips

Zoran Ivovic

Alexander Dietrich

Jatinder Bhogal

Dennis Loui

福特团队：

Larry Deutsch

Mike Berhan

Scott Lazarz

Scott Phillips

Li Liu

Tim Porta

Hrudaya Mahapatro

Francisco Alvarez

Ken May

Alex Aueron

Dave Elberling

Adrian Cockman

Matt Ouellette

James Zheng

免 责 声 明

本章是基于美国能源部（DOE）国家能源技术实验室（NETL）所资助的

决标编号为 DE-EE0005574 的论文集。

本报告根据美国政府机构所发起项目的工作成果编写而成。无论是麦格纳国际公司（Magna International Inc.）、福特汽车公司（Ford Motor Company）或者美国政府，还是其下属任何机构或任何员工对本章所表述的任何信息、设备、产品以及工艺应用的准确性、完整性或有用性，以及其他没有侵犯私有权的表述不作任何保证（无论是明示、暗示还是承诺），并且也不承担相关的任何法律责任或义务。本章中通过商品名称、商标、制造商或以其他方式提及的所有具体商业产品、工艺或服务，并不代表美国政府或其下属任何机构指定或暗示对其予以认可、推荐或支持。作者在文章中的表述并不一定代表或反映美国政府或其下属任何机构的观点和看法。这种支持并不代表能源部对作品或所表述意见的认可。

定义/缩写

FWD——前轮驱动
FEA——有限元分析
CTE——热膨胀系数
Al——铝
Mg——镁

MMLV：防腐设计及测试

2015-01-0410

2015 年 4 月 14 日发表

凯文·斯密斯（Kevin Smith）和张颖（Ying Zhang）

麦格纳国际公司（Magna International）

引文：Smith，K. 和 Zhang，Y.，"MMLV：防腐设计及测试"，SAE 技术论文 2015-01-0410，2015，doi: 10.4271/2015-01-0410.

摘　　要

由麦格纳国际公司（Magna International Inc.）和福特汽车公司（Ford Motor Company）研发的多材料轻量化汽车（MMLV）是美国能源部 DE–EE0005574 项目的研究成果。该项目展示了五座乘用车在保证车辆性能和乘员安全的前提下的轻量化潜力。该项目已制造出了原型车，并进行了有限的整车测试。采用商用材料和生产工艺进行的 Mach-I 车辆设计可实现 364 kg（23.5%）的减重，这使其仅使用一个 1.0 L 三缸发动机即可，从而进一步明显提高了环境效益并降低了燃油消耗。

本章详细介绍了两种 MMLV 原型车辆的耐腐材料、表面处理和装配过程，并记录了两种减轻腐蚀的策略。第一种是替代性模块化表面处理的方法，第二种是传统全车身预处理和电涂的方法。整车级腐蚀试验的重点结果表明，这两种策略之间的缓蚀性能没有明显差异。

引　　言

该 MMLV 项目涉及整个车辆的替代轻量化设计。白车身（BIW）和白锁合件（CIW）结构采用了多种材料，以在保持性能属性的同时减小其质量。白车身（BIW）和白车门（DIW）结构包括铝板、先进高强度钢板、铝合金型材、铝铸件和前车门铸造镁加固件。与一般单一材料相比，这种多材料设计在防腐问题上为相关结构带来了更大的潜力。

MMLV 项目还评估了两种缓解腐蚀的策略。第一种方法，即替代性模块化策略，允许不具备大型电泳涂漆设备的供应商将部件交付给车身装配车间。该方法包括选择性预处理以及钢制构件的电泳涂漆和将其装配到铝组件上之前的工序。该预处理和电泳涂漆工序也可在完成车身最终架构操作之前用于部件模块。替代防腐策略包括在所有搭接接头和边缘表面上使用 STP（硅烷封端聚合物）空气固化可上漆级接头密封剂。在这些处理之后，我们对车辆涂底漆并用标准的低温烘烤售后汽车修补漆进行表面涂装。

第二种缓解腐蚀的策略是一种传统方法，其遵循目前典型的大批量汽车生产的车身装配和涂装车间技术。在这种传统的方法中，车身部件在组装前未进行任何缓蚀预处理或表面处理。对白车身和白车门进行完全组装后，再清洗全车身，并在预处理的基础上用磷酸盐进行处理，然后用保护层沉浸涂镀法对其进行电泳涂漆。这些处理之后，对车辆涂底漆并用标准的低温烘烤售后汽车修补漆进行表面涂装。

对于多材料结构来说，电化学腐蚀的电位问题要远大于单一材料结构的相应问题。可靠的减轻腐蚀的策略必须能够降低异种材料在存在水分时彼此接触产生的电势。如果表面处理系统不够可靠，那么局部丝状腐蚀就可能会继续发展，从而导致外观问题。丝状腐蚀是一种局部腐蚀，它通常与具有有机涂层的铝和镁合金相关。丝状腐蚀倾向于出现在高湿度的情况下（大于 75%）和略高于室温的温度下。涂后铝表面上的丝状腐蚀可能会在涂层下出现螺纹状长丝，从而导致涂层局部起泡。丝状腐蚀往往对金属的结构能力的损坏有限，但会对外观产生不利的影响（如图 1 所示）。

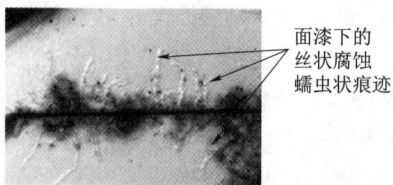

面漆下的丝状腐蚀蠕虫状痕迹

图 1　测试样品上的丝状腐蚀实例
（未出现在 MMLV 上）

在福特汽车公司的密歇根州罗密欧 MI 试验场，我们按照福特汽车公司的标准程序对两个 MMLV 原型车的防腐性进行了整车腐蚀试验。在 12 周的腐蚀试验结束后，我们对这两款车的检查表明，这两种腐蚀减轻策略都能够提供卓越的整体抗腐蚀性。然而，两车之间在某些连接处的性能还是略有不同。

白车身和白锁合件系统的材料

MMLV 项目是用市售或以前已经证明了的轻量化材料和工艺来重新设计

2013 款福特 Fusion。相对于 2013 款 Fusion，MMLV 车辆设计产生了 364 kg 的质量减小量（23.5%），同时保持了车辆的尺寸、性能、安全性和大多数其他属性。多材料白车身相对于 2013 款 Fusion 白车身可实现 76.7 kg（23.5%）的质量减小量。多材料闭锁结构相对于 2013 款 Fusion 白锁闭系统可实现 29.0 kg（29.6%）的质量减小量。

白车身设计采用 5000 系列冲压铝板、6000 系列铝合金挤压型材和 Aural 2 铝铸件。由先进高强度钢板冲压而成的选定组件被用于主要安全结构，例如：防撞轨、B 柱和某些汽车仪表板横梁。总体来说，白车身结构的质量包括 64% 的铝和 36% 的钢。图 2 所示为车身结构的材料分布。

白车门也是铝密集设计。侧门是由 5×××和 6×××系列冲压铝板、沿铰链安装面的 6×××系列铝合金挤制型材、铸铝铰链和铸镁 A 柱加强件构成的。热冲压硼钢被用于防撞梁，而软钢冲压件可以用来加强两车门的腰线区域。低碳钢也可用于 B 柱到锁扣以下的部分。低碳钢、铝板材和镁铸件组合被用于前门 B 柱和上部窗框区域。图 3 所示为白车门材料和侧门设计的亮点。

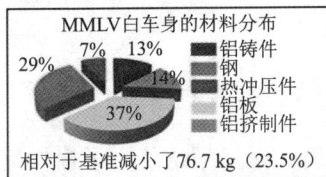

图 2 MMLV 白车身的材料和分布（见彩插）

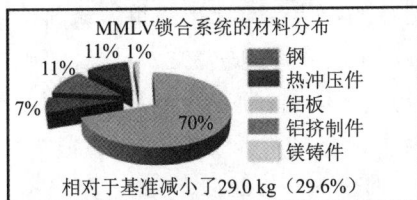

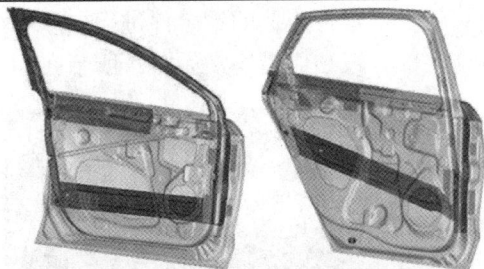

图 3 MMLV 白车门的材料和分布（见彩插）

白车身和白车门的结合方法主要依靠自冲铆钉（SPR）。因通路限制而不能使用自冲铆接的位置,可合理使用 Flow Drill Screws®、RicRac®和断开杆式结构铆钉。大多数机械接合方法都加入了结构黏合剂,以进一步提高接头性能和提供不同材料之间的非导电性阻障层。其他文献进一步详细描述了车身和车门结构,本部分不再赘述。

腐蚀减轻策略

我们制造了两个原型车,以研究多材料车身和车门结构的腐蚀减轻策略。两个抗腐蚀车辆的零件、部件和机械接合技术是相同的,只有表面处理方法是不同的。

白车身的替代策略

另一种腐蚀减轻策略使用了模块化方法,在装配全车身或车门前对组件和部件进行腐蚀处理。这种方法使供应商能够将模块化处理部件交付到最终车身构造生产线。局部处理部件和子组件可以不需要那些能够处理全白车身的表面处理设备以及相关的资本投资。

在替代腐蚀减轻策略中,许多单个零件在被连接到部件中的其他零件上之前都需要进行表面处理。所有铝铸件在装配前都需要进行阳极氧化硬化(Ⅱ型)。这个阳极氧化表面可增强与氧化物层结构的胶合并增加铸件的耐腐蚀性。

在替代腐蚀减轻策略中,组合结构胶黏剂可用于白车身总成中。对于最后构架之前要进行电泳涂漆的模块,可使用热固化黏合剂,即 Dow Betamate™ 73305。对于不需要电泳涂漆的模块,可使用与机械紧固件相一致的两组分空气固化黏合剂,即 Dow Betamate™ 73326/73327。这种相同的两组分空气固化黏合剂被用于最终车身结构构架位置。将黏合剂涂抹在稍偏于机械紧固件中心线的位置,即紧固件头部附近。这样可在金属接头内部提供圆角密封,并减少湿气凝结侵入白车身结构内部接头的可能性。

我们必须对所有将与铝零件连接的钢零件进行电泳涂漆。然后,按照典型的实际车身构造将这些部分组装成模块,如图 4 所示。

图 4　带电泳涂漆的钢座椅横构件和被连接在铝板上的通道加固件的前底板模块

在最终构造汽车底盘和最终构架之前，我们须对前端模块、车身内侧模块和车身外侧模块进行电泳涂漆，如图 5 所示。这一策略是针对具有腐蚀损坏最大可能性的模块进行电泳涂漆表面处理。图 6 所示为另一种策略的表面处理和装配过程。

图 5　电泳涂漆后，前端模块和车身内侧的模块的 CAD 效果图和照片（见彩插）

1—前端模块；2—车身内侧的模块

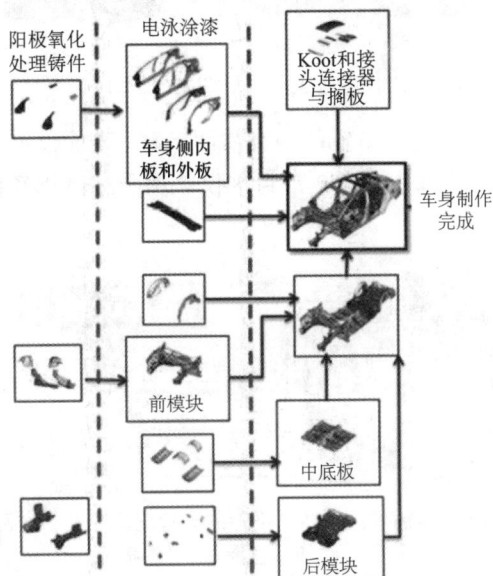

图 6　突出经过阳极化处理的铸件、钢件和电泳涂漆的选定模块的
替代腐蚀策略，以及车身总成和最终构架的流程图

白车身二次密封的替代策略

在车身完全组装后，辅助车身密封剂被用于增加腐蚀减轻策略的可靠性。另一种防腐策略即在车上使用上漆级 STP（硅烷封端聚合物密封剂）。不同于传统的 PVC（聚氯乙烯）级密封剂，STP 密封剂包含与丝状腐蚀相关联的无碳

酸盐、卤化物或亚硫酸盐。STP 密封剂具有用于填充大于 10 mm 的间隙并用作外部和内部接头密封剂的较高能力。STP 密封剂可毫不费力地耐受与二级市场烤漆工艺相关的 140 ℉高温。

STP 密封剂可用于所有处于潮湿、道路盐及其他潜在腐蚀环境中的车身接头密封。连接密封策略要求对所有对接接头、搭接接头和凸缘边缘进行封边，以减轻丝状腐蚀的风险。图 7 所示为发动机舱的二级密封。我们应当对白车身的结构区域特别注意，因为这些区域有水、灰尘和废气侵入乘客舱的潜在危险。

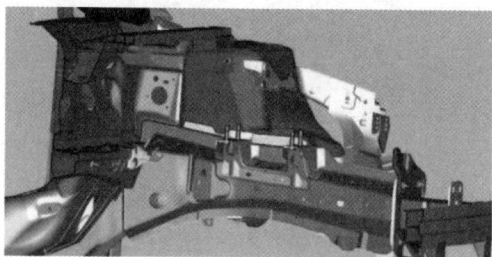

图 7　MMLV 车辆替代腐蚀策略中发动机舱二级
密封件的位置（粗红线）（见彩插）

为了进一步研究多材料车辆的腐蚀减缓策略，全面过度折边密封剂不能用于左后车门。在车身底部中，STP 密封剂仅被用于左侧铝底板与车身底部凸缘的接头，如图 8 所示。

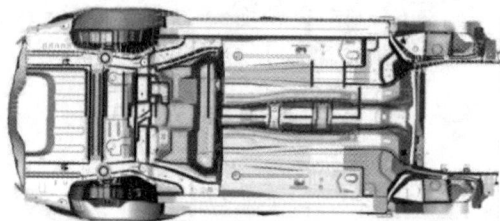

图 8　MMLV 车辆替代腐蚀策略中的车身左侧底板二次密封位置
（粗红线所示位置）（见彩插）

白车门替代策略

车门按照上述类似的工艺组装。然而在装配前，车门钢组件均不进行电泳涂漆。我们需要先对刚上漆的车门镁铸件的结合性能和耐腐蚀性进行 Keronite 等离子体电解氧化（PEO）预处理。

白车门二次密封的替代策略

在替代腐蚀减轻策略中，白车门总成使用了结构胶黏剂和密封剂的组合，如图 9 所示。其腰线区域使用了 Dow Betamate™73305 黏合剂，防撞杆使用了 Henkel Terostat®抗振颤胶黏剂/密封剂，折边法兰使用了 Lord Versilok®254/253 两组分折边胶黏剂。在电泳涂漆工艺完成之后，我们再使用 Lord STP 过度折边密封剂对其进行二次密封。

在车身和锁合系统完全组装并使用了车身辅助密封剂之后，车身和锁合系统已完成了清洗、干燥和涂漆步骤。图 10 所示为车身在制造之后和最终装配之前的工艺步骤。

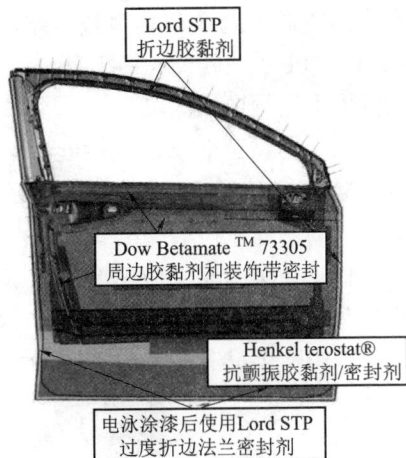

图 9　白车门的密封策略（见彩插）

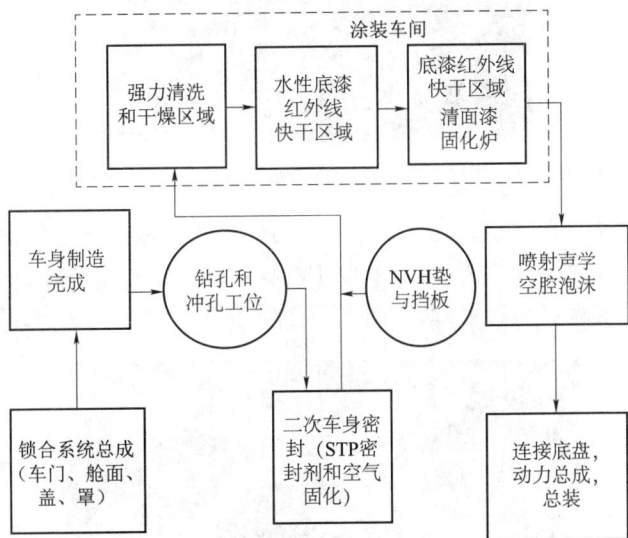

图 10　MMLV 替代腐蚀策略重点接头密封和涂装工艺的流程图

传统策略

传统的整车腐蚀减轻策略采用了目前汽车行业标准规定的工艺。在车身车间组装完成后，我们须对全车身和锁合系统进行清洗、预处理、电泳涂漆和炉中烘烤固化电涂层。随后，将传统的整车防腐原型返回喷漆车间，进行二次密封、面漆和清漆涂覆，如图 10 所示。

装配前，我们不对传统的防腐原型零件进行预处理。唯一例外的是镁铸件，为达到类似于测试车辆替代策略的结合性能及防腐性能，我们需要对其进行 Keronite PEO 预处理。铝车身铸件不需要进行阳极氧化处理。车身装配前，钢组件均不进行电泳涂漆。

除结构黏合剂以外，传统全车防腐原型的车身构造顺序和连接技术与替代防腐原型上所使用的一样。在车身组装过程中，我们对所有连接应用仅使用单组分热固化环氧树脂结构黏合剂，即 Dow Betamate™73305。

传统的防腐原型被浸没在电泳槽中，这需要进行一系列的电泳涂漆评估，并且必须确保车身区域内的排水口可使来自预处理池和电泳涂装工艺的液体不会残留在车身内，如图 11 所示。

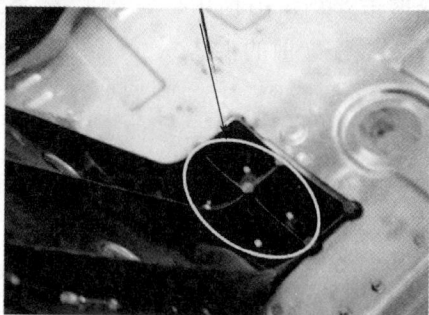

图 11   置于车身铸件铝质后导轨槽中的电泳涂漆排泄孔

在车身和锁合系统组装完成后，传统的全车防腐原型被运到福特汽车公司进行清洗、电泳涂漆和烘烤，如图 12 所示。我们按照与福特汽车公司车辆生产相同的顺序来对其进行处理。

图 12   MMLV 传统整车防腐原型处理工艺
（图片由福特汽车公司（Ford Motor Company）提供）

传统策略的二次密封

在电泳涂漆烘烤后，将传统的整车防腐原型送回到对 MMLV 进行二次密封的设备上。我们对所有车身上部和发动机舱的外部铝边缘进行密封，以防止发生丝状腐蚀。将所有支架硬件的边缘进行密封并填补缝隙，以减少潜在的水或空气泄漏的可能性。传统的防腐原型中使用了与替代防腐原型相同的空气固化二级密封，如图 13 所示。

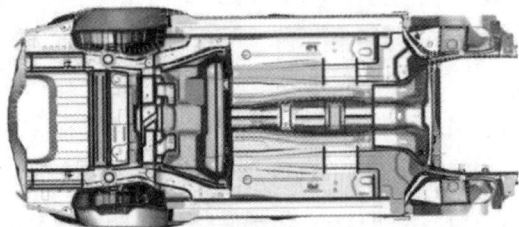

图 13 MMLV 传统车辆防腐策略车身底座的二级密封位置
（粗红线所示位置）（见彩插）

用与替代防腐原型的底漆和面漆相同的涂装方式，并在同一设施中，对传统防腐原型涂装底漆和面漆。虽然这两种车辆的腐蚀减轻和表面处理策略有所不同，但可得到同样的面漆。

车辆腐蚀试验

福特汽车公司（Ford Motor Company）在密歇根州的试验场上按照福特汽车公司标准中的整车加速腐蚀试验方法对这两种防腐原型车进行了测试。12周腐蚀试验的结果相当于 6 年在强腐蚀环境下使用时所产生的结果。用试验结束时的腐蚀性能确认车辆十年以及更长服务时间的耐久性。

试验结合了各种路面状况和根据升温时的可控湿度计划调节的人工气候室曝露条件下的行驶。在测试过程中，我们需要按照预定时间间隔检查车辆。在测试结束后，我们对两车进行了检查，并将车身拆开，以检查封闭部分的内部、接头和外涂装表面可能出现的腐蚀。在下面的章节中，我们提出了一些与测试车辆相关的意见并比较了两种防腐策略。

替代车辆车身底部的密封

减少替换测试车辆上的密封剂用量是为了评估对这些外部接头所使用的密封剂的要求。图 14 所示为左侧电泳涂漆车身底部所使用的黑色密封剂以及左侧及右侧车轮罩指定使用的全密封剂。

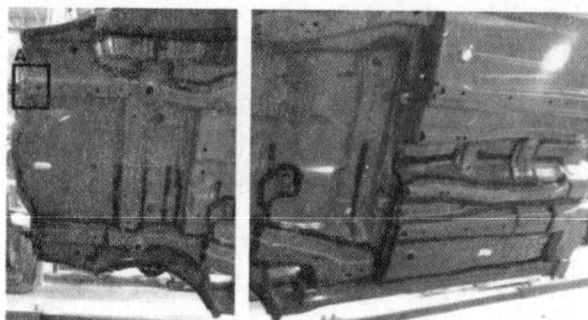

图 14 仅用于替代腐蚀试验车辆左侧底板接头的车身底部接头密封剂

（请注意：区域 A 是镀锌钢板支架连接铝纵向导轨的位置）

通常情况下，在测试中，全铝合金接头在无车底接头密封剂的情况下表现良好。我们没有观察到电泳涂漆的过度钻蚀或对铝接头的明显腐蚀。小镀锌钢托架与铝后导轨在图 14 所示的位置 A 处连接在一起。双金属连接导致在此接头处的腐蚀增加，其右侧未密封连接明显比左侧密封连接具有更大的腐蚀活性，如图 15 所示。

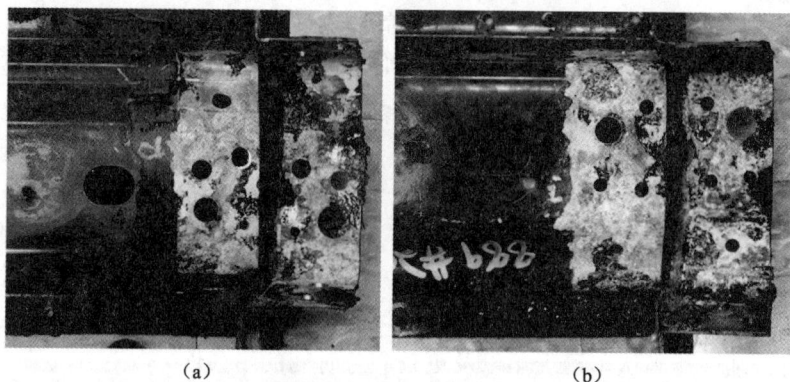

（a）   （b）

图 15 腐蚀试验后的铝合金导轨至镀锌钢板托架搭接接头

（a）接头上带密封剂的左侧；（b）接头上无密封剂的右侧

我们在未密封的右侧零件上钢制部分的搭接区域内观察到红色锈蚀有所增加。在右侧零件上观察到铝轨电涂层的钻蚀，但左侧没有，其中的接头密封剂有效地将该边缘与周围环境隔绝。本实例说明了暴露于腐蚀性环境下车身区域中的混合金属接头的可靠密封临界性或替代隔绝策略。还要注意的是，用黏合剂改善搭接接头的填充可以降低结合区域受腐蚀的程度。

镁铸件

在腐蚀试验后，我们从前方左车门上（车内位置参照图 3）拆下镁铸件，如图 16 和图 17 所示。

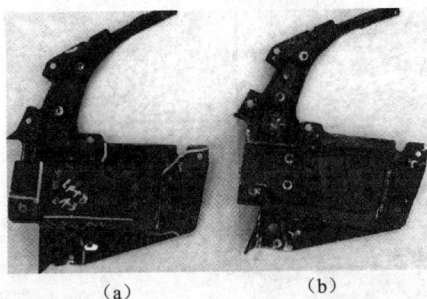

图 16　腐蚀试验后的镁铸件；

（a）传统策略；（b）替代策略

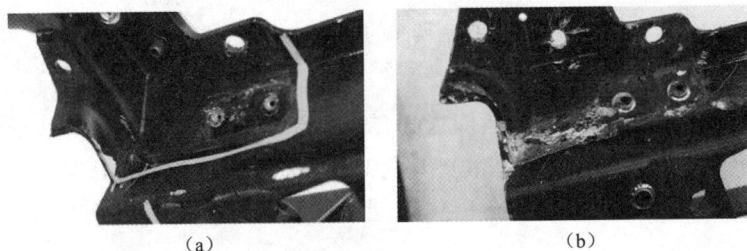

图 17　腐蚀试验后的镁铸件的详细视图

（a）传统策略；（b）替代策略

零件的详细评估向我们展现了装在替代策略测试车辆上的铸件在湿气侵入位置所产生的镁腐蚀活性的影响。

铝铸件

如前面所述，在白车身组装之前，我们不对传统策略的铝铸件进行阳极化处理。因此，对比两车结构类型的铸件防腐性能将变得非常有趣。图 18 所示为腐蚀试验后两车的减震架圆顶铸件。

图 18　腐蚀试验后两车的减震架圆顶铸件

（a）传统策略；（b）替代策略

零件的视觉评估说明它们普遍具有出色的整车抗腐蚀性。托架附件接触区域的详细评估表明，替代策略的零件有一定的腐蚀活性，如图 19（b）所示。这种在性能上的差异可能是由于应用了不同的黏合剂导致的，而与预处理类型无关。

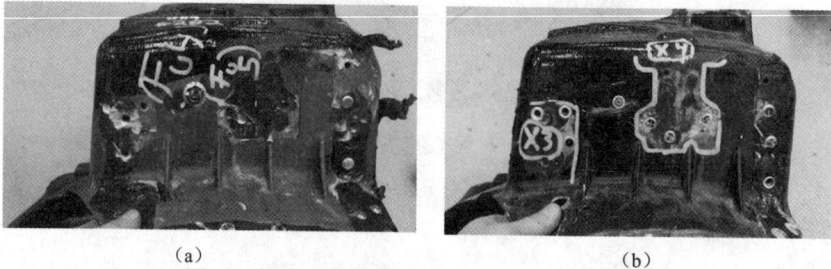

图 19　腐蚀试验后两车的减震架圆顶的详细视图
(a) 传统策略；(b) 替代策略

从中可以看出减震架圆顶顶部与铸件接触的安装底面的腐蚀活性，如图 20 所示。其中的阳极氧化和非阳极氧化零件都表现出腐蚀活性，但根据目视评估，我们可从装配在传统 MMLV 上的非阳极氧化零件上观察到腐蚀影响有所增加。

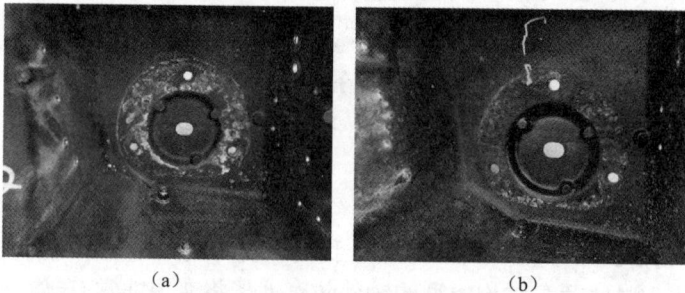

图 20　减震架顶部装配接触面内侧的详细视图
(a) 传统策略；(b) 替代策略

我们需要进一步分析，以研究此区域内两铸件的相对性能。

硬件选择

我们需要仔细选择紧固件材料和涂层，以避免由于车身面板暴露于环境下而产生的早期腐蚀。传统策略测试车辆的车身底座就是硬件选择不当的一个例子，如图 21 所示。在试验结束时，我们可通过明显的大量腐蚀产物和电涂层脱层现象观察到铝板的快速腐蚀产生的影响。

图21　由于硬件材料选择不当而使电泳涂漆
铝质车身底部面板受到严重腐蚀

腐蚀测试概要

由于采用了将涂装预处理和广泛的密封相结合的强大防腐蚀保护策略，这两款车都表现出了优异的整车耐腐蚀性。暴露于环境下的某些多材料接头（镀锌钢与铝）要求诸如在传统的左侧车身底板和替代车身底部所实施的附加局部接头密封，以避免过度腐蚀。然而，对于接头内使用了黏合剂和内部接头上的接头密封剂以及装配在白车身上进行了预处理的全铝制接头，除车身底部接头密封外，都达到了可接受的抗腐蚀性能。在诸如螺栓和垫圈等硬件材料选择不当的某些实例中，这会导致铝底板受到快速腐蚀的影响，这也说明了对混合材料接头进行适当的材料选择和表面处理的重要性。

总　　结

MMLV 项目评估了两种减轻腐蚀的策略。因为多材料车身结构具有发生电腐蚀和丝状腐蚀的可能性，所以必须对其进行预处理，并通过有机涂料和辅助密封措施来阻挡道路盐和水分的入侵。

MMLV 替代性模块化腐蚀策略和 MMLV 传统整车腐蚀策略都在整车加速腐蚀试验中得出了可接受的结果。

MMLV 替代性模块防腐策略使得不具备大型电泳涂漆设备的供应商可将部件交付给车身装配车间。这为整合到全车身结构的车身模块的生产和加工提供了灵活性。

当然，我们还需要注意所有多材料接头的表面处理细节，以实现可接受的缓蚀性能。

参 考 文 献

［1］ Conklin, J., Beals,R. and Brown ,Z.. "MMLV: BIW Design and CAE," SAE Technical Paper 2015-01-0408. 2015, In Press.

［2］ Plourde, L, Azzouz, M. and Wallace, J.. "MMLV: Door Design and Component Testing," SAE Technical Paper 2015-01-0409, 2015, In Press.

致 谢

感谢麦格纳国际公司（Magna International Inc.）和福特汽车公司（Ford Motor Company）研究高级工程部的同事们，他们对 MMLV 项目的设计和研究给予了无私的帮助。另外有 100 多名科学家和工程师对这个项目做出了贡献。最后，感谢美国能源部车辆技术办公室的支持与持续的指导和审核。

免 责 声 明

本章是基于美国能源部（DOE）国家能源技术实验室（NETL）所资助的决标编号为 DE-EE0005574 的论文集。

本章根据美国政府机构所发起项目的工作成果编写而成。无论是麦格纳国际公司（Magna International Inc.)、福特汽车公司（Ford Motor Company）或者美国政府，还是其下属任何机构或任何员工对本章所表述的任何信息、设备、产品以及工艺应用的准确性、完整性或有用性，以及其他没有侵犯私有权的表述不作任何保证（无论是明示、暗示还是承诺），并且也不承担相关的任何法律责任或义务。本章中通过商品名称、商标、制造商或以其他方式提及的所有具体商业产品、工艺或服务，并不代表美国政府或其下属任何机构指定或暗示对其予以认可、推荐或支持。作者在文章中的表述并不一定代表或反映美国政府或其下属任何机构的观点和看法。这种支持并不代表能源部对作品或所表述意见的认可。

MMLV：车辆耐久性设计、仿真和测试

2015-01-1613

2015 年 4 月 14 日发表

尼基尔·保拉尔（Nikhil Bolar）和托马斯·布克勒（Thomas Buchler）

麦格纳国际公司（Magna International Inc.）

艾伦·李（Allen Li）和杰夫·华莱士（Jeff Wallace）

福特汽车公司（Ford Motor Company）

引文：Bolar, N., Buchler, T., Li, A.,和 Wallace, J.，"MMLV：*车辆耐久性设计，仿真和测试*"，SAE 技术论文 2015-01-1613，2015，doi：10.4271/2015-01-1613.

摘　　要

由麦格纳国际公司（Magna International Inc.）和福特汽车公司（Ford Motor Company）研发的多材料轻量化汽车（MMLV）是美国能源部 DE-EE0005574 项目的研究成果。该项目展示了五座乘用车在保证车辆性能和乘员安全的前提下的轻量化潜力。该项目已制造出了原型车，并进行了有限的整车测试。采用商用材料和生产工艺进行的 Mach-I 车辆设计可实现 364 kg（23.5%）的减重，这使其仅使用一个 1.0 L 三缸发动机即可，从而进一步明显提高了环境效益并降低了燃油消耗。

对开发车辆结构性能评估的三个关键要求是 NVH、耐久性和安全性。本章介绍了通过白车身结构、副车架和锁合系统设计 CAE 仿真以及福特汽车公司在密歇根州试验场进行的全车领域耐久性试验对 MMLV 设计和原型进行的耐久性评估。车辆耐久性试验可以确保原型符合福特汽车公司（Ford Motor Company）相当于 150 000 mile 耐久寿命的标准，而 CAE 仿真为我们提供了耐

久性图，以协助现场进行的试验研究。

引　　言

通过对整车系统耐久性事件的有限元模拟可以得到实质的数据，从而有效降低产品开发周期中的成本。目前，有许多可用于全局性评估车辆耐久性的不同建模方法和分析程序。可靠的设计、设计中的灵活变通以及模拟结果的可靠性和良好的相关性都需要一个稳定的功能性程序，从而评估车辆的耐久性。

我们为 MMLV 耐久性车辆评估了包括车身结构、悬挂部件、锁合系统、底盘部件和如点焊、铆接及滚焊接头等在内的组件的疲劳寿命。可以使用应力寿命（SN）或应变寿命（εN）等不同的计算机辅助工程（CAE）方法对疲劳寿命进行评估。SN 方法是利用线性应力或应变来估计组件在高疲劳循环下的结构；而 εN 方法被用于其中负载为应变张量的弹性和塑性部件的低疲劳循环中。我们采用 nCode[1]/ NASTRAN[2]的应变寿命方法来评估开发阶段的疲劳结构完整性；利用福特汽车公司内部动态疲劳仿真软件 FDYNAM[4]/ NASTRAN的应力寿命方法来评估 MMLV 原型车辆的最终评估用结构。本章讨论了耐久性测试程序的方法和评估以及用于评估 MMLV 车辆的测试问题。

汽车耐久性分析

结构设计

我们对 2013 款福特 Fusion 基准车辆的车身、底盘、悬挂、锁合系统和保险杠系统都用包括铝、镁和先进高强度钢在内的可实现轻量化计划目标的不同材料进行了重新设计。二者的破坏对比图如图 1 所示。前副车架是硬装配到车身上的，相比之下，其在基准车辆中是分离的系统。因此，所有的白车身分析都是在包括硬装铝副车架的结构系统上进行的。然而，对铝副车架的分析是在有限元系统内通过车身一致建模在远程条件下进行的。图 2 所示为原始在产副车架和 MMLV 铝副车架之间的对比图。

用铝和嵌件材料重新设计的 Fusion 包括多项使用不同制造工艺的复杂的工程技术改进，以确定适当的负载路径、连接配置和便于进行可行性研究。铸件被并入零件众多的区域，从而取消了一些冲压件和接头。同样，我们用挤制件替代了带加强筋的部件。这也证明了这些技术改进在简化模具和装配成本方面的显著贡献。麦格纳卡斯马国际公司有制造工艺和工程技术方面的能力来生产这些复杂的设计。尽管如此，由于防撞性和与强度相关的负载情况对其性能的要求，一些钢制构件仍在设计中具有保留价值。

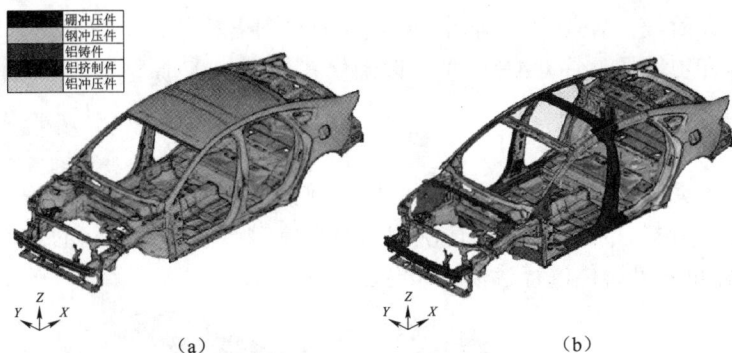

图 1　白车身：Fusion 与 MMLV 对比（见彩插）

（a）2013 款 Fusion；（b）MMLV 原型

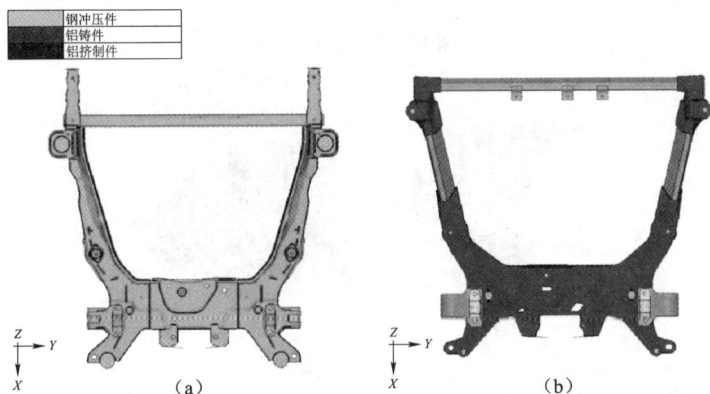

图 2　前副车架：Fusion 与 MMLV 对比（见彩插）

（a）2013 款 Fusion；（b）MMLV 原型

MMLV 车辆不同材料之间的接头成功地使用了诸如自冲铆钉（SPR）、单向自攻螺钉、铆接结构和粘接等几种目前行业中常用的方法。用黏合剂结合机械紧固件可使两种或更多种材料之间的负荷分布更合理，从而在车辆承受公路上的反复耐久性载荷时减少其接头内部及其周围潜在疲劳热点的数量。

耐久性模型

我们开发的全内饰车辆模型可用于分析结构系统的疲劳完整性。全内饰车身模型包括除车辆发动机和排气系统以外的簧载质量。除了白车身和副车架之外，MMLV 车辆还有若干个轻量化组件，例如：

（1）挡风玻璃和车窗用混合夹层玻璃；

（2）铝锁合系统和保险杠系统；

（3）碳纤维复合材料仪表板和座椅结构；

（4）其他模块。

在开发阶段，MMLV 内饰车身模型包括通过各个模块估算的质量减小量。我们验证和更新了最终 CAE 模型，以确保其与 MMLV 原型车的一致性。

建模方法

不同单元的公式被用于组件模型中。我们用一阶二维壳单元对平面板材和挤制件进行建模，根据其应用情况用带有非常精细与平均粗网的一阶和二阶 3D 四面体单元对铸件进行建模，如图 3~图 5 所示。

（a）　　　　　　　　　　（b）

图 3　铝挤制件摇杆
（a）原型；（b）有限元模型

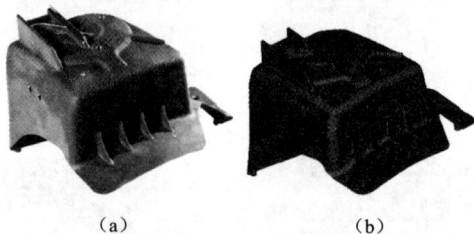

（a）　　　　　　　　　　（b）

图 4　铸铝减震架
（a）原型；（b）有限元模型

（a）　　　　　　　　　　（b）

图 5　铸铝前降挡机构
（a）原型；（b）有限元模型

采用点焊模型中所使用的标准 ACM 方法对所有 SPR、自攻螺丝、结构铆钉进行建模。为了评估接头，我们在一个单独的模型中使用节点到节点的 CBEAM[2]单元。焊缝用一阶壳单元建模。粘接材料用带负载分布 RBE3[2]单元的六方体—三维单元的黏合带进行建模。一些非结构模块均被表示为标量质量单元。我们还检查了接头组装期间的层叠顺序，以匹配配偶件。

图 6 所示为白车身总成有限元与原型结构的对比。图 7~图 9 所示为 MMLV 原型和仿真模型之间某些突出区域的比较。有限元结构系统验证了与原型车的匹配。

（a）

（b）

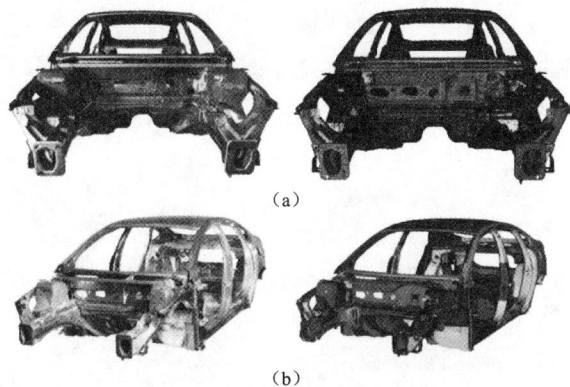

图 6　MMLV 白车身（见彩插）

（a）原型；（b）有限元模型

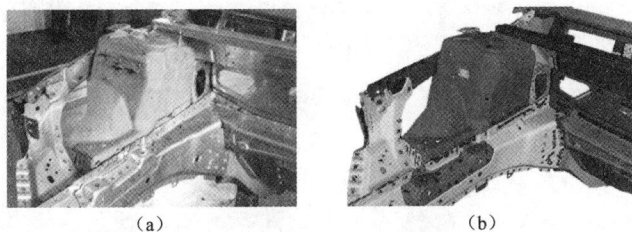

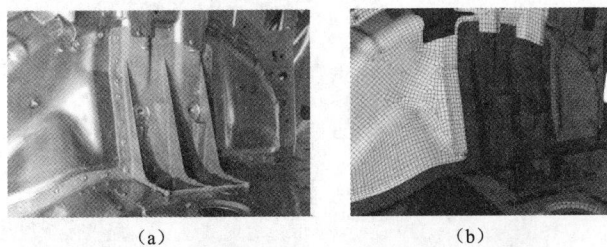

（a）　　　　　　　　　　　　　　　（b）

图 7　前端右侧（见彩插）

（a）原型；（b）有限元模型

（a）　　　　　　　　　　　　　　　（b）

图 8　B 柱/摇杆接头（见彩插）

（a）原型；（b）有限元模型

（a）　　　　　　　　　　　　　　　（b）

图 9　后轮罩（见彩插）

（a）原型；（b）有限元模型

我们还使用 Abaqus[5] / nCode[1]和某些先前编制的程序在子系统层面分析了前副车架结构的完整性。此过程还允许为进行详细的疲劳分析而将副车架中的焊缝作为具有热影响区（HAZ）及其相关属性的固一连接触进行建模。

荷载条件

我们还开发了带锁合系统的全内饰白车身（BIW）模型，以模拟用以评估耐久性负荷下结构系统完整性的簧载质量（不包括发动机和排气系统）。

其加载点包括支持车辆簧载质量的位置。图 10 中标明了这些点的位置（红色点指示位置），其具体位置及数量如下：

（1）前副车架车身托架（4 处）；

（2）前置发动机支架及侧倾限制器（2 处）；

（3）前减震架及弹簧支架（2 处）；

（4）前副车架在车身托架（4 处）；

（5）后避震架（2 处）；

（6）后弹簧支架（2 处）。

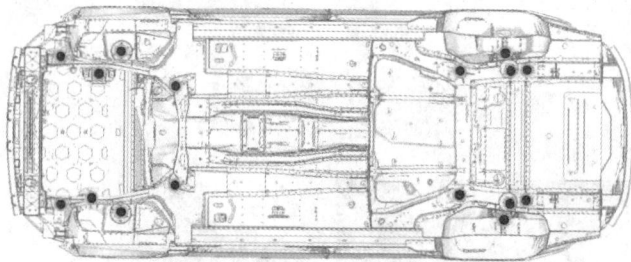

图 10　MMLV 荷载位置（车身底部视图）

为观察整备白车身系统的响应（见图 11），我们在这些位置的所有方向施加单位荷载，然后观察其响应以及道路负载数据。

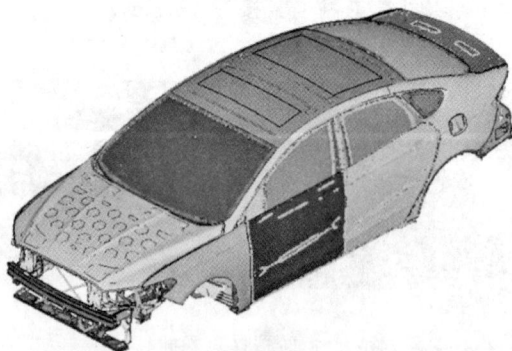

图 11　MMLV 整备车身原型模型（见彩插）

一组由试验场测得的及为 2013 款 Fusion 开发的"道路负载—力"随时间变化的分析可通过按 MMLV 原型质量减小近似标定的负载用于 MMLV 耐久性分析。但是，在通过按 MMLV 原型质量减小近似标定的负载进行的副车架耐久性分析中使用了一组专为 2013 款 Fusion 副车架耐久性分析开发的通用耐久性设计载荷（GEDL）。

我们使用 Nastran 进行模态瞬态响应分析[3]，以获取系统对单位负荷的响应。然后，根据初期 Nastran 分析得到的结果连同用 nCode 进行的道路荷载分析（ARL）（55 通道）可计算出合成应力和应变水平以及随后的疲劳寿命。由于 ARL 来自较重的捐赠测试车，因此我们采用了约 0.75 的比例系数以适应车辆质量的减小。相应的疲劳性能是与基于 nCode 内材料清单上的零件相关的。

此分析有两种不同的称重条件。这两者之间的主要区别是用以模拟满载车辆而在后底盘上加载的质量。我们针对每种情况，重复这些分析 150 次。两个不同的负荷条件组合构成了"一个使用寿命周期"。该项目的目标是使结构的疲劳性能大于"一个使用寿命周期"。

我们预选了几个关键的参数，以评估结构中的累积损伤。临界面方法可以确定沿最具破坏性平面的应力张量，以明确多轴向循环载荷经历对材料疲劳寿命的影响。

莫罗平均应力校正被用于计算从由其所生成疲劳曲线的全反向实验室试验中得到的平均应力和应力振幅的变化。开裂对平均应力的敏感度比压应力更高。

由于 CAE 分析是线性的，我们在 Nastran 中计算出应力，并且看出不同通道重叠的应力仍然是线性的。Neuber 校正被用于将纯弹性应力映射成弹塑性应力和应变当中。我们在弹性曲线上扫描线性应力然后予以校正，再将其反映到循环应力—应变响应中，从而获得弹性塑料部件。然后在 εN 曲线上找到弹塑性应变，以评估其损坏情况。

福特汽车公司的内部方法

我们按照福特汽车公司 CAE 惯用程序进行了车身结构与前副车架的耐久性分析。我们使用福特汽车公司基于 DYNAM[4, 5]（Fatigue DYNAMic（动态疲劳））、Nastran[2]开发的疲劳分析软件对车身结构以及前副车架进行耐久性分析。

FDYNAM 用动态法模拟结构随时间变化的输入受力。现将进行基本应力分析和疲劳寿命预测的四个步骤总结如下：

（1）对结构进行 NASTRAN 模态分析（解决方案 103），以获取模态应力。

（2）进行 NASTRAN 模态瞬态响应分析（解决方案 112），以记录每个样品事件的模态位移并获得单元应力分布信息和所有样本事件临界单元随时间变化的应力。

（3）在 FDYNAM 内通过组合样本事件与迭代因子运行"选择临界疲劳单元"，以获得临界单元列表。

（4）在 FDYNAM 中运行"疲劳分析"，以获得承受所有事件载荷下的疲劳寿命（在耐久性路线中通过）。

FDYNAM 基于线性应力分析和疲劳寿命预测。其分析结果提供了一个中等置信水平，以预测结构特性并识别潜在的耐久性问题。对于 FDYNAM 的应用和理论背景的更多细节，请参见本章参考文献［4］和［5］。

耐久性模拟结果

许多设计改进是在开发阶段进行的。由于 MMLV 车辆使用 2013 款 Fusion 尺度的道路载荷数据，所以其某些结构带被认为是以保守的方式进行评价的，其中的一个例子如图 12 所示。我们对线性应力进行了分析，以评估减震架铸件的性能和以最小质量权衡局部热点的重新设计。图 13 和图 14 所示的附加例子展示了后导轨铸件和后部杂物箱区域的设计改进。

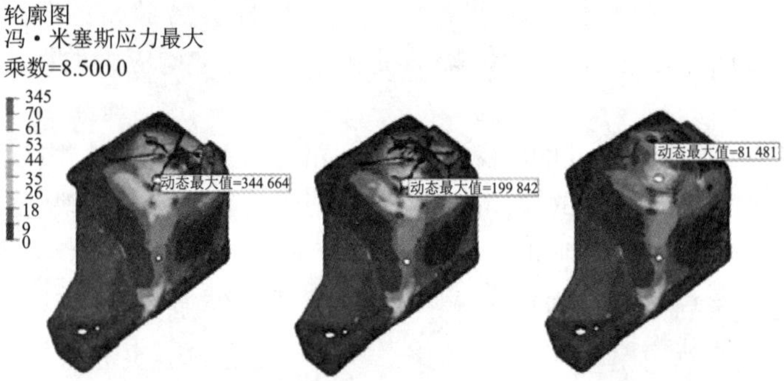

图 12　减震架架底座的表面改进与应力（见彩插）

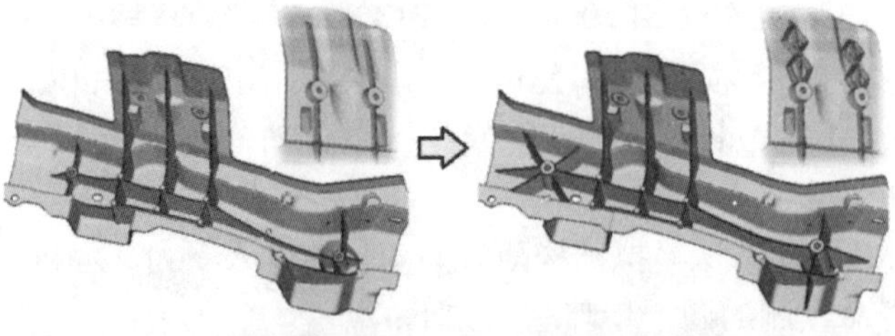

图 13　后导轨铸件的设计改进（见彩插）

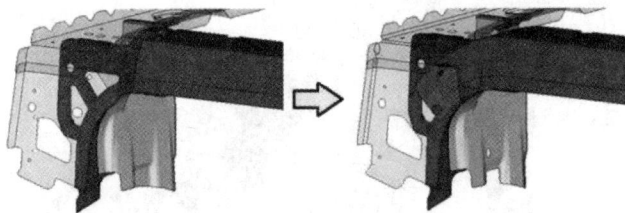

图 14　后杂物箱结构的设计改进（见彩插）

由于 MMLV 原型车中出现了多种材料，而且我们在 FDYNAM 设置中指定了疲劳计算的临界应力极限，并对钢类部件以及铝和镁类部件分别运行两次 FDYNAM。通过耐久性分析，我们总结了车身结构的一些潜在耐久性问题。钢座椅横向构件和动力总成安装托架显示了组件凹槽和半径上的较小的潜在问题，如图 15 和图 16 所示。虽然预测的疲劳寿命不小于一个周期，但估计这些热点不大可能会出现，因为它们是目前在产的零件并已通过了 2013 款 Fusion 的耐久性试验。然而，为了谨慎起见，我们应将它们列入观察名单并在物理测试过程中进行定期检查。

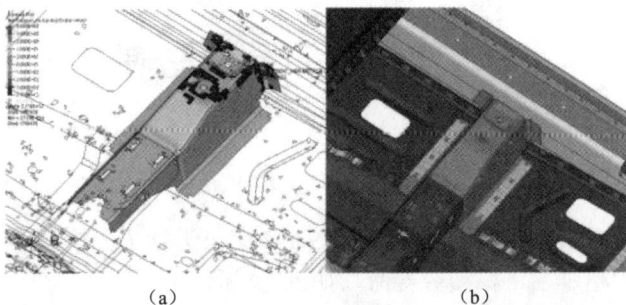

（a）　　　　　　　　　　　　（b）

图 15　预测座椅安装横梁具有 0.5 的最低寿命（见彩插）

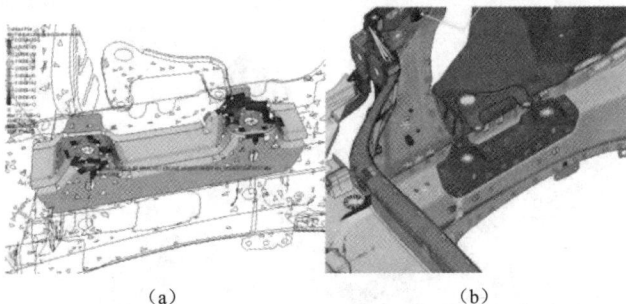

（a）　　　　　　　　　　　　（b）

图 16　预测前置式发动机悬置装置（右侧）具有 0.5 的最低寿命（见彩插）

图 17 和图 18 所示为铝部件的耐久性测试结果。除了几个位于前保险杠安装区域的次要潜在问题外，大部分车身结构都达到了疲劳寿命的目标。这与从

FDYNAM 所获得的结果实际上是对称的。

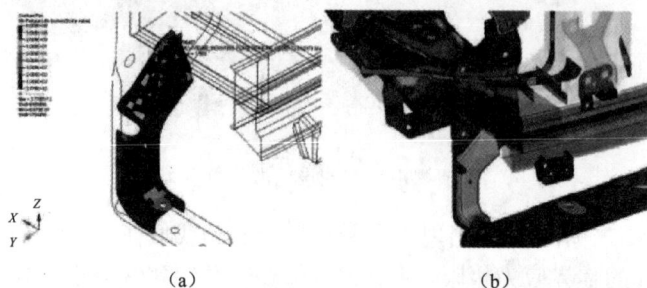

（a）　　　　　　　　　　　　　（b）

图 17　预测保险杠加固安装支架具有 0.66 的最低寿命（见彩插）

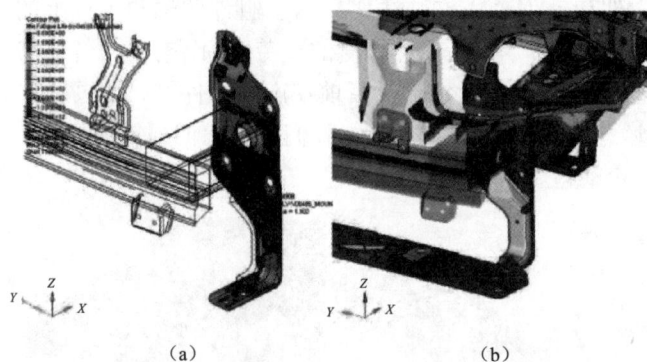

（a）　　　　　　　　　　　　　（b）

图 18　预测保险杠安装支架具有 1.1 的最低寿命（见彩插）

　　我们通过 GEDL 对前副车架 FDYNAM 结果进行了分析，确认了副车架的最低寿命大大超过了目标疲劳寿命，如图 19 所示。

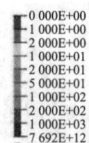
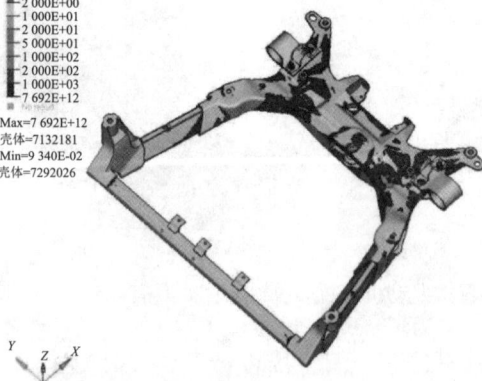

图 19　预测前副车架疲劳寿命超过 2.0（见彩插）

实车耐久性试验

福特汽车公司开发的车辆须通过福特汽车公司标准所规定的实车耐久性
试验，以确保车辆具有客户所需的耐用性。此快速试验程序的目的是产生与客
户行驶 150 000 mile 等效的损坏。我们制造了一辆如图 20 所示的 MMLV 原型
车并送往在密歇根州罗密欧的密歇根汽车试验场（MPG），如图 21 所示。测试
工程师和技术人员驾驶这辆车通过一组起伏不平的道路，例如：共振路、鹅卵
石路、山路、铁路公路道口、过弯、路缘防撞岛、泥泞道路、颠簸道路、不平
整路面上的凸起处、积水的驾驶砂石路面和丘陵等耐久性测试道路。此耐久性
试验程序中使用了超过 20 种不同的路况。图 22 所示为一些在 MPG 进行的乘
用车耐久性试验中使用的起伏不平的道路。这个耐久性试验历时十周，已于
2014 年 10 月结束。

图 20　MMLV 原型车

图 21　福特汽车公司（Ford Motor Company）的密歇根试验场（密歇根州罗密欧）

图 22 从密歇根汽车试验场选定的道路类型
（a）共振公路；（b）铁路道口；（c）路缘碰撞；
（d）鹅卵石路；（e）过弯；（f）泥泞道路

MMLV 原型车通过了实车测试，并且其车身和副车架上没有出现结构性问题，但出现了一些非结构性的小事故。多材料车身和底盘结构按顺序通过了福特汽车公司的标准耐久性试验。我们对试验后的车辆进行了仔细的吊升检查，以检查其可能存在的所有问题。如图 23～图 25 所示的照片记录显示了车辆无重大事故和它存在的若干非结构耐久性问题。

图 23 对 MMLV 车辆耐久性的吊升检查

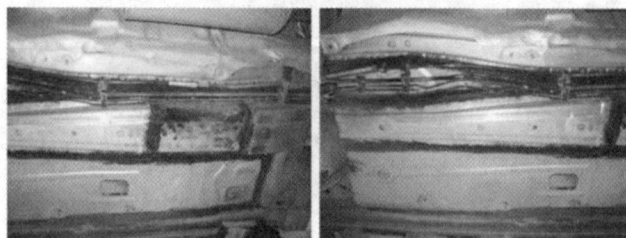

（a）   （b）

图 24 MMLV 车身底部无事故

（a）　　　　　　　　　　（b）

图 25　MMLV 前副车架无事件

耐久性事故

我们研究了在车辆上发生的几起非结构性事件，下面列出了它们在所记录的所有事件中所占的大致比例。

（1）后稳定杆支架螺栓开裂占 85%，这个在产零件已在构造过程中被反复去除并重新安装（见图 26）。

（2）后中空钢稳定杆开裂占 90%，这在意料之中，因为我们所选择的杆的尺寸略低于性能要求（见图 27）。

（3）前铝热喷镀制动盘的涂层降解占 90%。

（4）左前下方软化球节占 95%，我们从这个在产零件可以看出，由于车轮较薄因此其具有更高的负荷。

（5）左前门化学硬化夹层玻璃破裂占 95%。

（6）左后门化学硬化夹层玻璃破裂占 95%。

（7）左后门化学硬化夹层玻璃破裂占 100%。

185

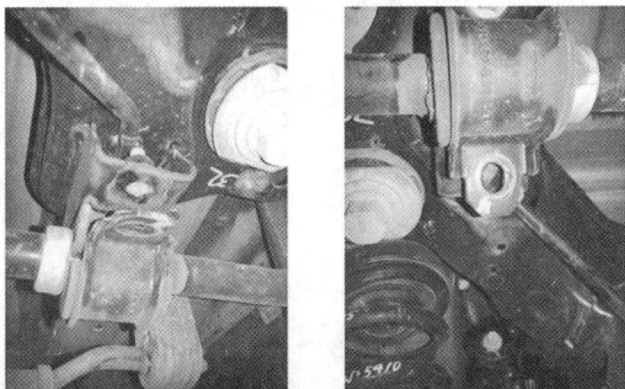

（a）　　　　　　　　　　（b）

图 26　后稳定杆支架事件

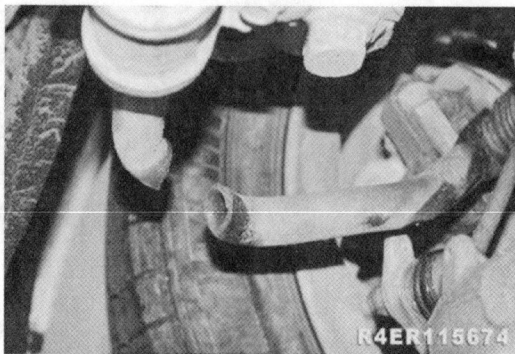

图 27　后稳定杆事件

总　　结

轻量化策略在 MMLV 项目中的顺利实施造就了耐用的车辆。

钢制车辆设计的质量减小是可以实现的，但需要利用多种轻量化材料，以满足范围广泛的结构性能要求。

MMLV 原型的耐久性分析和实车试验已经证明，在车身和底盘系统中采用先进的轻量化材料是可行且可取的。

虽然使用线性应力分析（Nastran/Abaqus）和疲劳寿命预测（nCode/FDYNAM）有一定的局限性，但其仍是进行整车模型耐久性分析的主要技术之一。它具有评估结构耐久性特性的能力，且对于 A-B 比较来说，对产品开发仍有价值。如果 CAE 建模技术在模拟制造过程方面变得更有能力和效率，且具有一个非线性解算器和更强大的处理大系统模型的计算设备，工程师就能够期望更精确地评估和预测大系统模型的耐久性特性，并降低将来的开发成本和时间。

由于 MMLV 车辆的结构中没有出现大的耐久性问题或开裂事故，其道路负荷数据的采集将有益于在进一步减小质量和其他负载情况下的策略权衡。

参 考 文 献

［1］　HBM-nCode, Inc., *DesignLife* User Guide.

［2］　MSC Software Corporation, *MSC/MD Nastran Quick Reference Guide*, 2011/2013.

［3］　MSC Software Corporation, *MSC/MD Nastran Dynamic Analysis User Guide*, 2011/2013.

［4］　Huang Liping, Agrawal Hari. *User Manual of Fatigue with DYNAMics (FDYNAM) for Vehicle Durability CAE*, Oct. 2000, Ford internal software.

［5］ Huang, L., Agrawal, H., and Victor Borowski. V" "Dynamic Analysis of a Vehicle Body Structure Using Modal Transient Method," *19971MAC XV-15 th International Modal Analysis Conference.*

［6］ Dassault Systemes, *Abaqus 6.12/6.13 Keywords Reference Manual*, 2012.

致　谢

感谢麦格纳国际公司（Magna International Inc.）和福特汽车研究高级工程部的同事们，他们对 MMLV 项目的设计和研究给予了无私的帮助。另外有 100 多名科学家和工程师对这个项目做出了贡献。最后，还要感谢美国能源部车辆技术办公室的支持和持续的指导和审核。

免 责 声 明

187

定义/缩写

ACM——面接触法
RBE2/RBE3——刚体单元公式 1&2，MSC Nastran 软件[2]
CBEAM——梁单元公式，MSC Nastran 软件[2]

MMLV：碰撞安全性能

2015 年 4 月 14 日发表

陈易蓉（Yijung Chen），德里克·博德（Derek Board），奥马尔·法鲁克（Omar Faruque），
科特尼·斯坦卡特（Cortney Stancato）和詹姆斯·郑（James Cheng）
福特汽车公司（Ford Motor Company.）
尼基尔·保拉尔（Nikhil Bolar）和斯瑞威得雅·安南德瓦里（Sreevidhya Anandavally）
麦格纳国际公司（Magna International Inc.）

引文：Chen, Y., Board, D., Faruque, Stancato, C.等人"MMLV：碰撞安全性能"，
SAE 技术论文 2015-01-/1614，2015，doi：10.4271/2015-01-1614.

版权所有© 2015 SAE 国际

摘　　要

由麦格纳国际公司（Magna International Inc.）和福特汽车公司（Ford Motor Company）研发的多材料轻量化汽车（MMLV）是美国能源部 DE–EE0005574 项目的研究成果。该项目展示了五座乘用车在保证车辆性能和乘员安全的前提下的轻量化潜力。该项目已制造出了原型车，并进行了有限的整车测试。采用商用材料和生产工艺进行的 Mach-I 车辆设计可实现 364 kg（23.5%）的减重，这使其仅使用一个 1.0 L 三缸发动机即可，从而进一步明显提高了环境效益并降低了燃油消耗。

本章介绍了 MMLV 原型车在两种正面碰撞模式下的结构碰撞性能结果。这两种碰撞测试分别为新车评估计划（NCAP）规定的全正面刚性障碍物碰撞测试和高速公路安全保险协会（IIHS）要求的适度重叠正面碰撞测试。两个测试的结果都很令人满意，并且通过这两个测试，我们对在当前 MMLV 原型车辆中所安装的各种轻量化结构的性能进行了评估。

引　言

　　汽车制造商们正在研究能够满足未来预期的企业平均燃油经济性（CAFE）要求的潜在设计方法，减小车辆质量就是其中的一种方法。车辆车身结构的轻量化提升了汽车的综合效益，即质量更小使得其可使用更低版本的动力系统，这又反过来进一步减小了质量。

　　MMLV 项目反映了混合轻量化材料的设计策略。麦格纳国际公司（Magna International Inc.）和福特汽车公司（Ford Motor Company）作为该项目的合作伙伴，而能源部作为政府赞助商于 2012 年开始了该项目。福特汽车公司（Ford Motor Company）和麦格纳国际公司（Magna International Inc.）已经对轻量化车辆和组件进行了多年的研究[1~11]。这个 MMLV 项目包含采用轻量化结构的几种设计方案，例如：使用挤制铝材、铸铝、冲压超高强度钢（UHSS）、短切碳纤维复合材料和编织碳纤维复合材料。这些方案实现了将车辆质量减小23.5%和在 CAE 模拟中满足选定的 NVH、耐久性和安全性要求。

　　我们对其进行了物理碰撞试验，以确认 MMLV 设计在 NCAP 和 IIHS 模式下的正面碰撞测试性能。我们为了评估结构性能和车辆减速度信息选择了这些测试模式，并且也对 MMLV 原型车中所实施的各种轻量化结构性能进行了研究。

MMLV 结构

　　我们在 MMLV 正面碰撞试验中对一些设想的轻量化结构进行了评价，如图 1 所示。

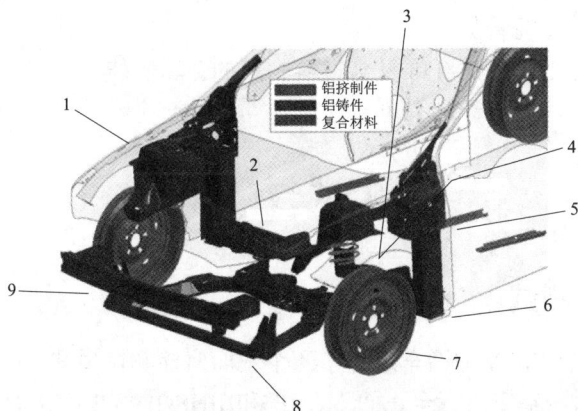

图 1　MMLV 轻量化结构的布局图（见彩插）

1—减震架；2—扭矩盒；3—螺旋形弹簧；4—A 柱铰链加固件；5—座椅调节导轨；6—A 柱；
7—复合材料车轮；8—副车架；9—前保险杠和抗撞压罐

189

（1）挤制铝保险杠和抗撞压罐。

MMLV 保险杠和抗撞压罐是由挤制铝材（AL6063-T6-48）制成的，并通过 MIG 焊接在一起。该系统的性能目标是：在 IIHS 模式下不发生分离，在约 17 kJ 的能量控制下具有约 110 kN 的抗撞压罐特点和大于 155 mm 的变形量。

（2）铸铝减震架。

MMLV 原型减震架（铝 Al356.2）整合了几个零件，并通过布置铸造加强筋来进行局部加固。在 NCAP 和 IIHS 试验中，铸铝减震架承受压力。其性能目标是在这两种正面碰撞模式中没有明显裂缝或断裂的情况发生。

（3）铸铝 A 柱接头。

MMLV 铸铝（AL6063-T6-48）A 柱接头部分为零件整合提供了机会。其性能目标是在 NCAP 和 IIHS 碰撞模式下保持接头的完整性。

（4）铝副车架。

MMLV 副车架是将铝铸件（AL356-T6）和铝挤制件（AL6061-T6）通过 MIG 焊接连接在一起制成的。其性能目标是在两个正面碰撞模式下能够脱离，从而有助于降低车辆的减速脉冲。

（5）玻璃纤维螺旋弹簧。

如果减震架在车辆前后方向被压缩，弹簧可能会承受与其主轴线和设计载荷路径正交的压力。

（6）复合材料车轮。

在 IIHS 适度重叠正面测试中，左前轮将被挤压到 IIHS 变形障碍物和铰链支柱摇杆之间。前轮的性能将影响 IIHS 变形指标。

（7）化学钢化夹层挡风玻璃。

其性能目标是，挡风玻璃应能够充当乘客安全气囊的承载面。

（8）碳纤维座椅骨架。

座椅骨架是由织造碳纤维复合材料制成的。其性能目标是，坐垫框架和座椅靠背框架应与基准设计具有可比性。

测 试 方 法

物理碰撞测试

我们为两辆MMLV原型车选择了两个正面碰撞测试模式,即分别在56 km/h 和 64 km/h 下对两辆车进行全正面 NCAP 和 IIHS 中度重叠正面碰撞[12, 13]。在 NCAP 模式中会对车辆的刚性壁进行碰撞；而在 IIHS 模式中则会让车辆在与驾驶员侧重叠 40% 的情况下碰撞可变形障碍物。这两种碰撞测试模式如图 2 所示。

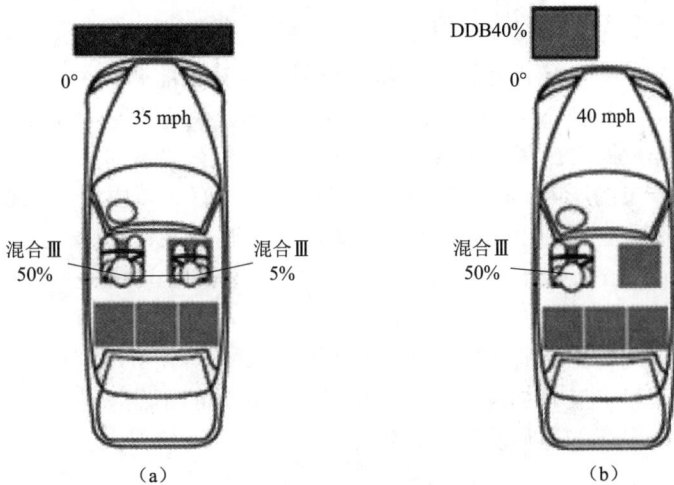

图 2　两种正面碰撞测试模式图
（a）NCAP 模式；（b）IIHS 模式

CAE 建模

麦格纳国际公司（Magna International Inc.）提供了 Mach-Ⅰ 设计意图车辆的初始 LS-DYNA CAE 模型。福特汽车公司更新了该 CAE 模型，从而反映出已经过物理测试的 MMLV Mach-Ⅰ 原型车的情况。

MMLV 安全试验装置

车辆质量

我们在 30% 的可选质量下对 MMLV 原型车进行 NCAP 测试和 40% 偏移的 IIHS 测试。30% 的可选质量值是根据基准车辆计算而来的。轻量化版动力总成不用于这两个测试车原型中。我们所使用的现产 1.6L 四缸发动机具有与设计意图 1.0L 三缸发动机相似的尺寸。然而，更换的发动机要比其质量大 30 kg。30 kg 的差别可通过设定车辆后部配重来加以补偿，从而通过调节总质量和车辆重心来满足 MMLV 目标值。

车辆底盘高度

我们通过设定的复合材料车轮和轮胎来选择前轴的离地高度。后轴的离地高度的调节是通过调平 A 柱和 B 柱之间的摇杆角度，使之达到零度来进行的。

碰撞试验用假人和约束系统

这些测试的主要焦点是评估轻量化材料在高速正面碰撞中的结构性能。与之相反，我们没有在 MMLV 设计范围内对传感器系统和安全气囊点火时间进行校准。因此，我们在两个测试中都没有使用装配有仪表的假人。考虑到假人质量对测试结果的影响，我们在两个测试中都将具有等效质量的实心板分别固定在驾驶员和乘客座椅上。座椅安全带缠在实心板上，以模拟安全带负载路径。

仪器

我们在这两种正面碰撞模式中所使用的主要仪器如下所列：

（1）在车辆上装有加速度计，以记录不同位置的车辆减速度。

（2）在每辆车的前后测试点位置上安装量纲分析仪器，这样就可以测量出特定的车辆变形。

（3）高速摄像机被安装在每辆车的不同位置上，以记录 NCAP 和 IIHS 模式下的车辆整体和局部运动。

MMLV 的 IIHS 适度重叠正面碰撞测试和 CAE 结果

根据 IIHS 结构等级协议，这个测试的结构等级为 "GOOD"，如图 3 所示[14]。

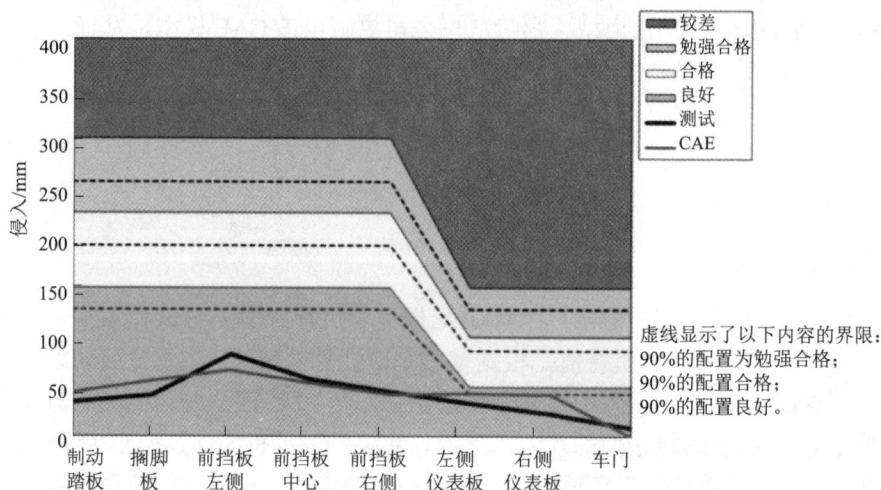

图 3　MMLV 的 IIHS 适度偏移结构等级（见彩插）

我们对各种轻量化结构在碰撞后进行了评估，其结果如下：

（1）在 IIHS 障碍物边缘的挤制铝材前保险杠开裂，但没有分离。左挤制铝材防撞罐在力的主方向上被完全压碎；右防撞罐由于保险杠的弯曲而在横向拉力的作用下稍微弯曲。从右侧防撞罐上的 MIG 焊接接头可以看出，前面和后面的位置上有局部撕裂。

（2）铝副车架前部弯曲，其后部铸件的某些区域破裂。副车架装配螺栓仍处于原来的位置。

（3）铸铝减震架外壳内部有小裂缝。

（4）玻璃纤维螺旋弹簧仍然保持完整，而碳纤维复合材料车轮与屏障的接触点上显示出小的变形。

（5）A柱向下弯曲至挡风玻璃边缘附近。

（6）左前轮撞击左摇杆顶端留下了接触痕迹。

（7）车身结构没有超出A柱的明显变形。碰撞后前门可以打开。

（8）轻量化挡风玻璃显示出从挡风玻璃左下方开始的圆形网状裂纹，其中A柱碰到的位置的裂纹情况像用散弹射击后一样。这也证明了碰撞反作用力通过了正面上部的荷载路径。

（9）座椅骨架在碰撞事件过程中保持其结构完整性。

图4所示为一些在车辆碰撞后的评估期间拍摄的图像。

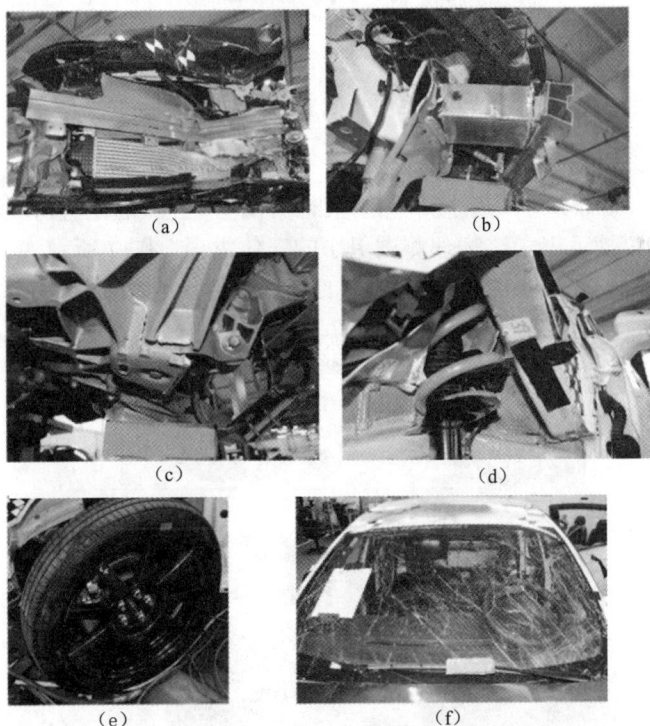

图4　MMLV的IIHS正面偏移碰撞测试后的各种轻量化结构图形

（a）挤制铝前保险杠；（b）挤制铝前防撞罐；（c）铸铝减震架；（d）铸造铝合金副车架；

（e）复合材料车轮；（f）夹层化学钢化挡风玻璃

MMLV 的 IIHS CAE 挑战

由于两个挤制铝材结构之间的接头，特别是前保险杠与防撞罐和铸件与挤制铝材副车架之间的接头，MMLV 的 IIHS 碰撞测试模型面临着巨大的挑战。为连接这两个 AL6063-T6-48 材料而进行 MIG 焊接时的高温产生了强度会降低 30%～50%的热影响区（HAZ）（估计在 10 mm 处），如图 5 所示。

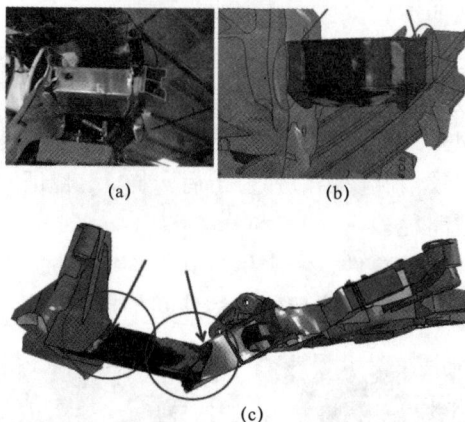

(a)　　　　　　　(b)

(c)

图 5　前保险杠组件和副车架 MIG 焊接热影响区的建模（见彩插）

副车架焊接热影响区和后部铸造部分开裂的适当时机将改变上下负载路径的力平衡。图 6 所示为碰撞事件结束时侧视图中的 CAE 与物理测试结果的对比图。CAE 显示出了比物理测试更小的车体纵摇。图 7 所示为 IIHS 侵入测量的位置。CAE 中较小的车体纵摇将导致变形较小，如图 3 所示。

（a）

（b）

图 6　MMLV 的 IIHS 正面偏移碰撞试验

（a）CAE；（b）物理测试

图 7　IIHS 侵入分布图（见彩插）

MMLV 的 NCAP 测试和 CAE 结果

图 8 所示为 MMLV 的 NCAP 碰撞的 CAE 与测试结果。

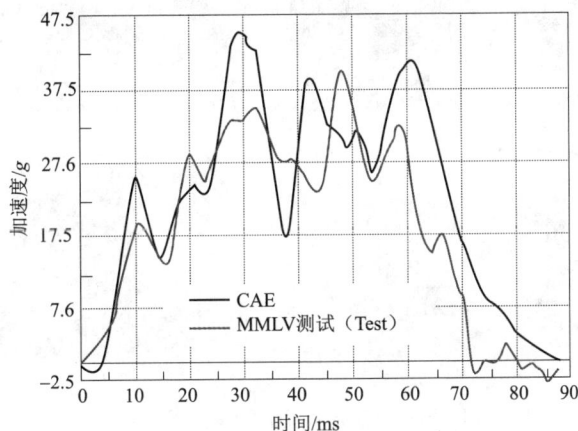

图 8　MMLV 的 NCAP 车辆减速时的 B 柱摇杆

　　我们以较低的初始峰值开始物理测试脉冲。这可能是安装质量较大的发动机以及铝挤制件前保险杠和抗撞罐刚度减小的组合效果。碰撞后的检查表明，前导轨并没有被充分利用，从而导致前破碎带中没有破碎的空间。通过进一步的设计努力可能有助于优化性能，以充分利用整个正面碰撞区域。

　　我们对各种轻量化结构在碰撞后进行了评估，其结果如下：

　　（1）挤制铝材保险杠和防撞罐在沿力的主要方向上已全部发生轴向破碎。

　　（2）在不同的位置上，副车架的弯曲左右不对称。运动控制器破裂且副车架向后移动。副车架固定螺栓仍保持在原来的位置。

　　（3）铸铝减震架、玻璃纤维螺旋弹簧和车轮保持完整。

　　（4）A 柱显示出最小的变形。车身结构没有超出 A 柱的变形迹象。前门可以在碰撞事件发生后打开。

（5）挡风玻璃上有轻微的网状裂纹，但应足以支撑乘客安全气囊的展开。

（6）地板没有明显的侵入，且座椅骨架保持了结构完整性。

图9所示为一些检查期间拍摄的图像。

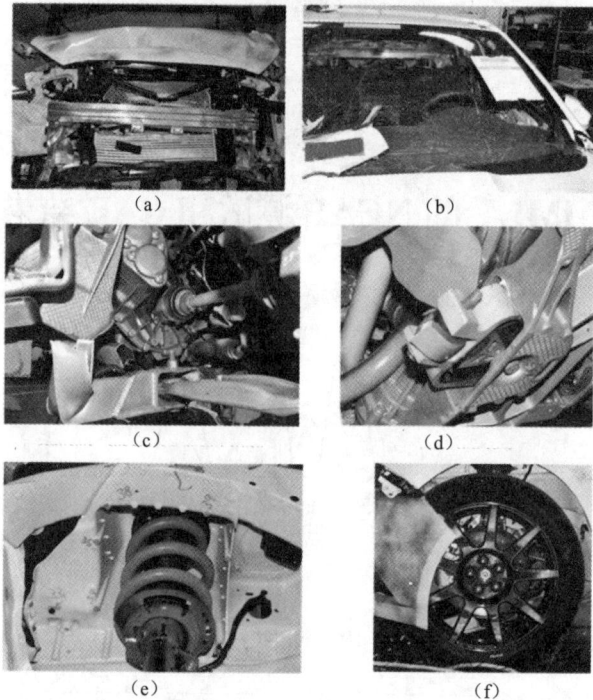

图9　MMLV的NCAP碰撞后测试的各种轻量化结构

（a）铝挤制前保险杠和防撞罐；（b）夹层化学钢化挡风玻璃；（c）副车架—铝挤制件部分；
（d）防侧倾支架；（e）复合材料螺旋弹簧；（f）复合材料车轮

MMLV 的 NCAP CAE 挑战

MMLV设计在降低减速度脉冲中的策略是副车架螺栓在40～60 ms之间分离。图10所示为副车架与车身的螺栓连接。这一策略需要加固车身，以产生足够的剪切力来与副车架分离。

尽管原型车的连接方案不同，当前的MMLV CAE还是采用了螺栓分离功能。其结果是，CAE螺栓会在40 ms内分离，但在测试中这些螺栓仍保持完整。这种差别使得在40～60 ms时产生的检验脉冲比CAE脉冲低，如图8所示。

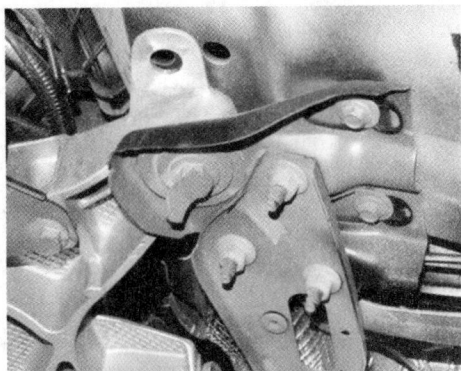

图 10　MMLV 副车架与车身的螺栓连接

CAE 还显示出比测试结果更高的初始高峰。这个结果可能是由于 AL6063-T6-48 材料在 MIG 焊接高温下的软化作用造成的。

总　　结

此章所提供的鼓舞人心的证据表明，虽然当前车辆质量减小了 25%，但其仍具有保持正面碰撞测试性能的潜力。

该章也对 MMLV 项目中所实施的各种轻量化结构的性能进行了研究。这项研究表明，在保证达到正面碰撞测试性能目标的同时，采用以下方案还有可能减小车重的质量。

（1）前保险杆——挤制铝材；

（2）防撞罐——挤制铝材；

（3）副车架——铝铸件和挤制件；

（4）减震架——铸铝；

（5）螺旋弹簧——短切玻璃纤维复合材料；

（6）车轮——织造碳纤维复合材料；

（7）A 柱连接节点——铸铝；

（8）挡风玻璃——化学钢化夹层；

（9）座椅骨架——织造碳纤维复合材料。

在我们所进行的碰撞试验中，轻量化车辆趋于具有比其质量更大的对应部件更高的减速脉冲。然而，由于运动中的轻量化车辆所具有的动能较小，由此所产生的动态撞击和变形也比质量较大的基准车辆在实验室碰撞测试中产生的撞击和变形要小。

197

参 考 文 献

［1］ Choi, K., Li, D., Sun, X., Li, M. et al.. "Effects of Pore Distributions on Ductility of Thin-Walled High Pressure Die-Cast Magnesium, " SAE Technical Paper 2013-01-0644 . 2013, doi:10.4271/2013-01-0644 .

［2］ McCune, R., Forsmark, J., Schneider, B., Luo, A. et al.. "Development of Corrosion Testing Protocols for Magnesium Alloys and Magnesium-Intensive Subassemblies, " *SAE Int. J. Mater. Manf.* 6(2):242-247, 2013, doi:10.4271/2013-01-0978 .

［3］ Forsmark, J. "Friction Stir Spot Welding of a High Ductility Aluminum Alloy, " SAE Technical Paper 2014-01-0793 . 2014, doi:10.4271/2014-01-0793 .

［4］ Harrison, N. and Luckey, S.. "Hot Stamping of a B-Pillar Outer from High Strength Aluminum Sheet AA7075," *SAE Int. J. Mater. Manf.* 7(3):567-573, 2014, doi:10.4271/ 2014-01-0981 .

［5］ Ilinich, A. and Luckey, S. "On Modeling the Hot Stamping of High Strength Aluminum Sheet, " SAE Technical Paper 2014- 01-0983 . 2014, doi:10.4271/2014-01-0983 .

［6］ Keci, A., Harrison, N., and Luckey, S.. "Experimental Evaluation of the Quench Rate of AA7075, " SAE Technical Paper 2014-01-0984 . 2014, doi:10.4271/2014-01-0984 .

［7］ Mao, J., Engler-Pinto, C., Su, X., and Kenningley, S.. "Cyclic Behavior of an Al-Si-Cu Alloy under Thermo-Mechanical Loading," *SAE Int. J. Mater. Manf.* 7(3):602-608, 2014, doi:10.4271/2014-01-1012 .

［8］ Huang, L., Lasecki, J., Guo, H., and Su, X.. "Finite Element Modeling of Dissimilar Metal Self-piercing Riveting Process, " *SAE Int. J. Mater. Manf.* 7(3):698-705, 2014, doi:10.4271/2014- 01-1982 .

［9］ Lai, W., Sung, S., Pan, J., Guo, Y. et al.. "Failure Mode and Fatigue Behavior of Dissimilar Laser Welds in Lap-Shear Specimens of Aluminum and Copper Sheets, " *SAE Int. J. Mater. Manf.* 7(3):706-710, 2014, doi:10.4271/2014-01-1986 .

［10］ Zeng, D., Xia, C. Webb, J., Lu, L. et al.. "Effect of Fiber Orientation on the Mechanical Properties of Long Glass Fiber Reinforced(LGFR) Composites, " SAE Technical Paper 2014- 01-1049 . 2014, doi:10.4271/2014-01-1049 .

［11］ Boland, C., DeKleine, R., Moorthy, A., Keoleian, G. et al.. "A Life Cycle Assessment of Natural Fiber Reinforced Composites in Automotive Applications, " SAE Technical Paper 2014-01- 1959 . 2014, doi:10.4271/2014-01-1959 .

［12］ U.S. Department of Transportation. 2012. National Highway Traffic Safety Administration. Laboratory Test Procedure for New Car Assessment Program:Frontal Impact Testing.

［13］ Insurance Institute for Highway Safety. 2014. Moderate Overlap Frontal Crashworthiness Evaluation Crash:Test Protocol(version XV). Arlington, VA.

［14］ Insurance Institute for Highway Safety. 2011. Moderate Overlap Frontal Crashworthiness Evaluation:Guidelines for Rating Structural Performance. Arlington, VA.

致　谢

感谢福特汽车研究高级工程部的同事们，他们对 MMLV 项目的设计和研究给予了无私的帮助。此外，作者还要感谢合作伙伴麦格纳公司在设计和工程设计方面给予的帮助。另外有 100 多名科学家和工程师对这个项目做出了贡献。最后，还要感谢美国能源部车辆技术办公室的支持和持续的指导与审核。

免 责 声 明

本章是基于美国能源部（DOE）国家能源技术实验室（NETL）所资助的决标编号为 DE-EE0005574 的论文集。

本章根据美国政府机构所发起项目的工作成果编写而成。无论是麦格纳国际公司（Magna International Inc.）、福特汽车公司（Ford Motor Company）或者美国政府，还是其下属任何机构或任何员工对本章所表述的任何信息、设备、产品以及工艺应用的准确性、完整性或有用性，以及其他没有侵犯私有权的表述不作任何保证（无论是明示、暗示还是承诺），并且也不承担相关的任何法律责任或义务。本章中通过商品名称、商标、制造商或以其他方式提及的所有具体商业产品、工艺或服务，并不代表美国政府或其下属任何机构指定或暗示对其予以认可、推荐或支持。作者在文章中的表述并不一定代表或反映美国政府或其下属任何机构的观点和看法。这种支持并不代表能源部对作品或所表述意见的认可。

199

MMLV：NVH 声学包开发及整车测试

2015-01-1615

2015 年 4 月 14 日发表

约瑟尔·古尔（Yuksel Gur）

福特汽车公司（Ford Motor Company）

潘剑（Jian Pan）

欧拓北美公司（Autoneum North America Inc.）

约翰·胡贝尔（John Huber）和杰夫·华莱士（Jeff Wallace）

福特汽车公司（Ford Motor Company）

引文：Gur, Y., Pan, J., Huber, J., 和 Wallace, J. "MMLV：NVH 声学包开发及整车测试"，SAE 技术论文 2015-01-1615，2015，doi： 10.4271/2015-01-1615.

摘　　要

由麦格纳国际公司（Magna International Inc.）和福特汽车公司（Ford Motor Company）研发的多材料轻量化汽车（MMLV）是美国能源部 DE–EE0005574 项目的研究成果。该项目展示了五座乘用车在保证车辆性能和乘员安全的前提下的轻量化潜力。该项目已制造出了原型车，并进行了有限的整车测试。采用商用材料和生产工艺进行的 Mach-I 车辆设计可实现 364 kg（23.5%）的减重，这使其仅使用一个 1.0 L 三缸发动机即可，从而进一步明显提高了环境效益并降低了燃油消耗。

本章包括与噪声、振动和不平顺性（NVH）声学包设计和测试相关的详细信息。

由于声辐射板质量的减小，对这种声辐射板封闭车厢进行轻量化设计活动通常会引起车厢内的声音衰减。为了减少这方面的影响，我们开发了 MMLV 车辆的声学包，进而通过超轻质量声学包技术改善了 MMLV 的 NVH 性能。该项目的目标是，在不增加 MMLV 基准车辆"车辆 A"的总声学包质量的前提下将 MMLV 的声学性能改善 2 dB。

本章展示了 MMLV 轻量化声学包的开发过程以及在 200～10 000 Hz 的高频范围内的整车 NVH 试验结果。同样，我们也对低频率范围内的地板阻尼处理策略和车身 NVH 测试结果进行了讨论。

整车统计能量分析（SEA）模拟技术被用于评估和指导 MMLV 声学包的设计和开发。MMLV 车辆声学包的最终设计在不增大基准声学包质量的情况下实现了 3.3 dB 的车辆发动机降噪（ENR）和 1.2 dB 的前轮胎修补降噪（TPNR）。

引　言

整车轻量化设计方案对于当今车辆的燃油经济性非常重要。一般来说，车辆质重越大，其在给定的力下，所引起的车辆结构振动水平越低，因此大多数车辆进行的质量减小活动都有降低 NVH 的可能性。车辆的外板设计对于减少来自外部的噪声向车辆内部传递来说是非常重要的。风噪、通过噪声和其他噪声可以穿过封闭车辆内部空腔的声辐射板传播到车内（如图 1 所示）。如果将车辆面板材料由钢改变为铝，则可以在保持板材耐久性能的同时减小约 50%的金属板质量，但这种改变也会造成面板传声损失的 6 dB NVH 缺陷（如图 2 所示）。为了弥补这一缺陷，轻量化车辆需要新的声学包材料和设计。

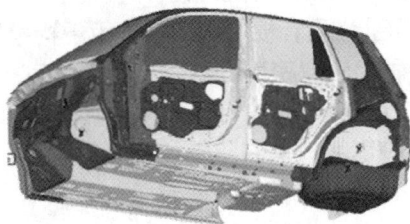

图 1　封闭车厢的声辐射板（见彩插）

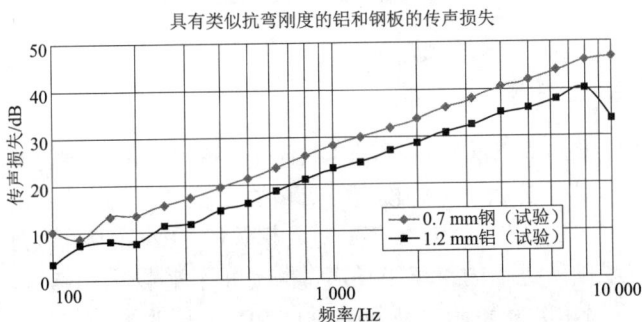

具有类似抗弯刚度的铝和钢板的传声损失

图 2　具有类似抗弯刚度的钢和铝合金板的传声损失

MMLV 项目团队与欧拓北美公司（Autoneum North America Inc.） 共同开发了一个车辆声学包，进而通过超轻质量声学包技术改进 MMLV 的 NVH 性能。

我们通过对其进行统计能量分析（SEA）模拟，以预测 MMLV 设计原型中的这些原型件的性能，并为提高 MMLV 车辆的声学性能提供指导。

由 Bertolini[1]开发的基于 SEA 数据的程序旨在研究传声损失的影响和针对轻量化声学包部件开发的不同吸收处理方案的吸收特性。

为了开发轻量化声学包，我们必须对如何减少噪声源、路径和降低接收器位置上的噪声有一个清楚的了解[2]。

超轻声学包材料

改善轻量化车辆的声学性能的最直观的方法是增加声学包组件的质量，以增大封闭车辆内部空腔的声辐射板的传声损失。然而，增加质量会降低减重的可能性，而事实上，这一措施违背了使用轻量化结构材料的宗旨。为了保持轻量化并改善其声学性能，MMLV 车辆使用了超级轻量化声学包材料，旨在在不增加质量的情况下改善声学性能。这些材料包括以下四种。

（1）Theta Fiber Cell™：一种具有高耐热性和机械特性（弹性模量、拉伸强度、弯曲强度）的由轻量化结构纤维和聚氨酯泡沫制成的双层吸音板。这种轻量化吸音板可用于制造发动机罩和发动机顶盖，以吸收和降低发动机噪声。

（2）RUS™：一种 100%由具有较强机械性能和吸声能力及独特高技术含量的 PET 制成的超级轻量化吸音板。RUS™可用于构建发动机罩和车身底板。

（3）ECO+™：一种超轻双密度纤维隔音体，其可提供较高的声音吸收量和均衡的传声损失。ECO+™材料被用作 MMLV 隔音垫。

（4）RIMIC™：一种能够提供热防护和较高声音吸收量的多层轻量化隔声隔热板。RIMIC™可用于制造外部通道隔热板。

MMLV 超轻声学包的开发

超轻声学包组件

"车辆 A"零件的基准和声学测试抓住了轻量化和性能改进的机会。我们开发了整车统计能量分析（SEA）模型，以评估 MMLV 车辆在从 200 Hz～10 000 kHz 的频率范围内的高频 NVH 性能。与之相关的 SEA 模型可用于车辆声学包的优化研究。我们所进行的整车级噪声、振动和不平顺性（NVH）实验室试验（发动机降噪（ENR）和轮胎修补降噪（TPNR））证明了现产"车辆 A"上设计的超轻声学包的声学性能。

许多轻量化声学技术被应用到改善基准车辆（"车辆A"）的声学性能中，这些技术包括以下几种：

（1）超轻 ECO™隔音底板；

（2）RUS™轻量化车身底板技术；

（3）RIMIC™带孔吸音隔热板；

（4）用于发动机舱的 Theta Fiber Cell™结构声学材料。

图 3 和图 4 所示为"车辆A"上测试的声学包原型。

图 3 "车辆A"中的 Theta Fiber Cell™发动机封装和发动机罩原型 I

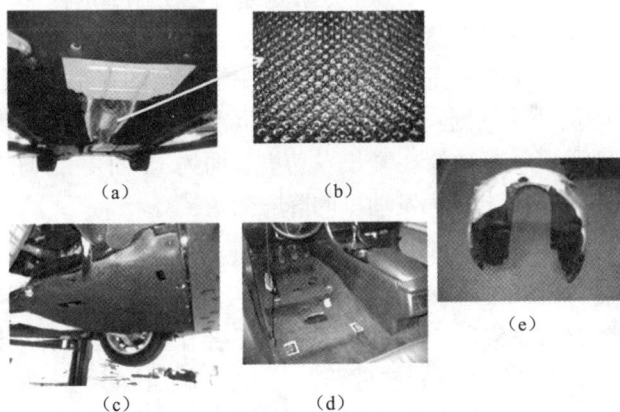

图 4 "车辆A"上的超轻声学包原型

（a）RUS 车身底部隔声罩；（b）RIMIC2 通道隔热板；（c）RUS 发动机下隔板；

（d）ECO+地毯；（e）前车轮罩纤维衬垫

项目团队采取了创造性的方法，通过构建发动机罩架构原型来降低来自发动机舱的噪声。我们生产了几个原型零件并将其安装在现产"车辆A"（见图3和图4）中，以改善 ENR 和 TPNR 性能。

这些原型零件包括：发动机罩、发动机顶盖、ECO+地毯、RUS 发动机下隔板和底板下隔板、前轮罩衬垫中的纤维嵌件以及双层 RIMIC 通道隔热板。

图 5 所示为基准地毯和 ECO+地毯与高达 10 000 kHz 的频率成函数关系的吸音系数。此图中的测试数据表明，与基准地毯相比，ECO+材料制成的地毯系统质量减小了 3.9 lbs，并且其具有更高的吸音性能。

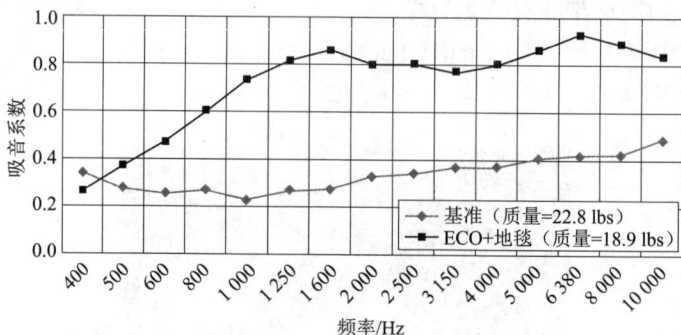

图 5　基准地毯和 ECO+地毯的与频率成函数关系的吸音系数

车辆发动机降噪测试结果

目前，福特汽车公司（Ford Motor Company）进行的车辆发动机降噪测试采用了互异点源法（RPSM）。RPSM 方法是通过在所期望的内部位置放置一个高频声源（HFSS）并在车辆发动机舱内放置麦克风来进行设置的。在"车辆 A"的前座 ENR 测试中，HFSS 发生器被放置在车辆内部的三个不同位置上。这些位置分别是驾驶员耳朵外侧、前中线头部的位置以及乘客耳朵外侧的位置。对于每个声源的激励，测量放置在紧挨发动机表面的 12 面麦克风的声压水平。

可通过以下公式得出车辆发动机的降噪数值：

$$ENR = SPL_{参考} - SPL_{发动机表面}（dB）$$

其中，$SPL_{参考}$ 是 HFSS 的参考声压级（SPL），而 $SPL_{发动机表面}$ 是发动机表面麦克风响应的功率平均 SPL 值。参考文献［3］中还给出了 ENR 的详细计算方法。

项目团队已经用 VA_ONE® 软件开发出了"车辆 A"的统计能量分析（SEA）模型，并已进行了整车发动机降噪 SEA 计算，以评估含有不同声学包内容的"车辆 A"的降噪性能。基于能量分析技术的 SEA 可用于开发车辆 NVH 时在更高频率下的声学和振动预测。

我们已经开发了被定义为 SP#1 和 SP#2 的质量中性声学包设计。SP#1 包括 Theta Fiber Cell™ 发动机封装和发动机顶盖以及 ECO+™ 地毯原型。SP#2 包括发动机封装、发动机顶盖、ECO+ 地毯、RUS 发动机罩下隔板和底板下隔板、前轮罩衬垫中的纤维嵌件、双层 RIMIC 通道隔热板原型零件。这两种声学包都不会增加"车辆 A"的声学包总质量。

我们以已测试的现产"车辆A"为基准。然后，在原型中逐个安装两个声学包，并测量其发动机降噪（ENR）水平。由于使用的是同一车辆，所以其他结构变化被最小化。

图6所示为含有基准声学包、SP#1和SP#2声学包内容的基准车辆发动机噪声降低（ENR）的测试结果。从图6中的试验数据可以看出，SP#1和SP#2声学包原型分别将"车辆A"的发动机降噪性能提高了2.7 dB和3.9 dB。

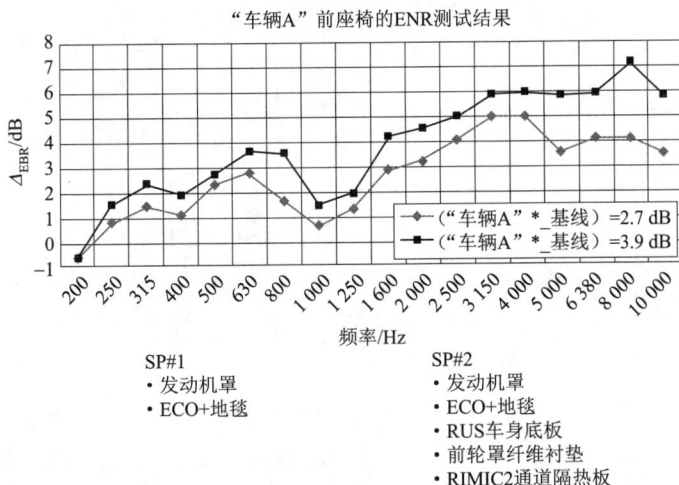

"车辆A"前座椅的ENR测试结果

SP#1
• 发动机罩
• ECO+地毯

SP#2
• 发动机罩
• ECO+地毯
• RUS车身底板
• 前轮罩纤维衬垫
• RIMIC2通道隔热板

图6　具有基准和超轻声学包设计SP#1和SP#2的"车辆A"的ENR性能

汽车轮胎修补降噪测试结果

降噪（NR）是指声源侧平均声压级SPL_inp与接收器侧平均声压级SPL_rec之间的差值。

$$NR=(SPL\_inp) - (SPL\_rec)（dB）$$

在车辆中，它表示由车身和面板对外部噪声源（动力总成、传动系统、轮胎、道路和风）产生的声衰减。

在轮胎修补降噪测试中，基准车辆被放置在消声室内，并将六个麦克风（驾驶员、乘客和中心）设置在前后座位的头部位置。已标定的音量速度源被用于再现类似于轮胎声音辐射的模式。参考文献［4］中给出了轮胎修补降噪（TPNR）测试的细节。

图7所示为含有基准声学包、SP#1和SP#2声学包内容的以前座椅频率为函数的基准车辆轮胎修补噪声降低（ENR）测试结果。从图7中的试验数据可以看出，SP#1和SP#2声学包原型分别将"车辆A"的轮胎修补降噪性能提高了0.4 dB和1.3 dB。

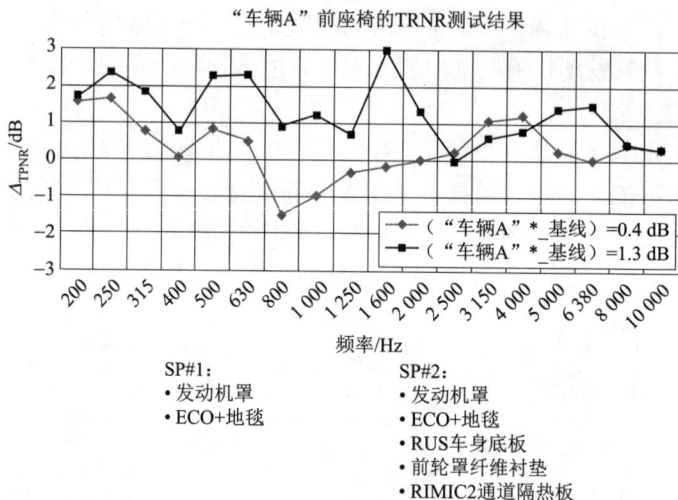

"车辆A"前座椅的TRNR测试结果

图 7　具有基准和超轻声学包设计 SP#1 和 SP#2 的 "车辆 A" 的 TPNR 性能

测试/CAE 相关性

　　我们已经使用 VAONE®软件[5]开发出整车统计能量分析（SEA）模型，并进行了模拟，以预测基准车辆中的原型部件的性能，从而评估声学包优化的 SEA 精度。整车发动机降噪测试表明，"车辆 A"（见图 3）中的发动机罩和发动机罩原型可提高 NVH 性能 2.7 dB，而 SEA 模拟预测其性能有 2.6 dB 的改善。

　　"车辆 A" 的整车 SEA 模型包括我们所开发的如图 3 和图 4 所示的所有声学包原型设计，并且 SEA 模拟结果表明 ENR（发动机降噪）和 TPNR（轮胎修补降噪）分别有 3.9 dB 和 1.3 dB 的改善。

　　表 1 所示为带有基准声学包和 SP#2 声学包的基准车辆的 NVH 测试和 CAE 结果。该结果表明，统计能量分析（SEA）非常准确地预测了不同声学包设计对车辆 NVH 性能的影响。

表 1　带有基准声学包和 SP#2 声学包的基准车辆的 NVH 测试和 CAE 结果

项　　目		"车辆 A" $\Delta_{SP\#2-基准}$ /dB
ENR（发动机降噪）	测试	3.9
	CAE	3.9
TPNR（轮胎修补降噪）	测试	1.3
	CAE	1.3

　　在不增加目前现产 "车辆 A" 声学包质量的情况下，超轻声学包原型零件共同将 ENR 和前 TPNR 性能分别提高了 3.9 dB 和 1.3 dB。

　　这些结果表明，我们借助于新型超级轻量化声学包材料，有可能在无须增加额外质量的情况下提高轻量化车辆设计的吸声特性。

表1所示的结果表明，统计能量分析（SEA）能够准确地预测不同声学包设计对车辆NVH性能的影响。

MMLV车辆的NVH性能与超轻声学包

我们对带有基准声学包的MMLV车辆进行了发动机降噪（ENR）和轮胎修补降噪（TPR）性能的测试。在完成这些测试后，我们用基于基准车辆（"车辆A"）开发的SP#2声学包代替MMLV车辆的声学包重复进行上述试验，以确定由超轻声学包SP#2带来的NVH性能改善。

图8和图9所示为安装在MMLV车辆中的SP#2声学包原型。图10所示为带有基准、SP#1和SP#2声学包内容的MMLV车辆发动机降噪（ENR）的测试结果。从图10中的试验数据可以看出，SP#2声学包原型将MMLV车辆的发动机降噪性能提高了3.3 dB。

图8　MMLV车辆中的Theta Fiber Cell™发动机罩和发动机盖原型Ⅰ

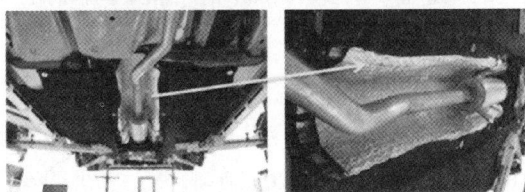

(a)　　　　　　　　(b)

(c)　　　　　(d)　　　　　(e)

图9　MMLV车辆中的其他轻量化声学包材料

(a) RUS车身底板隔音板；(b) RIMIC2通道隔热板；(c) RUS发动机下隔板；
(d) ECO+地毯；(e) 前轮罩纤维衬垫

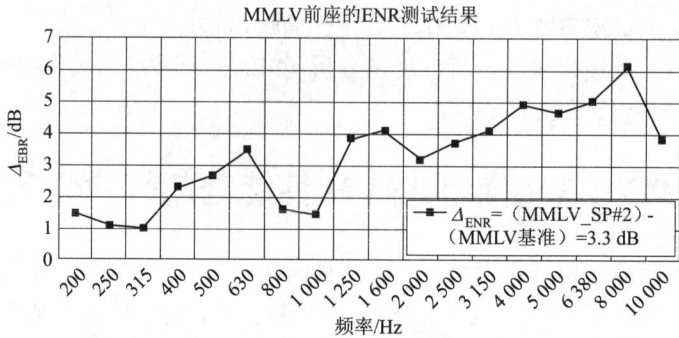

图 10　具有基准和超轻声学包设计 SP#1 和 SP#2 的 MMLV 车辆的 ENR 性能

图 11 所示为带有基准和 SP#2 声学包内容的以前座椅位置中的频率为函数的 MMLV 车辆轮胎修补降噪测试结果。从图 11 中可以看出，SP#2 声学包原型将 MMLV 车辆的轮胎修补降噪（TPNR）性能提高了 1.2 dB。

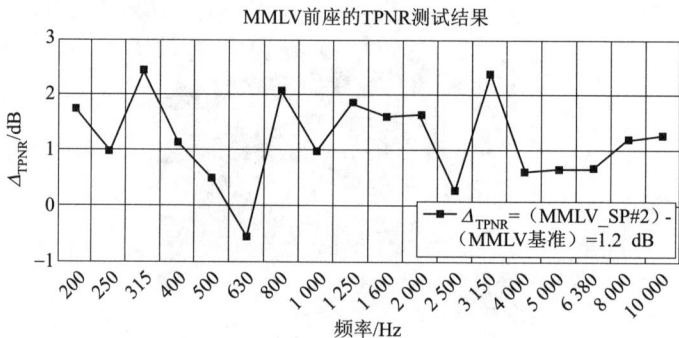

图 11　具有基准和超轻声学包设计 SP#2 的 MMLV 车辆的 TPNR 性能

车辆层面的 NVH 试验结果表明，在不增加 MMLV 声学包总质量的情况下，MMLV 车辆的 ENR 和 TPNR 性能分别改善了 3.3 dB 和 1.2 dB。

与带有 SP#2 声学包原型的"车辆 A"相比，MMLV 车辆的 ENR 性能降低了 0.6 dB。因为 MMLV 车辆有一个比"车辆 A"更小的发动机声学顶盖原型（见图 3 中的"车辆 A"和图 8 中的 MMLV 的发动机顶盖），使得发动机噪音传播到 MMLV 车内时提高了 0.6 dB。与"车辆 A"相比，MMLV 还具有一个较小的发动机（"车辆 A" 1.6L I4 和 MMLV 1.0L I3）。

MMLV 车身结构的 NVH 测试

MMLV 的车身结构是由一个轻量化多材料白车身与轻量化固定玻璃以及硬安装轻量化铝前副车架组成的。图 12 所示为白车身的材料分类。

硼冲压件
钢冲压件
铝铸件
铝型材
铝冲压件

图12　MMLV白车身的材料分类（见彩插）

对MMLV车身结构进行NVH测试的目的是确定需要进行阻尼处理的底板区域。

该测试的方法包括使用振动测量作为结构传递噪声的替代品。假定车辆中的噪声随着振动减少而降低。

软边界条件被用于在实验室中模拟一种自由—自由条件（浮体）。我们在两个位置进行力的输入：第一个位置在前副车架的左后支架上，第二个位置则在副车架后部右前方的连接点上。为了使结果无偏差，我们将每个输入位置上的振动器以倾斜角度进行定向。

测试的步骤是用 50～500 Hz 的频率扫描其裸结构。在第一次扫描后，我们用手在振动最大的位置铺设阻尼材料约束层。第二次扫描是为了验证板振动的降低情况。我们所用的阻尼材料是 Nitto Denko 1432F 箔约束层阻尼器，因为它在室温下，在无热固化要求的情况下能满足应用要求且便于使用。车辆中整个底板所用的附加阻尼材料的总质量约为 4.8 kg。后底板范围的扫描结果如图13～图15所示，并且其对于底板的其余部分来说具有典型性。

⇐向前

图13　穿过后门开口的后底板视图
蓝色轮廓线——附加了阻尼处理的位置

209

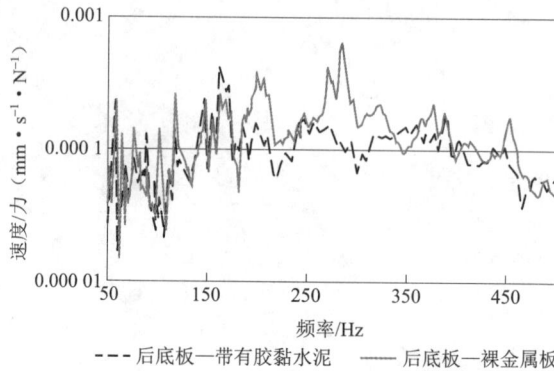

图14 所有扫描点平均空间能量的后底板激光扫描结果图

红色曲线——阻尼处理之前的裸露底板；
蓝色曲线——进行阻尼处理后的裸露底板

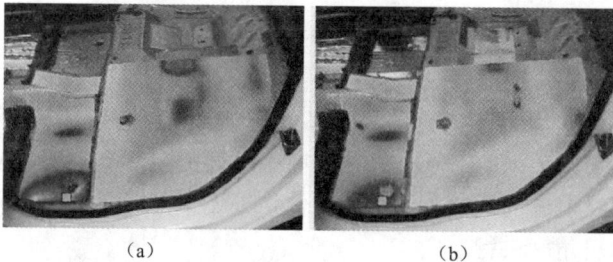

（a）　　　　　　　　　　（b）

图15 每个扫描点平均 RMS 的后底板激光扫描结果（见彩插）

（a）无阻尼；（b）带阻尼
红色——振动较大的区域

我们在 MMLV 轻量化车身结构上对全局模式的形状和频率进行测量。软边界条件被用于在实验室模拟自由—自由条件（浮体）。表 2 所示为通过测试以及 FEA 模型（CAE）预测确定的五个模态频率和模态形状的描述。

表2　MMLV 模态频率结果　　　　　　　　　　　　　　Hz

模式说明	测试结果频率	CAE 预测频率
整体扭曲	44.17	44.78
后端弯曲	46.09	40.89
垂直弯曲	48.53	48.07
后部匹配箱	49.25	
侧向弯曲	54.40	54.71

我们在 MMLV 轻量化车身结构上对车身整体刚性进行测量。表 3 所示为试验的测量值以及 FEA 模型（CAE）的预测值。

表 3　MMLV 的整体刚性结果表

项　　目	刚度测试结果	CAE 预测刚度
整体弯曲/（N·mm⁻¹）	12 695	12 148
整体扭曲/（kN·m·rad⁻¹）	1 079	1 207

整体弯曲/$(N \cdot mm^{-1})$ 和整体扭曲/$(kN \cdot m \cdot rad^{-1})$

总　　结

前面所述的测试表明，轻量化车辆设计可借助于新型超级轻量化声学包材料在无须增大额外质量的情况下达到改善汽车内部吸声特性的目的。

许多轻量化声学技术被应用到改善 MMLV 基准车辆的声学性能中，这些技术包括如下几种：

（1）超轻 ECO+™隔音底板；

（2）RUS™轻量化车身底板技术；

（3）RIMIC™带孔吸音隔热板；

（4）用于发动机舱的 Theta Fiber Cell™结构声学材料。

由这些材料构建的声学包零件在不增大基准声学包质量的情况下促成了 3.3 dB 的 MMLV 车辆发动机降噪（ENR）和 1.2 dB 的前轮胎修补降噪（TPNR）。

在加入 4.8 kg 的胶黏水泥材料后，将铝底板振动能量减小到 $180 \sim 500$ Hz，这是一种典型的路面噪声频率范围。

在 $40 \sim 50$ Hz 范围内，我们测量了带固定玻璃的白车身的整体车身结构，其结果普遍比具有相似刚度的所有钢车身结构高。此外，CAE 预测的结果接近于 MMLV 车身结构的实测频率和模式。测试中出现了一种模式，即后部匹配箱，但我们未对其进行 CAE 预测。

在 12 695 N/mm 弯曲和 1 079（kN·m）/rad 扭曲的情况下，我们对带固定玻璃的白车身的整体刚度进行了测量。这些值对于这类四门乘用车来说是合理的。在上述弯曲和扭曲情况下，对整体刚度的 CAE 预测在测试值的 12%以内。

参 考 文 献

[1] Bertolini, C. and Courtois, T.. "An SEA-based Procedure for the Optimal Definition of the Balance between Absorption and Insulation of Lightweight Sound Package Parts, " SAE Technical Paper 2012-01-1527. 2012 , doi:10.4271/2012-01-1527 .

[2] Saha, P.. "The Thought Process for Developing Sound Package Treatments for a Vehicle, " SAE Technical Paper 2011-01-1679. 2011 , doi:10.4271/2011-01-1679 .

211

［3］ Gur, Y., Abhyankar, S., and Wagner, D.. "Radiating Panel NVH Performance Evaluations for Vehicle Design, " SAE Technical Paper 2013-01-1991 . 2013, doi:10.4271/2013-01-1991 .

［4］ Gur, Y., Wykoff, R., Nietering, K., and Wagner, D.. (2011):"NVH Performance of Lightweight Glazing Materials In Vehicle Design", Paper # IMECE2012-89439, Proceedings of the ASME 2012 Int. Mech. Eng. Conference, Nov. 9-15, 2012, Houston, TX.

［5］ VA_One®:Statistical Energy Analysis(SEA) software of ESI Corporation.

致　　谢

感谢以下人士为这个项目提供的支持和帮助，以及他们为 MMLV 项目提供的测试数据。他们包括：福特汽车公司（Ford Motor Company）的 David A. Wagner，Gary Strumolo，Matt Zaluzec，Dan McKillip，Jeff Pumphrey，Jenyuan Her，Wei Liu 和 Doug Shooks，以及欧拓北美公司（Autoneum North America Inc.）的 Alex Rojas，Tim Mason，Brandon Wichmann 和 John Anton。

免 责 声 明

MMLV：生命周期评价

2015-01-1616

2015 年 4 月 14 日发表

林地塔·布什（Lindita Bushi）

生命周期评价专家顾问

蒂莫西·思凯泽克（Timothy Skszek）

麦格纳国际公司（Magna International）

戴维·瓦格纳（David Wagner）

福特汽车公司（Ford Motor Company）

引文：Bushi，L.，Skszek，T.和 Wagner，D.，"MMLV：生命周期评价"，SAE 技术论文 2015-01-1616，2015，doi:10.4271/2015-01-1616.

摘　　要

由麦格纳国际公司（Magna International Inc.）和福特汽车公司（Ford Motor Company）研发的多材料轻量化汽车（MMLV）是美国能源部 DE–EE0005574 项目的研究成果。该项目展示了五座乘用车在保证车辆性能和乘员安全的前提下的轻量化潜力。该项目已制造出了原型车，并进行了有限的整车测试。采用商用材料和生产工艺进行的 Mach-Ⅰ 辆设计可实现 364 kg（23.5%）的减重，这使其仅使用一个 1.0 L 三缸发动机即可，从而进一步明显提高了环境效益并降低了燃油消耗。

如 2020 CAFE（公司平均燃油经济性）标准等规则规定，日益增长的公共需求以及燃料价格上涨等因素是推动全球汽车制造商通过采用新设计的汽车结构轻量化材料来提高燃油经济性的动力。本章的目的是探讨生命周期评估（LCA）研究的成果，该研究将新型复合材料轻量化车辆（MMLV）Mach-Ⅰ（1.0L，I3）车辆设计的零部件与基准 2013 款福特 Fusion（1.6L，I4）的传统零部件进行比较。我们在北美制造了这两种内燃机汽车（汽油燃料），并在北美行驶了 250 000 km[1]。

与 2013 款福特 Fusion 的 28 mpg（8.4l/100 km）相比，新的 Mach-I 设计已经实现了总体 364 kg（23%）的减重，实现了发动机小型化，这使得其在生命周期内通过减小质量而实现的燃油节约量总共可达 3 642 L（或 962 gal）。预计的联合循环燃油经济性可达 34 mpg（6.9l/100 km）。Mach-I 设计车辆包括市场上销售的材料和技术。该生命周期评估（LCA）研究评估了 Mach-I 车辆在从"摇篮到坟墓"的整个生命周期内，其汽车零部件对环境的潜在影响，研究重点在于设计选项之间的质量差异。该研究的主要利益相关方是美国能源部（DOE）、安大略省、福特汽车公司（Ford Motor Company）和麦格纳国际公司（Magna International）。汽车零部件的生命周期评估（LCA）是根据国际标准化组织（ISO）的标准 14040/44 并按照加拿大标准协会（CSA）2014年对汽车零部件的 LCA 指导文件中提供的具体规则和指导实施的[2~4]。

引　言

为了应对全球汽车市场的变化，美国能源部（DOE）与麦格纳国际公司（Magna International Inc.）和福特汽车公司（Ford Motor Company）共同出资设计、制造并测试了新的轻量化铝合金乘用车原型车，这促进了先进轻量化和高强度材料的广泛应用。本章概括了麦格纳国际公司（Magna International Inc.）所委托的 LCA 研究"根据 ISO 14040/44 的 LCA 标准以及加拿大标准协会（CSA）2014 年关于汽车零部件的 LCA 指导文件中的规定对 MMLV Mach-I 轻量化汽车零件进行的对比性 LCA 研究[1]"。生命周期评估（LCA）研究将 MMLV Mach-I（1.0L，I3）车辆设计与基准车辆2013 款福特 Fusion（1.6L，I4）的较传统汽车零部件进行了比较，这两台汽车都在北美行驶了 250 000 km。

与 2013 款福特 Fusion 相比，本项目实现了整车质量减小 364 kg（23%）。2013 福特 Fusion 和 Mach-I 设计被归类为"先进高强度钢（AHSS）"和"铝"密集车辆。表 1 所示为每种车辆结构的主要材料成分。表 2 所示为用于基准车辆和 MMLV 设计车辆系统和子系统的主要汽车零部件的制造技术。

表 1　每种车辆结构的主要材料成分

材　　料	2013 款福特Fusion 质量/kg	2013 款福特Fusion 质量百分比/%	Mach-I 质量/kg	Mach-I 质量百分比/%
先进高强度钢（AHSS）	417.5	27%	66.9	6%
常规钢	413.7	27%	289.8	24%
铸铁	50.0	3%	19.6	2%
锻铁	16.0	1%	10.0	1%
不锈钢	19.1	1%	9.7	1%
压铸铝	146.4	9%	147.7	12%
冷轧铝	12.8	1%	143.8	12%
挤制铝	15.6	1%	66.9	6%
锻铝	0.0	0%	9.8	1%
镁	2.3	0%	16.0	1%
铜	33.7	2%	29.3	2%
钛	0.0	0%	3.3	0%
碳纤维增强复合材料（CFRP）	0.0	0%	54.2	5%
玻璃纤维增强塑料（GFRP）	0.0	0%	3.4	0%
塑料	235.4	15%	177.1	15%
橡胶	72.6	5%	52.0	4%
玻璃	37.5	2%	26.4	2%
陶瓷	0.8	0%	0.8	0%
蓄电池	14.0	1%	8.0	1%
油漆	8.0	1%	7.7	1%
液体、黏合剂及其他	64.1	4%	52.8	4%
整车	1 559.4	100%	1 195.2	100%

215

表 2　每种汽车架构和子系统的主要制造技术

汽车零部件制造技术	2013 款福特 Fusion 汽车子系统	Mach-I 汽车子系统
铝铸件	底盘、动力传动系	车身、内饰、底盘、动力传动系
铝挤压件	底盘	车身、内饰、底盘、动力传动系
铝冲压件	车身、动力传动系	车身、动力传动系

续表

汽车零部件制造技术	2013 款福特 Fusion 汽车子系统	Mach-I 汽车子系统
铝锻件	未提供	底盘
钢冲压件	车身、内饰、底盘、动力传动系	车身、内饰、底盘、动力传动系
铸铁件	底盘	未提供
铁锻件	动力传动系	动力传动系
镁铸件	未提供	车身、底盘、动力传动系
铜制品	内饰、动力传动系、电气设备	内饰、动力传动系、电气设备
碳纤维增强复合材料（CFRP）制品	未提供	内饰、底盘、动力传动系
玻璃纤维增强塑料（GFRP）制品	未提供	底盘
塑料和橡胶模塑件	车身、内饰、底盘、动力传动系、电气设备	车身、内饰、底盘、动力传动系、电气设备
玻璃制品	车身、内饰	车身、内饰

构成车辆子系统、组件和汽车零部件（子组件）的车辆系统的分类基于针对生命周期评价（LCA）目的的汽车系统成本模型（ASCM）[5]。表 3 所示为基于车辆子系统的 Mach-I 的质量减小情况（基于绝对值和质量百分比）。

表3 基于车辆子系统的 Mach-I 质量减小情况

车辆系统和子系统	2013 款福特 Fusion 质量/kg	Mach-I 质量/kg	Mach-I 整车质量/%	Mach-I 质量减小/kg	Mach-I 质量减小/%
车身	525.0	400.4	33.5%	−124.6	−23.7%
内饰	260.4	202.7	17.0%	−57.7	−22.2%
底盘	355.0	260.0	21.8%	−95.0	−26.8%
动力传动系	337.0	263.1	22.0%	−73.9	−21.9%
电气设备	57.0	49.5	4.1%	−7.5	−13.1%
总成	25.0	19.5	1.6%	−5.5	−22.0%
整车	1 559.4	1 195.2	100%	−364.2	−23.4%

生命周期评估（LCA）研究评估了 Mach-I 车辆在"从摇篮到坟墓"的整个生命周期中，其汽车零部件对环境的潜在影响，研究重点是因材料成分、制造工艺或零件的几何形状而导致的设计方案的质量差异。生命周期评估（LCA）报告根据加拿大标准协会（CSA）文件中提供的具体规则和 ISO 14040/44 的要求进行了同行评审。

确 定 目 标

Mach-Ⅰ生命周期评估（LCA）研究的目标包括以下几方面：

（1）将 MMLV Mach-Ⅰ（1.0L，I3）汽车设计的轻量化汽车零部件与较传统的基准车型 2013 款福特 Fusion（1.6L，I4）的汽车零部件进行比较，这两种车型都是在北美制造的，且行驶了 250 000 km；

（2）计算由于材料成分、制造工艺或零部件几何形状的变化而导致的车辆质量改变后的轻量化 Mach-Ⅰ汽车零部件"从摇篮到坟墓"过程中的总净变化；

（3）确定所选生命周期阶段影响的相对量级，以及确定未来改装和改建最适当的阶段；

（4）计算主车辆子系统和零部件在车辆系统"从摇篮到坟墓"过程中的环保特性方面的总净变化，以及确定在未来研发与改进中最合适的子系统和零部件。

进行该报告的主要目标是改进与 MMLV 的 Mach-Ⅰ中型车辆质量减小和调整动力总成相关的环境性能。LCA 研究也可作为未来机动车设计工作的基准。对此感兴趣的主要各方包括美国能源部、安大略省、福特汽车公司（Ford Motor Company）和麦格纳国际公司（Magna International Inc.）。潜在的利益相关方包括汽车零部件 OEM 和供应商、汽车制造商、行业协会、政府组织、政策制定者、LCA 从业人员和那些希望得到 MMLV Mach-Ⅰ汽车零部件可靠资料的其他各方。

与 LCA 研究有关的结果均符合 ISO 14044 标准和汽车零部件的 CSA 类 LCA 指导方针。研究员 Simone Ehrenberger 在总部设在德国航空航天中心的德国斯图加特车辆设计研究所车辆系统和技术评估部门中积累了丰富的关于汽车材料和运输生命周期评估（LCA）方面的经验，其对 ISO 14044 标准进行了一致性地严格地外部审查。

217

确 定 范 围

我们已经制造了 Mach-I（MMLV 设计）和 2013 款福特 Fusion（基准设计）车辆并在北美行驶了 250 000 km，且对这两款内燃机车辆（汽油燃料）的零部件进行了 LCA 研究。这两款车都属于美国环境保护局（US EPA）所规定的具有 $110 \leqslant PCV \leqslant 119$ ft³①内部乘客容量（PCV）和货运容量（PCV）的"中

---

① 1 ft=0.304 8 m。

级轿车"。

功能单元被定义为运输服务的汽车零部件如下：

（1）在保持性能和车辆配置的同时，由于材料成分、制造工艺或零件的几何形状不同而使 Mach-I 车辆中的质量发生变化，从而使其相对于 2013 款福特 Fusion 能够实现发动机小型化；

（2）在北美地区制造并预期行驶 250 000 km；

（3）其被设计为可满足美国国家公路交通安全管理局（NHTSA）和高速公路安全保险协会（IIHS）的五星级安全标准，并与 2013 款福特 Fusion 基准车辆的刚度、噪声、振动和平顺性（NVH）的性能以及耐久性相匹配。

在比较性 LCA 研究中，MMLV Mach-I 和 2013 款福特 Fusion 基准汽车零部件之间的功能单元是相同的。我们基于对汽车零部件更换因数（F_R）的计算来定义汽车零部件的参考设计流程。F_R 是用汽车零部件在使用寿命期间的行驶距离（$LTDD_A$）除以 250 000 km 的基准车辆使用寿命周期行驶距离（$LTDD_V$）计算得出的。这样一来，F_R =1 表示汽车零部件有 250 000 km 的 $LTDD_A$，并且除安装在车辆结构中的第一个汽车零部件以外，在车辆生命周期内不需要对其余零部件进行替换。除两个汽车零件（轮胎和蓄能器）外，无论是 2013 款福特 Fusion，还是 Mach-I 汽车零部件的参考流程均被定义为 1 个汽车零件（F_R=1）。此外，两个车辆设计的轮胎参考流程被定义为 4 个汽车零件（F_R=4）。为了达到本 LCA 的目的，2013 款福特 Fusion 和 Mach-I 的蓄能器参考流程被分别定义为 3 个（F_R=3）和 2 个（F_R=2）汽车零部件。

该研究是一种"从摇篮到坟墓"过程的 LCA，其包括以下三个主要的生命周期阶段：即生产阶段、使用阶段和寿命结束阶段（EOL）。

系统边界遵循以下两个原则：

（1）"模块化原则"：如果处理在生命周期中影响到产品的环保性能，则应当将它们分配到其出现的生命周期模块（例如：生产、使用或 EOL）中，并在它们出现的生命周期阶段声明所有的环境因素和影响；

（2）"污染者付费原则"：包括污水处理在内的废弃物处理过程都应分配到其中产生废弃物的产品系统中，直至该废弃物达到最终状态。

以下流程被排除在系统边界之外：

（1）处理和预处理中的体力劳动（例如：手工装配而不是机械设备）；

（2）员工通勤（例如：员工往返于他们的正常工作地点）；

（3）资本基础设施（例如：工厂、道路、火车、轮船、生产设施和机械设备）；

（4）生产间接费用（例如：空调、照明、办公室）；

（5）汽车零件维修流程。

系统边界内考虑的分配规则和截止标准符合 ISO 14044 标准和 CSA 类 LCA 指南的规定[3, 4]。Mach-Ⅰ 汽车零部件的"从摇篮到坟墓"整个过程的环保特征符合加拿大标准协会 LCA 指南条款 7.3.4、7.3.5 和 7.3.6 的要求，并包括所有"从摇篮到坟墓"过程的连续单元处理[4]。用于创建两个车辆系统库存模型的活动和 LCI 数据应当在给定时间和预算下的研究目标和范围方面尽可能具有代表性、完整性、一致性、可重复性和透明性。LCA 模型是使用全球领先的 LCA 软件 SimaPro v.8.032014 创建的，这个软件被 80 多个国家的行业、科研院所和咨询公司所选用[6]。对 Mach-Ⅰ 的 LCA 研究还包括作为北美环境强制性指标来使用的《化学品和其他环境影响的降低和评估（TRACI）的美国环保局工具》2012 年 2.1 版中所列的影响类别[7]。Mach-Ⅰ 研究包括一整套生命周期影响评估（LCIA）和生命周期清单（LCI）指标。

生命周期清单

数据采集

福特汽车公司（Ford Motor Company） 提供了汽车零件名称、每辆车的子系统组件数量、总成和子总成，还包括以 kg 为单位的汽车零部件质量、材料成分、制造工艺、套筒和紧固件以及粘接材料的详细数据。2013 款福特 Fusion 的 28 mpg 的美国环保局综合燃油经济性可从网站 www.fueleconomy.gov 获取[8]。

这一比较性 LCA 研究使用了由以下三方提供的数据：

（1）由北美和全球金属及其他材料工业协会提供的数据；

（2）由北美汽车制造商提供的数据；

（3）由诸如美国 LCI 数据库和 ecoinvent 2.2（二者均已被包含在 LCA 软件 SimaPro v.8.032014 中），GREET—1 2013 和 GREET—2 2012 等由北美和全球业界支持的公共和商业 LCI 数据库所提供的最好的可用 LCI 数据[6, 9, 10]。

Mach-Ⅰ 的 LCA 研究中记录并详细列出了两个选定车辆系统所用的 LCI 数据集，以及按照活动类型分类的所有材料的运输方式和距离，还包括主要汽车零部件的产量（单位：%）以及 EOL 废料的净数和按材料分类的 EOL 回收再生价值[1]。

2013 款福特 Fusion 和 Mach-Ⅰ 设计被分类为"先进高强度钢"和"铝"密集型车辆。北美钢铁公司及铝产品公司的"从摇篮到大门"LCI 数据集对 Mach-Ⅰ 的 LCA 结果具有非常重要的意义。表 4 所列为选定的北美钢和铝产品的输入废料量和二氧化碳（CO_2）排放量。经严格审查的下述北美钢铁和铝产品的"从摇篮到大门"LCI 数据集是由世界钢铁协会（worldsteel）分别与美国钢铁回收研究所和美国铝业协会合作在 2013 年首次批准的[11, 12]。

表 4　选定的北美钢和铝产品的输入废料量和二氧化碳（CO$_2$）排放量（从"摇篮到大门"LCI 数据集）

铝产品（从"摇篮到大门"）	输入废料（kg/kg 铝产品）	二氧化碳[①]（kg/kg 铝产品）	钢产品（从"摇篮到大门"）	输入废料（kg/kg 钢产品）	二氧化碳[①]（kg/kg 钢产品）
铝铸件	0.883	2.520	HDG	0.439	2.054
铝挤制件	0.426	5.854	PHRC	0.198	2.111
Al CRC	0.649	4.792	CRC	0.177	2.076
初级铝	0	7.875[④]	EG[②]	0.064	2.428
铝回收锭（100%废料）	1.045	0.634	ES[②]	1.011	0.676
次级锭（原生金属和填加的合金）	0.978	1.134	通用钢[②③]（BOF 板坯）（理论值）	0	1.92
			再生钢[②③]（EAF 板坯）	1.092	0.386

备注：
① 二氧化碳排放量不应被误认为是基于温室气体（包括二氧化碳、甲烷、一氧化二氮、氟化气体等）相对于二氧化碳（CO$_2$）的效价强度计算出的全球变暖潜能值指示器（单位：kg CO$_2$ 当量）。
② 世界平均"从摇篮到大门"的 LCA 数据；北美"从摇篮到大门"LCI 数据仍不可用。
③ 为了避免滥用任何数据，原生和再生钢铁 LCI 配置文件不会提供给 LCA 从业者。我们建议所有相关方面使用由国际钢铁协会提供的包括"废钢价值"在内的钢制品北美 LCI 配置文件。为了保证数据的可比性，LCA 从业者还应当使用由美国铝业协会提供的铝产品北美 LCI 配置文件。
④ 在涵盖了北美所有铝冶炼设施的 IAI 年度能源调查的基础上，2010 经济年度电力结构是由 75%的水电（清洁能源）、煤炭（24%）以及天然气及核能（1%）构成的，这全面而有力地改进了北美铝产品的环境概况（见铝业协会 2013 LCA 报告第 5.1.1.4.3 节的表 11[12]）。

数据计算

Mach-I 的 LCA 报告中详细描述了符合汽车零部件 CSA 类 LCA 指南规定的汽车零部件生产、使用及 EOL 阶段环境概况的计算规则和生产、使用及 EOL 阶段的总净变化，以及 Mach-I 汽车零部件"从摇篮到坟墓"的环境概况[1]。

2013 款福特 Fusion 和 Mach-I 的车辆自重分别为 1 559.4 kg（由 1536.0+23.4 计算所得）和 1 195.2 kg（由 1 171.8+23.4 计算所得）。23.4 kg 的基准汽车零部件没有发生任何质量变化。应当指出的是，"未改变"的汽车零部件"从摇篮到坟墓"环境概况的总净变化为"零"。

Mach-I 设计总生命周期中质量与相应动力总成所带来的最大燃料节约量

（$C_{A, V}$）是按照所示公式（1）来计算的：

$$C_{A, V} = \sum_{k=1}^{n} (m_{m,k} - m_{b,k}) \times F_{CP} \times LTDD_V$$

$$= (1\ 171.8 - 1\ 536.0)\text{kg} \times 0.40\ \text{L}/(100\ \text{km} \times 100\ \text{kg}) \times 250\ 000\ \text{km}$$

$$= -3\ 642\ \text{L} (-962\ \text{gal})$$

式中，$C_{A, V}$——汽车零部件所显示质量变化的全寿命周期质量引起的最大燃料节省（减少）量（MCs），L；

m_m——单位为 kg 的汽车零部件所展示的 MCs 质量，kg；

m_b——单位为 kg 的基准汽车零部件质量，kg；

n——所展示 MCs 下的汽车零部件总数；

F_{CP}——质量与相应配置引起的燃料变化潜在价值，L/(km·kg)；

$LTDD_V$——基准车辆生命周期的行驶距离，km。

负值（−）表示燃料消耗的减少（燃料节约）；正值（+）表示燃料消耗的增加。

由上式可知，m_m 共计 1 171.8 kg，m_b 共计 1 536.0 kg，n 为 58，F_{CP} 为 0.4 L/(100 km×100 kg)[4, 13]，$LTDD_V$ 为 250 000 km。

Mach-I 汽车零部件与相应动力总成在使用阶段的环境概况合计净变化（$\Delta Euse_{V, r, a}$）的计算公式如下：

$$\Delta Euse_{V, r, a} = C_{A, V} \times (E_{FP} + E_{FC}) \qquad (2)$$

式中，E_{FP}——生产 1L 或 1 gal 汽油的环境概况（WTP—从油井到油泵）；

E_{FC}——燃烧 1L 或 1 gal 汽油燃料的环境概况（车辆运行）。

式（2）中的 $C_{A, V}$ 取值为 −3 642 L（−962 gal）。

汽油"从油井到车轮"（WTW）的 LCI 概况（生产和燃烧）是由 GREET—1 2013（1.1.0.9745 版）软件生成的[9]。

车辆自重（Cw_F）为 1 559 kg 的 2013 款福特 Fusion 的美国环保局综合燃油经济性（CFE_F），据福特汽车公司报告其数值为 8.4 L/100 km 或 28 mpg[8]。

车辆自重（Cw_M）为 1 195 kg 的 Mach-I 的美国环保局综合燃油经济性 CFE（CFE_M）的计算过程如下[14]：

$$CFE_M = CFE_F - (Cw_F - Cw_M) \times F_{CP} \times 0.01$$

$$= 8.4 - (1\ 559.4 - 1\ 195.2) \times 0.40 \times 0.01$$

$$= 6.94\ (\text{L})/100\ (\text{km})（34\ \text{mpg}）$$

式中，F_{CP}——质量与相应配置引起的燃料变化潜在值，在此处取值为 0.40 L/(100 km×100 kg) [4, 13]。

根据 250 000 km 的基准 $LTDD_V$ 计算出的 2013 款福特 Fusion 和 Mach-I 整个生命周期的燃油消耗量分别为 21 000 L（由 8.4 L/100 km×250 000 km/100

计算所得）和 17 358 L（由 6.94 L/100 km×250 000 km/ 100 计算所得）。MMLV Mach-I 设计整个生命周期中质量所带来的最大燃料节约等于–3 642 L（由 17 358–21 000 计算所得）或–962 gal。

分配规则

"质量"被视为 Mach-I 的 LCA 研究中用于分配的最合理的物理参数。"质量"被用作计算 2013 款福特 Fusion 和 Mach-I 所有汽车零部件"从摇篮到坟墓"清单概况（输入/输出）的分配参数。生产、使用和 EOL 阶段的总净变化以及"从摇篮到坟墓" LCA 结果被分配到所有汽车零部件的"质量"基准中。LCA 适用于 ISO 14044 标准一致性寿命结束循环的方法（避免负担）[3]。这种方法也符合 CSA 类 LCA 指南和由 17 个国际行业协会于 2007 年通过的金属行业回收原则宣言，其中规定："为了达到金属回收相关的环境建模，决策以及政策讨论的目的，金属行业应当支持寿命结束循环方法，而不受再生物质含量方法的影响"[15]。

在适用的情况下，避免负担分配的方法适用于所有金属。根据这种方法，寿命结束再循环之前，生命周期内的所有输出与输入生成的废料相抵消，以避免重复计算。然后，按照在寿命结束时被发送到材料回收利用对剩余净废料的合理质量进行建模。如果生产系统产生了比制造阶段所使用的次级材料还多的次级材料（一个正 EOL 废料净量），那么生产系统的次级材料中就会收到一个与原材料生产的负荷减去回收废料的负荷相等的"信用"。

同样，如果生产系统产生的次级材料比制造阶段所使用的次级材料少（一个负 EOL 废料净量），那么生产系统的次级材料中就会收到一个与原材料生产的负荷减去回收废料的负荷相等的"借贷"。为了达到本研究的目的，北美旧车收集率和粉碎机产量的默认值分别被假定为 0.94 和 1。本 LCA 研究假定没有重复使用 EOL 汽车零部件。

钢铁制品 EOL 分配方法示例

本节介绍了如何计算包括加工废料回收在内的钢汽车零部件"从摇篮到大门"（C2G）LCI 的一个示例（在这种情况下 LCI 为热浸镀锌冲压汽车零部件的二氧化碳排放量）。

$$LCI_{C2G \text{ 带有生产废料}}=2.752-0.340×1.409$$
$$LCI_{C2G \text{ 带有生产废料}}=2.273 \text{ kg } CO_2$$

式中，2.752——每 1.340 kg 北美热浸镀锌钢的二氧化碳排放量数值（kg），2.752 是由 1.340 kg 乘以每 kg 北美热浸镀锌的 2.054 kg CO_2 因子得出的，见表 4；

1.340——制造 1 kg 的热浸镀锌钢板冲压汽车零部件所使用的北美热浸镀锌钢板的数值[10]（kg）；

0.340——制造 1 kg 的热浸镀锌钢板冲压汽车零部件所产生的加工废料的数值[10]（kg）；

1.409——每 kg 废钢的 CO_2 的值[11]（kg）。

因此，每 1 kg 废钢的 CO_2 值可以计算如下：

$$CO_{2\text{废钢值}}=0.916\times(1.92-0.386)=1.409 \text{ kg } CO_2^{[11]}$$

式中，0.916——EAF 的工艺成品率（生产 1 kg 钢材需要 1.092 kg 废料）[11]；

1.92——每 1 kg 100%原生金属通过碱性氧气转炉（BOF）流程生产（1 kg 的 BOF 板坯）的二氧化碳排放量理论值（kg），假设 0%的废料输入，见表 4；

0.386——每 1 kg 100%再生金属通过将废料加入电弧炉（EAF)生产（1 kg 的 EAF 板坯）的二氧化碳排放量理论值（kg），假设 100%的废料输入，见表 4。

同样，示例中包括 EOL 废料回收在内的钢汽车部件的"从摇篮到大门" LCA 计算如下：

$$LCI_{C2G \text{ 带有生产废料}}=2.273-(0.94-0.588)\times1.409$$

$$LCI_{C2G \text{ 带有生产废料}}=1.777 \text{ kg } CO_2$$

式中，0.94——EOL 回收废料[4]（kg）；

0.588——1.340 kg NA 热浸镀锌钢中加入的废料（kg），0.588 是由 1.340 kg 乘以每 kg 北美热浸镀锌钢 0.439 kg 的废料因子得出的，见表 4。

在此示例中二氧化碳被用作一个图示流（见图 1）。同样的计算方法也适用于所有 LCI 的输入和输出。

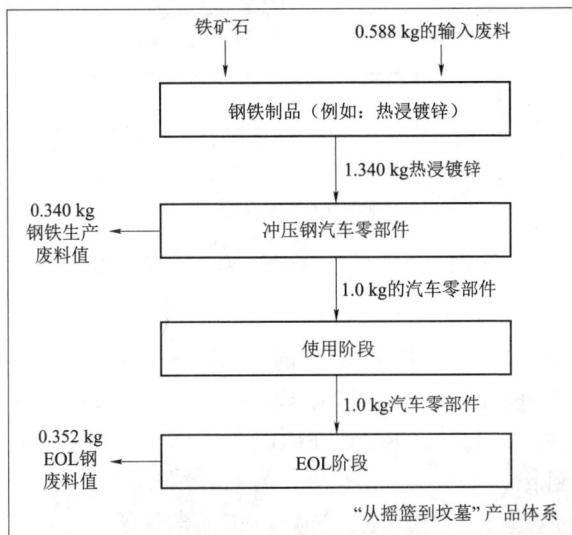

图 1　钢铁制品 EOL 分配方法的示例

从上面的计算中可以看出，0.94 的 EOL 回收废料值是定义参数，而带 EOL 回收的金属产品的"从摇篮到大门"LCI 比系统净回收废料少了一个"输入废料"功能。例如：如果废料的输入值较低（例如：0.10 kg），则在金属产品寿命结束时，要为 0.84 kg（由 0.94–0.10 计算所得）的废料净值进行信用/借贷计算；如果废料输入值较高（例如：0.60 kg），则在金属产品寿命结束时，要为 0.34 kg（由 0.94–0.60 计算所得）废料净值进行信用/借贷计算。

铝产品 EOL 分配方法示例

本节介绍了如何计算包括加工废料回收在内的铝汽车零部件"从摇篮到大门"LCI 的一个示例（在这个示例中使用的是 CRC 冲压汽车零部件的二氧化碳排放量）。在此示例中二氧化碳被作为一个图示流（见图 2）。同样的计算方法也适用于所有 LCI 的输入和输出。

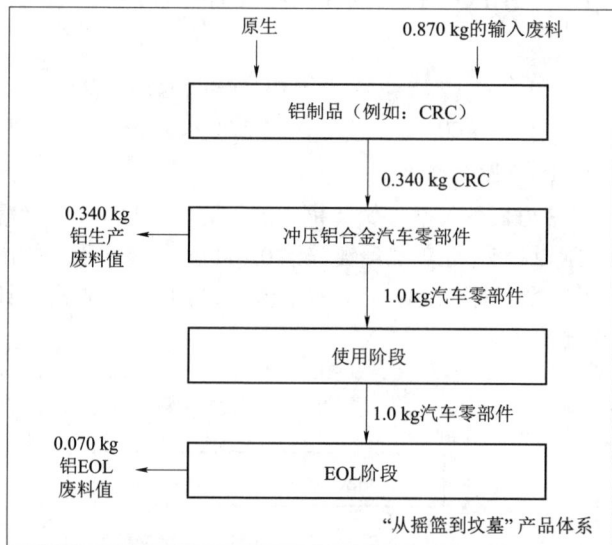

图 2　铝制品 EOL 分配方法的示例

$$LCI_{C2G \text{ 带有生产废料}} = 6.421 - 0.340 \times 6.930$$

$$LCI_{C2G \text{ 带有生产废料}} = 4.065 \text{ kg } CO_2$$

式中，6.421——每 1.340 kg NA CRC 铝的二氧化碳排放量数值（kg），6.421 是由
　　　　1.340 kg 乘以每 kg NA CRC 铝的 4.792 kg CO_2 因子得出的，见表 4；

　　　1.340——制造 1 kg 的 CRC 铝冲压汽车零部件所用北美 CRC 铝的数值[10]
　　　　（kg）；

　　　0.340——制造 1 kg 的 CRC 冲压汽车零部件所产生加工废料的数值[10]
　　　　（kg）；

6.930——每 kg 铝生产废料的 CO_2（kg）的值。

因此，每 1 kg 铝生产废料的 CO_2 值可以计算如下：

$$CO_{2\text{ 铝生产废料值}}=0.957\times(7.875-0.634)=6.930\text{ kg }CO_2$$

式中，95.7%——生产废料的回收产率[12]；

7.875——每 kg 初生铝锭的二氧化碳排放值（kg），见表 4；

0.634——每 kg 再生铝锭（100%废料）的二氧化碳排放值（kg），见表 4。

同样，示例中包括 EOL 废料回收在内的铝汽车部件的"摇篮到大门"LCA 计算如下：

$$LCI_{C2G\text{ 带有生产废料}}=4.065-(0.94-0.870)\times6.471$$

$$LCI_{C2G\text{ 带有生产废料}}=3.612\text{ kg }CO_2$$

式中，0.94——EOL 回收废料[4]（kg）；

0.870——1.340 kg NA CRC 铝中加入的废料（kg），0.870 是由 1.340 kg 乘以每 kg NA CRC 铝 0.649 kg 的废料因子得出的，见表 4；

6.471——每 kg 铝 EOL 废料的 CO_2 值（kg）。

因此，每 kg Al EOL 废料的 CO_2 值可以计算如下：

$$CO_{2\text{ 铝 EOL 废料值}}=0.96\times(7.875-1.134)=6.471\text{ kg }CO_2$$

式中，96%——铝 EOL 废料的回收产率[12]；

7.875——每 kg 初生铝锭的二氧化碳排放值（kg），见表 4；

1.134——每 kg 再生铝锭（具有原生金属和添加合金）的二氧化碳排放值（kg），见表 4。

LCA 指标和结果

表 5 所示为 Mach-I 汽车零部件"从摇篮到坟墓"LCA 的总净节省情况。LCIA 结果是用美国环保局 TRACI V2.1 的特征因数、2012 年的方法学与 LCA 软件 SimaPro 的 8.03，2014 版计算得出的[6, 7]。所有与能源相关的 LCI 指标（NRF、NRN、NRB、RH、RSGW 和 RB）都是用 CED v.1.8，SimaPro 的特征因数计算得出的。根据用 SimaPro 计算的总输入/输出 LCI 流，手动计算与两种材料相关的 LCI 指标（NRMR 和 RMR）。正值（+）表示"从摇篮到坟墓"LCA 相关的环境负荷的增加；负值（−）表示环境负荷的减少，换句话说就是，负值表示有益于环境的"环保节能"。与 2013 款福特 Fusion 相比，Mach-I 设计显示出明显的环境效益，两者均在北美创造并行驶了 250 000 km，这均是按照所有选定的 LCA 和 LCA 影响类别进行的。在主要能源指标方面，Mach-I 消耗了更少的基本矿物燃料和核能以及更多的可再生能源，从而使得一次能源

节能总量达到 156 197 MJ。

表5　Mach-I 汽车零部件"从摇篮到坟墓"环境概况的总净变化

（$LTDD_V$ =250 000 km；总汽车零部件数= 67）

LCIA 和 LCI 指标	指标单位	Mach-I 汽车零部件"从摇篮到坟墓"的总净变化
酸化潜力（AP）	kg SO_2 当量	−11.8
富营养化潜力（EP）	kg 氮水当量	−0.06
全球变暖潜能（GWP）	kg CO_2 当量	−10 817
光化学臭氧形成潜力（POCP）	kg O_3 当量	−266
有害人类健康的潜在颗粒（HHPP）	kg PM2.5 当量	−0.83
消耗平流层臭氧层的潜能（ODP）	kg CFC-11 当量	−1.05E-03
一次能源总量（TPE）（TPE 分类如下）	MJ	−156 197
非可再生能源——化石能源（NRF）	MJ	−157 345
非可再生能源——核能（NRN）	MJ	−83
非可再生能源——生物质能（NRB）	MJ	0.004
可再生能源——水电（RH）	MJ	1 422
可再生能源——RSGW（太阳能、地热能、风能、未指明的）	MJ	166
可再生能源——生物质能（NRB）	MJ	−357
不可再生物质资源的利用（NRMR）	kg	−933
可再生生物质资源的利用（RMR）（空气中的 CO_2、空气中的 N_2、空气中的 O_2、木材）	kg	7.00[①]

备注：
① 由于 RMR 指标包括"空气中的二氧化碳"，因此不考虑将正值作为环境负担。

　　表6 所示为 Mach-I 汽车零部件在生命周期阶段的基础上"从摇篮到坟墓"的总净变化（以绝对值计算）。Mach-I 汽车零部件在生产阶段 LCA 结果的总净变化受到以下三个重要因素的明显影响：

　　（1）以钢和铁的材料减少为主的较高程度的 Mach-I 整车质量减小（总共364 kg）（见表1 和表3）；

　　（2）大量及中等数量至大量的北美半成品铝和钢铁制品的输入废料有助于改善这些制品的环境属性（见表4）；

　　（3）在北美地区铝冶炼设施所使用 75%的水电基础（清洁）电网组合，这有助于 NA 铝产品环境概况的全面改善（见表4）。

Mach-I 汽车零部件在使用阶段 LCA 结果的总净变化是由 364 kg（23%）的整车质量减小来确定的，由此可使发动机小型化，与 2013 福特 Fusion 的 28 mpg（8.41/100 km）相比，Mach-I 实现了 34 mpg（6.91/100 km）的综合燃油经济性。Mach-I 汽车零部件在 EOL 阶段 LCA 结果的总净变化受到北美地区钢和铝产品较高的 EOL 回收率及 EOL 回收方法的明显影响。

表 6 Mach-I 汽车零部件"从摇篮到坟墓"按生命周期阶段的总净变化（基于绝对值）
（$LTDD_V$ = 250 000 km；汽车零部件总数=67）

影响类别	单 位	总净变化/"从摇篮到坟墓"	总净变化/生产阶段	总净变化/使用阶段	总净变化/EOL 阶段
AP	kg SO_2 当量	−11.8	1.0	−9.3	−3.5
EP	kg N 当量	−0.06	2.47	−0.35	−2.18
GWP	kg CO_2 当量	−10 817	513	−11 071	−259
POCP	kg O_3 当量	−266	0.49	−228	−39
HHPH	kg PM 2.5 当量	−0.83	1.28	−1.27	−0.84
ODP	kg CFC-11 当量	−1.05E-03	−1.06E-03	−4.26E-07	9.03E-06
TPE	MJ	−156 197	6 624	−154 618	−8 203
NRF	MJ	−157 345	1 734	−154 253	−4 826
NRN	MJ	−83	943	0	−1 026
NRB	MJ	0.004	0.009	0	−0.004
RH	MJ	1 422	3 693	0	−2 271
RSGW	MJ	166	245	0	−79
RB	MJ	−357	8	−365	−0.3
NRMR	kg	−933	−2 076	0	1 143
RMR	kg	7.0	10.5	0	−3.4

图 3 和图 4 所示为两种车辆设计的 GWP 和 TPE 盈亏平衡点。为了能够精确描述 MMLV Mach-I 设计带来的生命周期 GWP 和 TPE 的总净变化，我们按照生产、使用和 EOL 阶段对生命周期影响进行结构划分。图 3 和图 4 仅分别显示了两种车辆设计生命周期的温室气体排放量绝对值和总一次能量流的差异。由于轻量化 Mach-I 设计有助于节省燃料，所以我们得到的 GWP 和 TPE 在超过 250 000 km 的 $LTDD_V$ 图形表示的斜率是负值（即下降斜率）。

图 3 中阐明了 Mach-I 汽车零件生命周期 GWP 盈亏平衡点为 11 589 km，生命周期 GWP 的总净减少为 10 817 kg CO_2 当量。图 4 中阐明了 Mach-I 汽车零件生命周期 TPE 盈亏平衡点为 10 710 km，生命周期 TPE 的总净减少为 156 197 MJ。

227

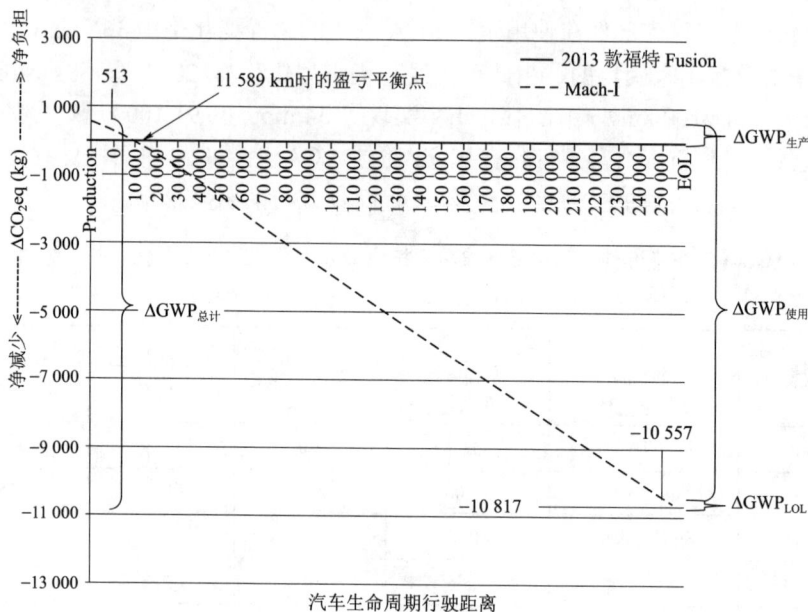

图3　MMLV Mach-I 汽车零部件生命周期内的 GWP 总净变化和盈亏平衡点
（$LTDD_V$=250 000 km）

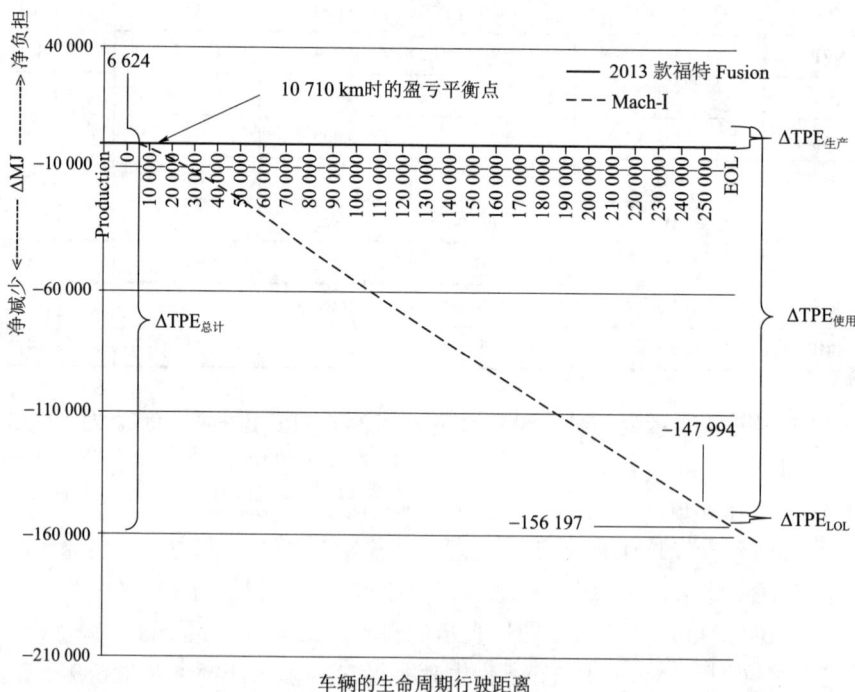

图4　MMLV Mach-I 汽车零部件生命周期内的 TPE 总净变化和
盈亏平衡点（$LTDD_V$=250 000 km）

敏感性分析

LCA 研究中所使用的敏感性分析可以确定假设、方法和输入数据对研究结果的影响。该研究主要是为了确定最重要问题的敏感性。敏感性分析的步骤是将通过某些给定假设、方法或者数据所得出的结果与改变后的假设、方法或者数据所得出的结果进行对比。在敏感性分析中，通常要检查假设和数据在一定范围内变化（例如：10%）时对结果的影响。然后，我们对两种结果（基本情况和变更假设后的情况）进行对比[4]。

敏感性可以表达为变化百分比或者结果偏差的绝对值。在此基础上，我们可以识别出结果中的主要变化（例如：大于 10%）。我们对下列 12 个选定的关键敏感性参数（SP）进行了敏感性分析。

（1）SP1：$LTDD_V$。

SP1.1：$LTDD_V$ 参数在 250 000 到 200 000 km 的范围内改变；

SP1.2：$LTDD_V$ 参数在 250 000 到 300 000 km 的范围内改变。

（2）SP2：动力总成匹配。

对它进行敏感性分析，以便对比说明"动力总成匹配"与"不匹配"的结果。

（3）SP3：34 mpg 的 Mach-I CFE_M。

SP3.1：34 mpg 的 CFE_M 改变+2 mpg (+6%)；

F_{CP} 的计算值为 0.51 L/（100 km×100 kg）(+28%)；MMLV Mach-I 设计整个生命周期质量引起的燃料节省等于–4 675 L（由 16 325–21 000 计算所得）或–1 235 gal；

SP3.2：34 mpg 的 CFE_M 改变–2 mpg（–6%）；

F_{CP} 的计算值为 0.29 L/（100 km×100 kg）（–28%）；MMLV Mach-I 设计在整个生命周期内质量所带来的燃料节省等于–2 625 L（由 18 375–21 000 计算所得）或–693 gal。

（4）SP4：回收分配规则。

对它进行敏感性分析，以对比"再生成分"与"寿命终止"分配方法的应用结果。

（5）SP5：汽油的 WTW LCI 概况。

混合燃料的混合参数从 35%的传统汽油（CG）和 65%的新配方汽油（RFG）改变为 50/50 的 CG 和 RFG。

（6）SP6：寿命终止铝废料的 LCI 概况。

从经济方面考虑，从汽车中单独收集锻造合金预计在不久的将来是可行的，铝次级锭（原生金属和添加的合金）被铝产品 EOL 阶段回收铝（100%废料）LCI 情况所替代。

（7）SP7：金属冲压工艺。

假设每 kg 金属冲压汽车部件的燃料和耗电量增加 10%。

（8）SP8：碳纤维汽车零件寿命终止处置情况。

假定碳纤维的汽车零部件不是在 EOL 阶段的焚烧炉中处置而是在垃圾填埋场进行处置。

（9）SP9：运输数据。

假定在铁路和公路运输模式下，半成品材料到生产场地的运输距离均缩短 100 km，即分别从 300 km 缩短到 200 km，从 500 km 缩短到 400 km。生产废料到回收或处置场并用卡车进行 EOL 运行的运输距离从 250 km 缩短为 150 km。

（10）SP10：塑料汽车零件的 EOL 处置模式。

假定塑料汽车零部件不是在 EOL 阶段的垃圾填埋场处置而是在焚烧炉中进行处置的。

（11）SP11：轮胎的 EOL 处置模式。

假定轮胎不是在 EOL 阶段的垃圾填埋场处置而是在焚烧炉中进行处置的。

（12）SP12：EOL 回收废料比率。

为了突出汽车零部件 EOL 回收的贡献，我们对 EOL 回收废料比率参数进行敏感性分析（EOL 回收废料比率从 0.94 分别变为 0.5、0.75 和 0.98）。

表 7 所示为 GWP 和 TPE 相对于 12 个选定的关键参数的敏感度。因为 GWP 和 TPE 指标在与气候变化和未来能源安全相关的未来决策方面的重要性，所以敏感性分析通常集中于这两个指标。GWP 和 TPE 被认为对 250 000 km 基准 $LTDD_V$ 的变化同样敏感。$LTDD_V$ 参数减少（−）或增加（+）20% 会导致 GWP 与 TPE "从摇篮到坟墓"的总净减少分别下降或增加 20%。0.40 L/100 km × 100 kg（相应动力总成）的 F_{CP} 质量所引起的燃料变化潜值发生 60% 的改变，且不调节 0.168 L/100 km×100 kg（F_{CO}）（无适配的情况）的情况下，可导致"从摇篮到坟墓" GWP 和 TPE 总净减少分别下降 60% 左右。同样，负（−）或正（+）6% 的 CFE_M（∓28% 的 F_{CP} 参数变化）参数变化可导致"从摇篮到坟墓" GWP 和 TPE 总净减少分别下降和增加约 28%。Mach-I 的 CFE_M 和 $LTDD_V$ 被认为是本 LCA 研究结果中最重要的参数。此外，EOL 废料回收率和回收分配规则（"寿命终止"与"再生成分"方法）被认为是第三和第四重要的参数。

我们发现 GWP 和 TPE 对其余参数（SP5～SP11）的变化不太敏感。我们选定的各种假设对 GWP 和 TPE 影响并不明显，其影响分别小于 1% 和 3%。总而言之，Mach-I 设计结合了 54.2 kg 碳纤维部件（横梁总成、座椅总成、车轮、油底壳总成和传动轴总成）。如果未来的车辆设计增加了碳纤维零部件的数量，那么 SP8 敏感度参数（碳纤维汽车零部件 EOL 场景）可能就会变得更为敏感。结论部分也强调了敏感性分析的总体结论。

表7　敏感度分析：从"摇篮到坟墓"GWP 和 TPE 指标的总净减少
（以绝对值和与基准的百分比计）

影响类别	单　位	基础案例	变动后的假设	偏差——以绝对值计	偏差/%
SP1.1　$LTDD_V$ 参数从 250 000（基础案例）变为 200 000 km					
GWP	kg CO_2 当量	−10 817	−8 603	2 214	−20
TPE	MJ	−156 197	−125 273	30 924	−20
SP1.2　$LTDD_V$ 参数从 250 000（基础案例）变为 300 000 km					
GWP	kg CO_2 当量	−10 817	−13 031	−2 214	20
TPE	MJ	−156 197	−187 120	−30 924	20
SP2　0.40 L/100 km×100 kg（动力总成匹配）的 F_{CP} 变为 0.168 L/100 km×100 kg 的 F_{CO}（无适配）					
GWP	kg CO_2 当量	−10 817	−4 361	6 456	−60
TPE	MJ	−156 197	−66 034	90 163	−58
SP3.1　34 mpg 的 CFE_M 改变+2 mpg (+6%)					
GWP	kg CO_2 当量	−10 817	−13 847	−3 031	28
TPE	MJ	−156 197	−198 524	−42 327	27
SP3.2　34 mpg 的 CFE_M 改变−2 mpg (−6%)					
GWP	kg CO_2 当量	−10 817	−7 664	3 153	−29
TPE	MJ	−156 197	−112 163	44 034	−28
SP4　回收分配规则："闭环"与"再生成分"方法的对比					
GWP	kg CO_2 当量	−10 817	−10 644	173	−2
TPE	MJ	−156 197	−149 508	6 689	−4
SP5　混合燃料的混合参数从 35%的 CG 和 65%的 RFG 变为 50/50 的 CG 和 RFG					
GWP	kg CO_2 当量	−10 817	−10 826	−9	0.1
TPE	MJ	−156 197	−156 822	−626	0.4
SP6　铝次级锭（基础案例）被铝产品 EOL 阶段回收铝（100%废料）LCI 情况替代					
GWP	kg CO_2 当量	−10 817	−10 842	−25	0.2
TPE	MJ	−156 197	−156 584	−388	0.2
SP7　每 kg 金属冲压汽车部件的燃料和电力消耗量增加 10%					
GWP	kg CO_2 当量	−10 817	−10 833	−17	0.2
TPE	MJ	−156 197	−156 523	−326	0.2
SP8　碳纤维的汽车零部件不是在 EOL 阶段焚烧炉中处置而是在垃圾填埋场进行处置					
GWP	kg CO_2 当量	−10 817	−10 764	53	−0.5

影响类别	单 位	基础案例	变动后的假设	偏差——以绝对值计	偏差/%
TPE	MJ	−156 197	−152 705	3 492	−2.2
SP9　运输距离减少 100 km（参见上面的具体内容）					
GWP	kg CO₂ 当量	−10 817	−10 796	21	−0.2
TPE	MJ	−156 197	−155 907	289	−0.2
SP10　塑料汽车零部件在 EOL 阶段不是在垃圾填埋场（基础案例）处置而是在焚烧炉中进行处置					
GWP	kg CO₂ 当量	−10 817	−10 796	−10 796	0.9
TPE	MJ	−156 197	−155 907	−155 907	−2.3
SP11　轮胎在 EOL 阶段不是在垃圾填埋场（基础案例）处置而是在焚烧炉中进行处置					
GWP	kg CO₂ 当量	−10 817	−10 934	−117	1.1
TPE	MJ	−156 197	−154 945	1 251	−0.8
SP12.1　北美汽车零件的 EOL 回收废料比率从 0.94（基础案例）变为 0.50					
GWP	kg CO₂ 当量	−10 817	−10 357	460	−4.2
TPE	MJ	−156 197	−146 166	10 030	−6.4
SP12.2　北美汽车零件的 EOL 回收废料比率从 0.94（基础案例）变为 0.75					
GWP	kg CO₂ 当量	−10 817	−10 618	198	−1.8
TPE	MJ	−156 197	−151 865	4 331	−2.8
SP12.3　北美汽车零件的 EOL 回收废料比率从 0.94（基础案例）变为 0.98					
GWP	kg CO₂ 当量	−10 817	−10 859	−42	0.4
TPE	MJ	−156 197	−157 108	−912	0.6

总　　结

根据生命周期清单、影响评估和敏感性分析，我们可得出以下结论：

（1）在两者均在北美创造并行驶了 250 000 km 的情况下，MMLV Mach-I 设计的环境影响在所有选定的 LCA 和 LCI 影响类别方面均优于 2013 款福特 Fusion。

（2）LCA 计算估计出的全球变暖潜能值（GWP）可从 Fusion 的 68 446 kg CO₂ 当量降低到 MMLV Mach-I 的 57 629 kg CO₂ 当量，即降低了 16%。类似地，我们通过 LCA 计算估计车辆在使用寿命期间的总一次能源（TPE）也会从 Fusion 的 986 090 MJ 降低到 MMLV Mach-I 的 829 893 MJ，即减少 16%。

（3）具体来说，与 2013 款福特 Fusion "从摇篮到坟墓" 的 LCA 相比，MMLV Mach-I "从摇篮到坟墓" 的总净减少量（以百分比计算）可产生 AP（14%）、EP（0.4%）、GWP（16%）、POCP（16%）、HHPH（8%）、ODP（16%）、TPE（16%）、NRMR（29%）和 RMR（9%）方面的明显环境效益。

（4）MMLV Mach-I 设计在 GWP（超出 11 589 km）和 TPE（超出 10 710 km）方面优于 2013 款福特 Fusion。

（5）包括燃料生产和燃烧在内的使用阶段占 MMLV Mach-I 设计生命周期中在 AP、GWP、POCP、HHPP 和 TPE 总净减少的大部分。

（6）生产阶段在生命周期中的 ODP、NRMR 和 RMR 总净减少占主导地位。生命周期的 EP 总净减少是由 EOL 阶段主导的。总体而言，EOL 阶段有助于增加所有影响类别（ODP 除外）的 "从摇篮到坟墓" 的总净减少。

（7）MMLV Mach-I 设计总共实现了 364 kg（23%）的质量减小（整车质量从 1 559 kg 减小到 1 195 kg），从而使发动机小型化，而这也实现了其 34 mpg（8.4 L/100 km）的综合燃油经济性，相比之下基准车辆的综合燃料经济性只有 28 mpg（6.9 L/100 km）。汽车零件轻量化所引起的在整个生命周期中由于质量减小产生的燃料节省带来了 3 642 L（或 962 gal）的明显的燃油经济性效益。

（8）车身（子系统 1）对 "从摇篮到坟墓" 的生命周期中 AP（43%）、GWP（35%）、POCP（44%）和 HHPP（57%）总净减少的贡献最大。内饰（子系统 2）和底盘（子系统 3）也是 "从摇篮到坟墓" 的生命周期中 ODP（100%）和 EP（超过 100%）总净减少的主要贡献者。

（9）白车身、面板、座椅和车轮汽车零部件子总成则为在整个生命周期中由于质量减小引起的燃油节省做出了最显著的贡献，其燃油节省量分别为 758 L（21%），292 L（8%），292 L（8%）和 290 L（8%）。这四个汽车零部件子总成也是 MMLV Mach-I 车辆设计框架中质量减小最多的。

（10）白车身、面板、轮胎和座椅汽车零部件子总成是 "从摇篮到坟墓" 的生命周期中 AP、EP、GWP、POCP 和 HHPP 总净减少的最大贡献者。HVAC 汽车零部件子总成是 "从摇篮到坟墓" 的生命周期中 ODP 总净减少的主要贡献者。

（11）我们所给出的 LCA 结果表明，大多数影响元素（ODP 和 NRM 除外）超过 79% 的 "从摇篮到坟墓" 的总净减少与使用阶段（汽油生产和燃烧的总净变化）相关，总净减少被认为对 CFE_M 和 $LTDD_V$ 在使用阶段的参数敏感。此外，EOL 废料回收率和回收分配规则（"寿命终止" 与 "再生成分" 方法）被认为是第三和第四重要的参数。七个不同假设中的剩余的部分（例如：汽油 "从油井到车轮" LCI 情况，铝废料 EOL LCI 情况，金属冲压工艺，碳纤维 EOL 处置方案，塑料和轮胎汽配以及交通数据）对 GWP 和 TPE 的影响不明显，其

233

影响分别小于 1% 和 3%。

参 考 文 献

［1］ Bushi, L.. "Comparative LCA Study of Lightweight Auto parts of MMLV Mach-Ⅰ Vehicle as per ISO 14040/44 LCA Standards and CSA Group 2014 LCA Guidance Document for Auto Parts", A LCA report prepared for Promatek Research Centre, Canada, 2014, 169 pp.

［2］ International Organization for Standardization, "Environmental Management - Life Cycle Assessment - Principles and Framework", ISO 14040:2006.

［3］ International Organization for Standardization, "Environmental Management - Life Cycle Assessment - Requirements and guidelines", ISO 14044:2006.

［4］ CSA Group, "SPE-14040-14-Life Cycle Assessment of Auto Parts- Guidelines and Requirements for Conducting LCA of Auto Parts Incorporating Weight Changes Due to Material Composition, Manufacturing Technology, or Part Geometry, 2014.

［5］ Das, S.. "Automotive System Cost Model (ASCM) Development",US DOE EERE, Advanced Vehicle Technology Analysis and Evaluation Activities, FY 2005 Annual Progress Report, 2005, pp 60-64.

［6］ PRé Consultants, SimaPro LCA software, Version 8.0.3,2014.

［7］ US EPA, ORD/NRMRL/Sustainable Technology Division, Systems Analysis Branch, "Tool for the Reduction and Assessment of Chemical and other Environmental Impacts (TRACI), TRACI version 2.1-User's Manual",2012, 24 pp.

［8］ US EPA fueleconomy.gov website: http://www.fueleconomy. gov/feg/bvmodel/2013 Ford Fusion.shtml.

［9］ Argonne National Laboratory, GREET.net 2013 software (Version 1.1.0.9745).

［10］ Argonne National Laboratory, GREET™ 2012 software, GREET2 Model.

［11］ World Steel Association, "Life cycle assessment methodology report, Life cycle inventory study for steel products, 2011, 95pp.

［12］ The Aluminum Association, "The Environmental Footprint of Semi-Finished Aluminum Products in North America", 2013, 124 pp.

［13］ PE INTERNATIONAL, Inc., Life Cycle Assessment of Polymers in an Automotive Assist Step, Prepared for: American Chemistry Council, 2012, 56 pp.

［14］ Koffler, C. and Rohde-Brandenburger, K..On the Calculation of Fuel Savings through Lightweight Design in Automotive Life Cycle Assessments, Int J Life Cycle Assess 15 (1): 128-135, 2010, doi: 10.1007/s 11367-009-0127-z.

［15］ Atherton, J.. Declaration by the Metals Industry on Recycling Principles, International

234

Journal of LCA 12 (1) 59-60, 2007, doi: http://dx.doi.org/10.1065/lca2006.11.283 .

致　谢

感谢麦格纳国际公司（Magna International Inc.）和安大略省对此 LCA 项目的资助，也感谢麦格纳国际公司（Magna International Inc.）、福特汽车公司（Ford Motor Company）和美国能源部对 LCA 车辆特定输入数据相关研究的支持和帮助。最后但也是最重要的，要感谢第三方关键评审员 Simone Ehrenberger 在改进 LCA 报告方面给予的宝贵意见和建议。

免 责 声 明

235

缩　写

AHSS——先进高强度钢

ASCM——汽车系统成本建模

AP——酸化潜力

BOF——氧气顶吹转炉

CAFE——公司平均燃油经济性标准

CFC-11——含氯氟烃

CFRP——玻璃纤维增强塑料

CG——传统汽油

CO_2——二氧化碳

CRC——冷轧卷钢

CSA Group™——以"CSA 集团"运营的加拿大标准协会的商标

EAF——电弧炉

EG——电镀锌钢

EOL——寿命终止

EP——富营养化潜力

ES——工程用钢

GFRP——玻璃纤维增强塑料

GWP——全球变暖潜能

HDG——热浸镀锌钢板

HHPP——影响人类健康潜在颗粒

HVAC——暖气、通风和空调

IIHS——公路安全保险协会

ISO——国际标准化组织

LCA——生命周期评估

LCI——生命周期清单

LCIA——生命周期影响评估

$LTDD_A$——汽车零部件使用寿命行驶距离

$LTDD_V$——基准车辆使用寿命行驶距离

MC——质量变化率

MJ——兆焦耳

MMLV——多材料轻量化车辆

mpg——每加仑英里数

N——氮

NHTSA——美国国家公路交通安全管理局

NRB——非可再生能源（生物质能）

NRF——非可再生能源（化石能源）

NRN——非可再生能源（核能）

NRMR——不可再生物质资源的利用

NVH——噪声、振动和声振粗糙度

O_3——臭氧

ODP——平流层臭氧耗竭潜力

PCV——客运和货运量

PHRC——酸洗热轧卷钢

PM2.5——直径小于或等于 2.5 μm 的颗粒物

POCP——光化学臭氧形成潜力

RB——可再生能源（生物质能）

RFG——重整汽油

RH——可再生能源（水电）

RMR——可再生物质资源的利用

RSGW——再生能源（太阳能，地热，风能，未指定的）

SO_2——二氧化硫

SP——灵敏度参数

TPE——总一次能源

TRACI——减少和评估化学品和其他环境影响的工具

US DOE——美国能源部

US EPA——美国国家环境保护局

Worldsteel——世界钢铁协会

WTP——从油井到油泵

WTW——从油井到车轮

MMLV 项目团队介绍

MMLV 项目是由代表麦格纳国际公司（Magna International Inc.）的 Tim Skszek 和 Jeff Conklin 以及代表福特汽车公司（Ford Motor Company）的 Matt Zaluzec 和 David Wagner 共同负责的。

Tim Skszek——负责北美自由贸易区（NAFTA）麦格纳国际公司（Magna International Inc.）研发部的政府合作活动。Tim 是 MMLV 项目的首席研究员，负责协调政府机关、福特汽车公司（Ford Motor Company）与麦格纳国际公司（Magna International Inc.）项目团队之间的联系，确保项目能够成功实施，并确保报告和项目的合规性。作为"镁前端项目"的项目接受者，Tim 领导了麦格纳资源部的包括车辆设计、预测分析、耐用性和高应变率测试在内的 Ford F-150 和 GM Cadillac CTS 前端项目活动。Tim 是金属铸造、镁和铝热成型以及生命周期分析领域的专家。他于 2003 年加入麦格纳国际公司（Magna International Inc.），其职业生涯的早期从事生产添加剂、机器人和电磁技术方面的工作。他于 1980 年在美国威斯康星大学获得冶金工程硕士学位，并且是一名注册专业工程师。

Jeff Conklin——卡斯马工程技术公司工程部经理。Jeff 领导了美国能源部共同资助的与福特汽车公司（Ford Motor Company）的合作项目"MMLV 项目"的开发。Jeff 于 1994 年以合作工科大学生的身份加入卡斯马公司，在过去的 20 年中，他曾经在公司内担任过许多职位。在其任职工程经理的过去六年中，他一直参与重点为超高强度钢和铝压铸产品的底盘和车身结构项目。Jeff 于 1998 年在 GMI 工程管理学院（现在的

Kettering 大学）获得了机械工程学士学位，并于 2003 年在奥克兰大学获得了机械工程硕士学位。

Matt Zaluzec——福特汽车公司（Ford Motor Company）全球材料和制造部门的高级技术主管。Zaluzec 指导着由多学科工程师和科学家组成的世界一流的工作人员的工作并为他们制定了材料和制造策略，其中包括材料科学、先进的制造工艺、分析化学、高分子科学、CAE 和计算建模。他在创建旨在降低成本和减小质量，提高产品质量和确保产品长期可靠性的产品特定开发方案方面开创了良好的记录。Zaluzec 拥有超过 40 项的美国专利并发表过 80 多篇技术论文。Matt 在 1990 年完成了伊利诺伊大学材料科学与工程博士学位后加入福特汽车公司（Ford Motor Company）。他于 1984 年获得了伊利诺伊大学冶金工程学士学位。

David Wagner——福特汽车公司（Ford Motor Company） 轻量化车辆设计技术负责人。David 领导了负责调查和实施未来汽车轻量化结构系统的研究和先进工程小组，以便在达到最小化质量、成本和制造复杂性的同时还能够满足功能要求。最近，Wagner 和他的团队正在协助开发 2015 款 F-150 皮卡的轻量化框架以及铝驾驶室和货箱。David 是车身、闭锁系统和底盘设计以及车身结构和车辆系统工程方面的专家，他同时具有轻金属和复合材料、结构黏合剂和有限元分析方面的专业知识。Wagner 于 1990 年加入福特汽车公司（Ford Motor Company）。他于 1990 年获得了斯坦福大学的机械工程博士学位，并拥有 Notre Dame 大学土木工程学士和硕士学位。

多材料轻量化汽车（MMLV）项目

Tim Skszek， Jeff Conklin， Matt Zaluzec， David Wagner

多材料轻量化汽车（MMLV）项目解决了轻量化材料和多材料乘用车的制造问题。麦格纳国际公司（Magna International Inc.）、福特汽车公司（Ford Motor Company）和美国能源部已开发出多材料轻量化概念车，该车明显降低了燃油消耗量并有利于满足未来的 CAFE 法规。与比项目团队制造的概念车质量大很多的两辆 2013 款工厂现产车辆相比，概念车将发动机小型化与轻量化汽车材料相结合可降低 21% 的油耗（6 mpg）、减少 16% 的全球变暖潜势（CO_2）和降低 16% 的一次能源供应总量。我们给出了能够详细说明包括碰撞、耐腐蚀、耐久性和噪声、振动和声振粗糙度（NVH）在内的 MMLV 子系统的整车测试结果报告。从 MMLV 方案中结合有碳纤维、镁和钛的新铝密集结构的生命周期分析（LCA）中可以看出，该款概念车在不影响车辆性能或乘员安全的前提下，整车质量减小了 23.5%（363 kg）。

团队简介

Tim Skszek

领导了北美自由贸易区（NAFTA）麦格纳国际公司（Magna International Inc.）研发部的政府合作活动。Tim 是 MMLV 项目的首席研究员，负责协调政府机关、福特汽车公司（Ford Motor Company）与麦格纳国际公司（Magna International Inc.）项目团队之间的联系，确保项目能够成功实施，并确保报告和项目的合规性。

Jeff Conklin

工程部经理，在卡斯马工程部领导了与美国能源部共同出资开发的和与福特汽车公司（Ford Motor Company）合作的"MMLV项目"。在其任职工程经理的过去六年中，他一直参与重点为超高强度钢和铝压铸产品的底盘和车身结构项目。

Matt Zaluzec

福特汽车公司（Ford Motor Company）全球材料和制造部门的高级技术主管，他指导着由多学科工程师和科学家组成的世界一流的工作人员的工作并为他们制定了材料和制造策略，其中包括材料科学、先进的制造工艺、分析化学、高分子科学、CAE和计算建模。

David Wagner

福特汽车公司（Ford Motor Company）整车轻量化设计技术负责人，他领导了负责调查和实施未来汽车轻量化结构系统的研究和先进工程小组，旨在达到最小化的质量、成本和制造复杂性的同时还能够满足功能要求。

241

DOE 重点开发的提高车辆效率的材料

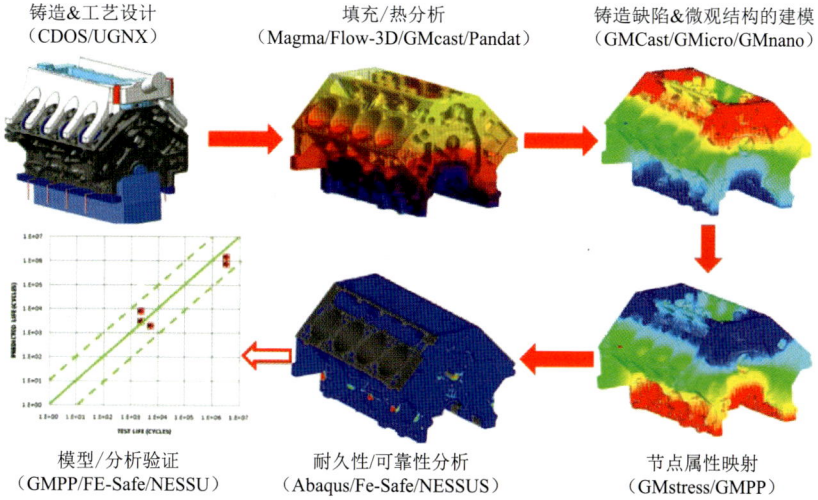

铸造&工艺设计
（CDOS/UGNX）

填充/热分析
（Magma/Flow-3D/GMcast/Pandat）

铸造缺陷&微观结构的建模
（GMCast/GMicro/GMnano）

模型/分析验证
（GMPP/FE-Safe/NESSU）

耐久性/可靠性分析
（Abaqus/Fe-Safe/NESSUS）

节点属性映射
（GMstress/GMPP）

图 5　针对铸造产品性能和寿命预测的通用汽车 VCCD 建模与仿真方法

（参考文献：2013 年美国能源部车辆技术办公室（DOE VTO）

驱动系统材料年度报告第 106 页的图 2）

MMLV：项目概况

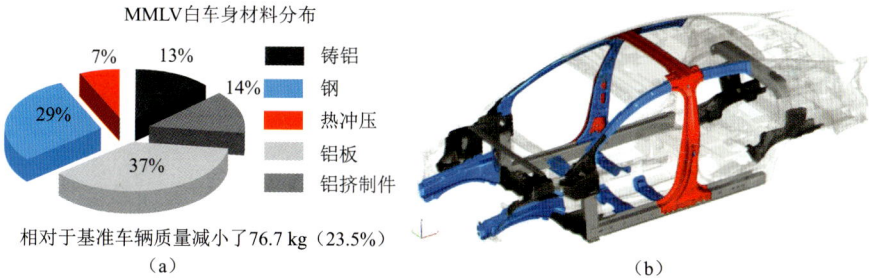

MMLV白车身材料分布

7%　13%　14%　29%　37%

■ 铸铝
■ 钢
■ 热冲压
□ 铝板
■ 铝挤制件

相对于基准车辆质量减小了76.7 kg（23.5%）

（a）

（b）

图 2　MMLV 白车身材料基质
——64%的铝和 36%的钢

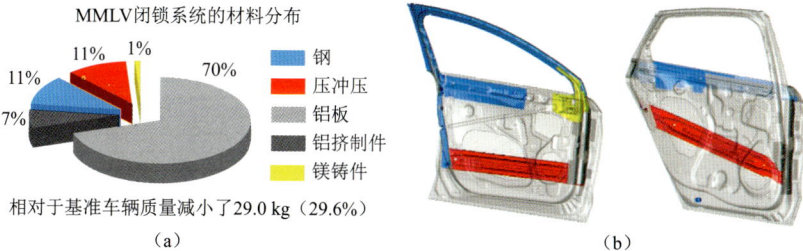

MMLV闭锁系统的材料分布

11%　1%　11%　7%　70%

■ 钢
■ 压冲压
□ 铝板
■ 铝挤制件
□ 镁铸件

相对于基准车辆质量减小了29.0 kg（29.6%）

（a）

（b）

图 3　MMLV 未油漆的闭锁系统材料基体
——64%的铝和 36%的钢以及车门结构设计亮点

1

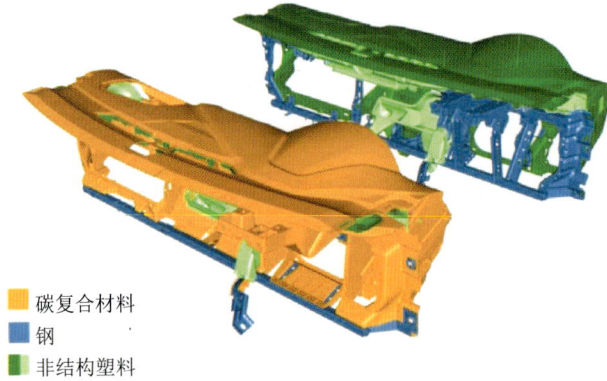

碳复合材料
钢
非结构塑料

图 6 Fusion 和 MMLV 仪表板梁和暖通空调系统管道的设计

白车身设计和计算机辅助工程（CAE）

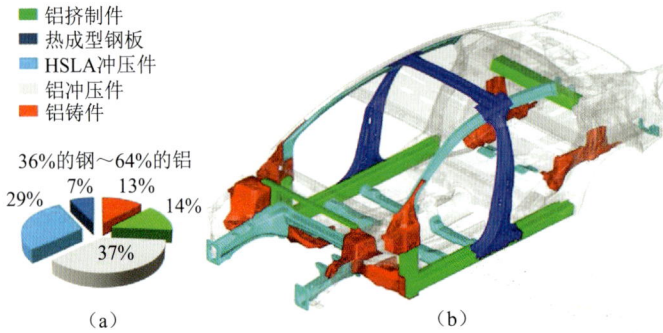

铝挤制件
热成型钢板
HSLA冲压件
铝冲压件
铝铸件

36%的钢～64%的铝
29% 7% 13%
14%
37%

（a）   （b）

图 2 MMLV 白车身设计

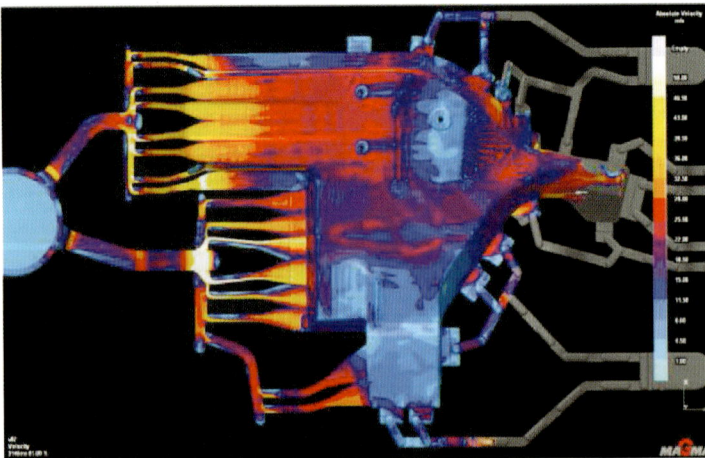

图 5 MMLV 强制降挡轨的 Magmasoft 铸造充型模拟

2

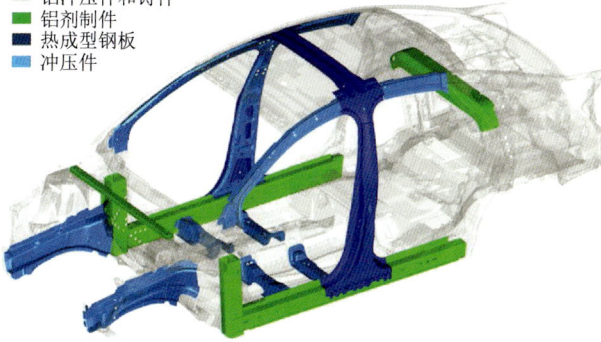

图 7　MMLV 白车身挤制件和主要钢构件

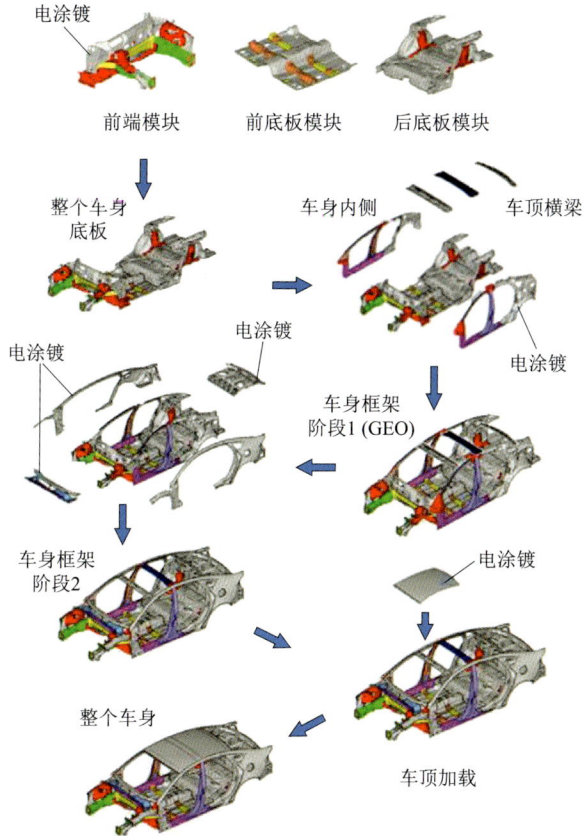

图 9　替代装配工艺

3

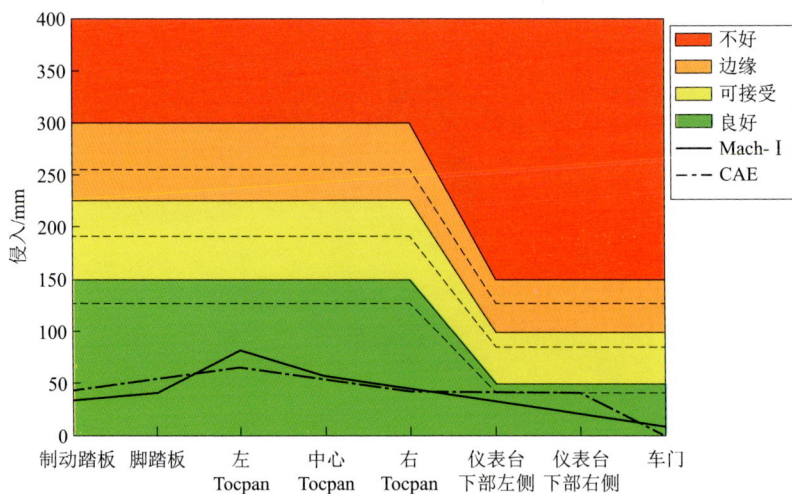

图 16 MMLV Mach-Ⅰ安全车辆 IIHS ODB 正面碰撞侵入曲线：
CAE 测试与物理测试的结果比较

MMLV：车门设计及其组件测试

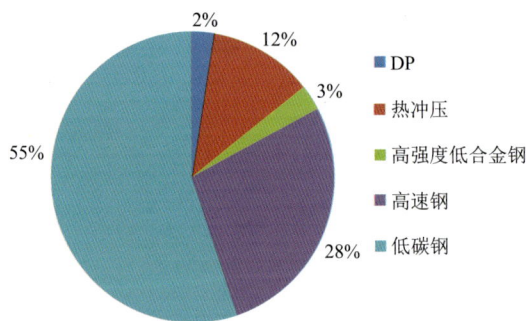

（a）

零件	零件	材料测量厚度
	内板	0.75
	外板	0.65
	防撞梁	1.6
	窗框加强件	0.9

（b）

图 4 按质量和主要板材的测量厚度列出的钢制基准车门的材料分布

4

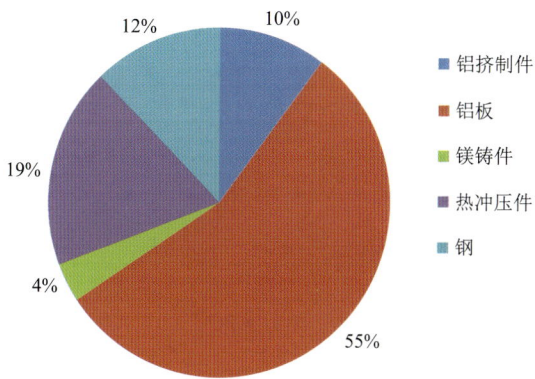

（a）

零件	零件	材料厚度
	内板	1.2 铝
	防撞梁	1.6 钢
	外板	0.8 铝
	铰链加强件	各种铝挤制件

（b）

图7　按质量和主要面板的测量厚度列出的
MMLV前车门的材料分布

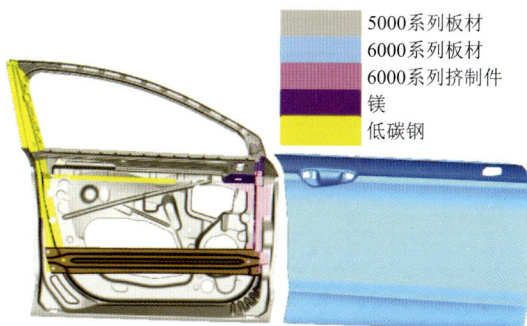

图10　MMLV车门材料（主要冲压件）

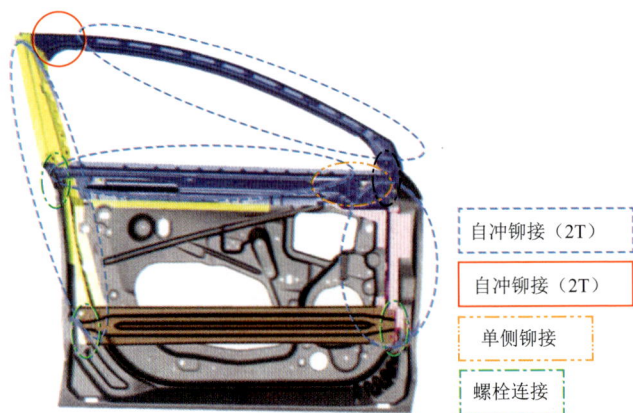

图 11　MMLV 车门结构的机械连接方法

自冲铆接（2T）
自冲铆接（2T）
单侧铆接
螺栓连接

MMLV：轻量化内饰系统设计

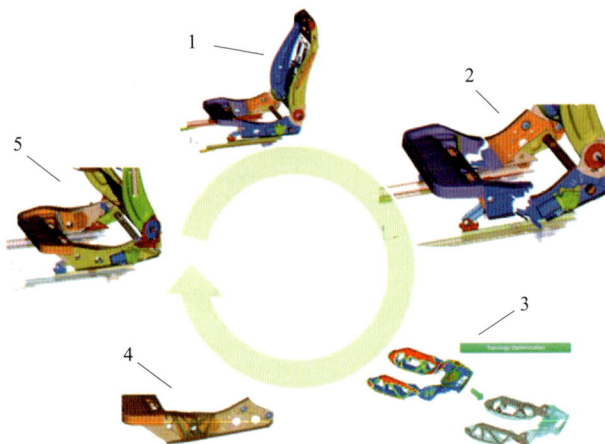

图 1　复合材料座椅的设计循环
1—初始 CAD 设计；2—设计评估；3—优化；4—设计改造；5—验证

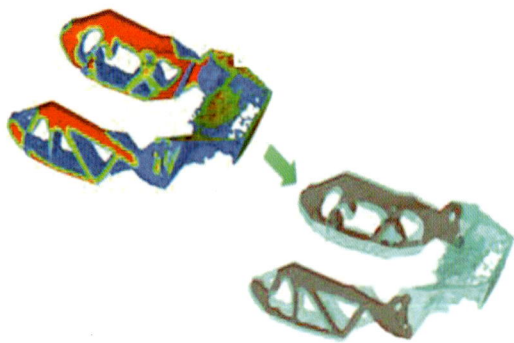

图 2　对座椅结构的拓扑优化

6

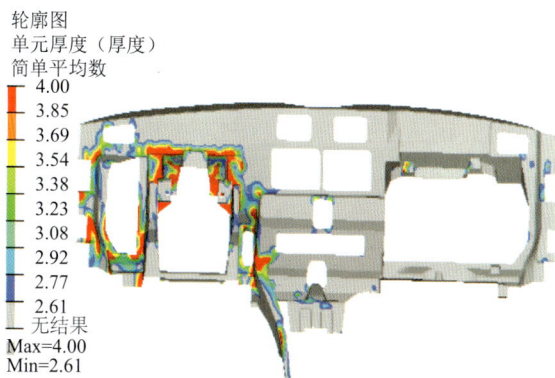

轮廓图
单元厚度（厚度）
简单平均数
4.00
3.85
3.69
3.54
3.38
3.23
3.08
2.92
2.77
2.61
无结果
Max=4.00
Min=2.61

图3　IP/CCB 的自由尺寸优化

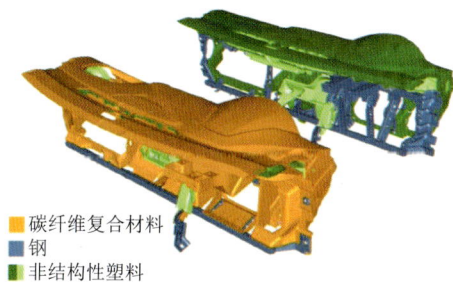

■ 碳纤维复合材料
■ 钢
■ 非结构性塑料

图6　碳纤维汽车仪表板梁

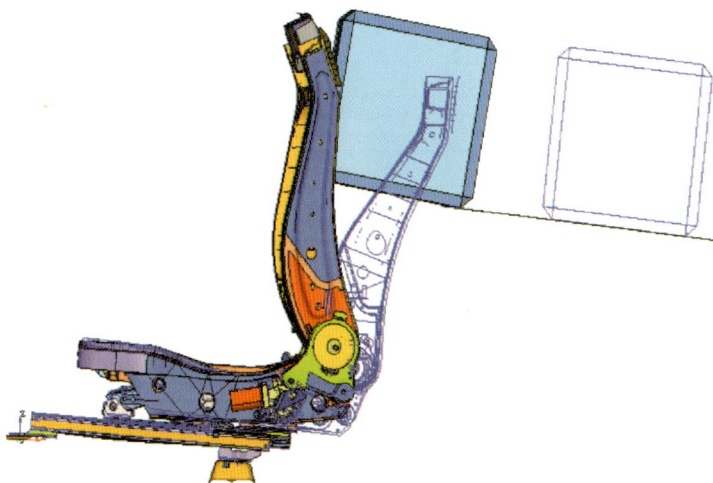

图7　货物保留分析中反弹时间的座椅变形

7

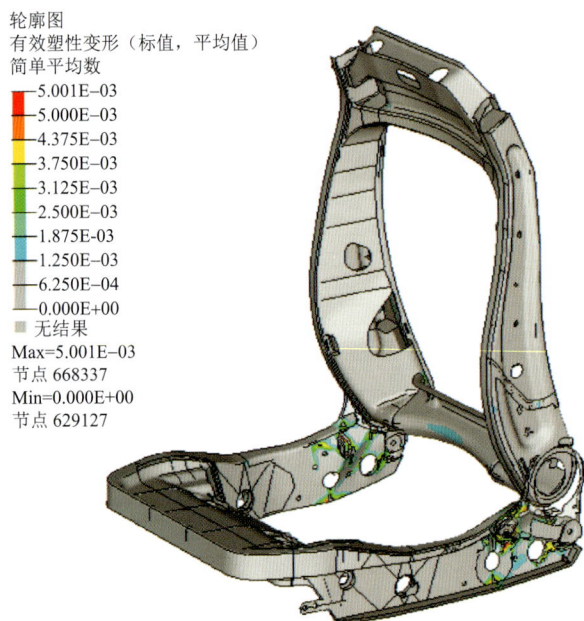

轮廓图
有效塑性变形（标值，平均值）
简单平均数

5.001E−03
5.000E−03
4.375E−03
3.750E−03
3.125E−03
2.500E−03
1.875E−03
1.250E−03
6.250E−04
0.000E+00
无结果
Max=5.001E−03
节点 668337
Min=0.000E+00
节点 629127

图 8 货物保留分析中反弹时复合材料的塑性变形

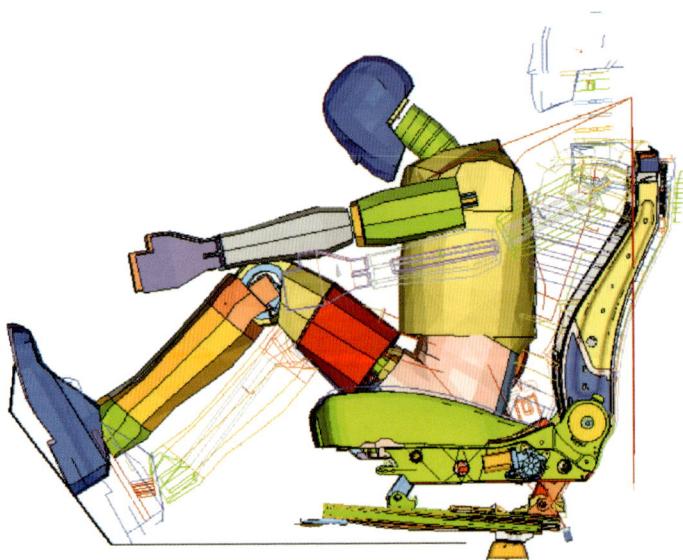

图 9 正面碰撞分析中反弹时座椅和假人的位移

8

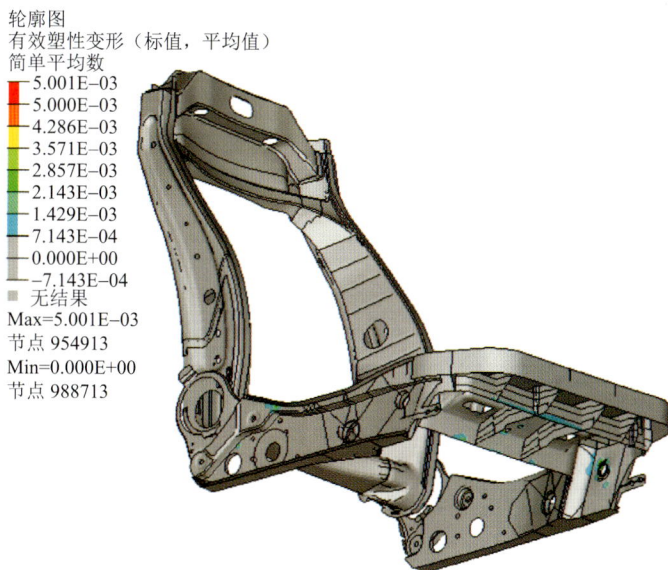

轮廓图
有效塑性变形（标值，平均值）
简单平均数
- 5.001E-03
- 5.000E-03
- 4.286E-03
- 3.571E-03
- 2.857E-03
- 2.143E-03
- 1.429E-03
- 7.143E-04
- 0.000E+00
- -7.143E-04
- 无结果
Max=5.001E-03
节点 954913
Min=0.000E+00
节点 988713

图 10　正面碰撞分析中反弹时复合材料的塑性变形

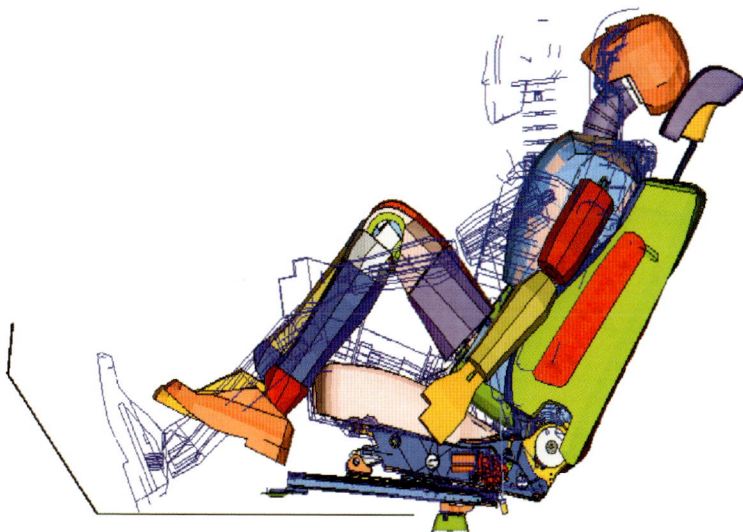

图 11　后面碰撞分析中反弹时间的座椅变形

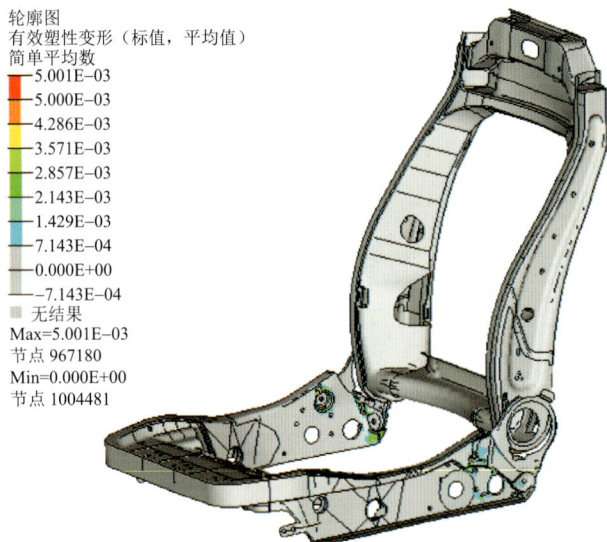

轮廓图
有效塑性变形（标值，平均值）
简单平均数
5.001E-03
5.000E-03
4.286E-03
3.571E-03
2.857E-03
2.143E-03
1.429E-03
7.143E-04
0.000E+00
-7.143E-04
无结果
Max=5.001E-03
节点 967180
Min=0.000E+00
节点 1004481

图 12　后面碰撞分析中反弹时复合材料的塑性变形

图 13　头枕极限载荷分析中的座椅靠背挠曲

轮廓图
有效塑性变形（标值，平均值）
简单平均数

5.625E-03
5.000E-03
4.375E-03
3.750E-03
3.125E-03
2.500E-03
1.875E-03
1.250E-03
6.250E-04
0.000E+00
无结果
Max=4.981E-03
节点 563881
Min=0.000E+00
节点 562699

图 14 头枕极限载荷分析中的复合材料的塑性变形

图 15 碳纤维仪表板横梁部件数量对比（71 基准与 21 MMLV 的对比）

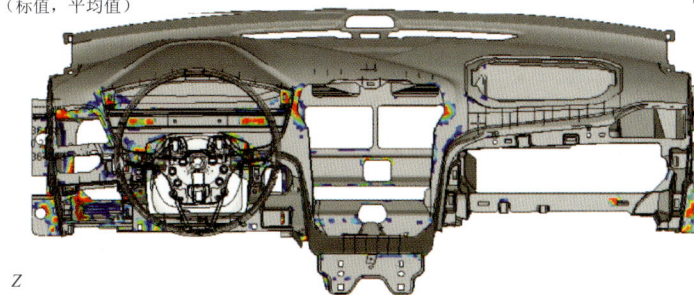

轮廓图
有效塑性变形（标值，平均值）
简单平均数

11.31
1.00
0.91
0.82
0.73
0.64
0.55
0.45
0.36
0.27
无结果

第2模态频率=3.721e+01 Hz
帧4

Z
Y
X

图 16 设计意图碳纤维复合材料 IP 的第 1 模态应变能

11

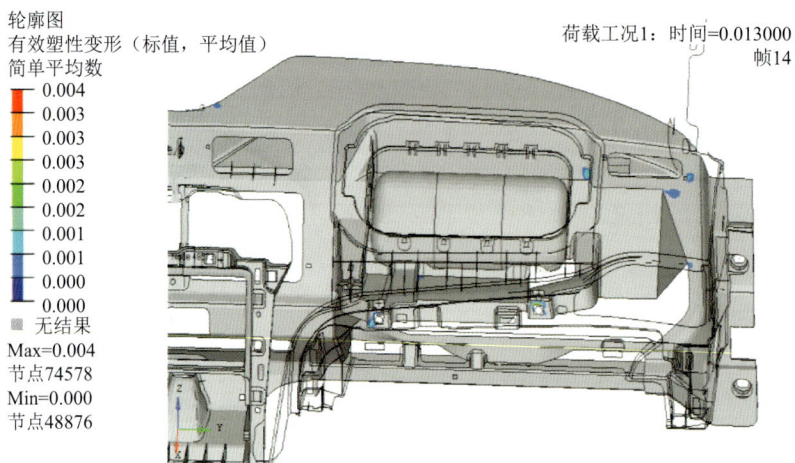

图 17 PAB 载荷下的设计意图碳纤维复合材料 IP 应变图

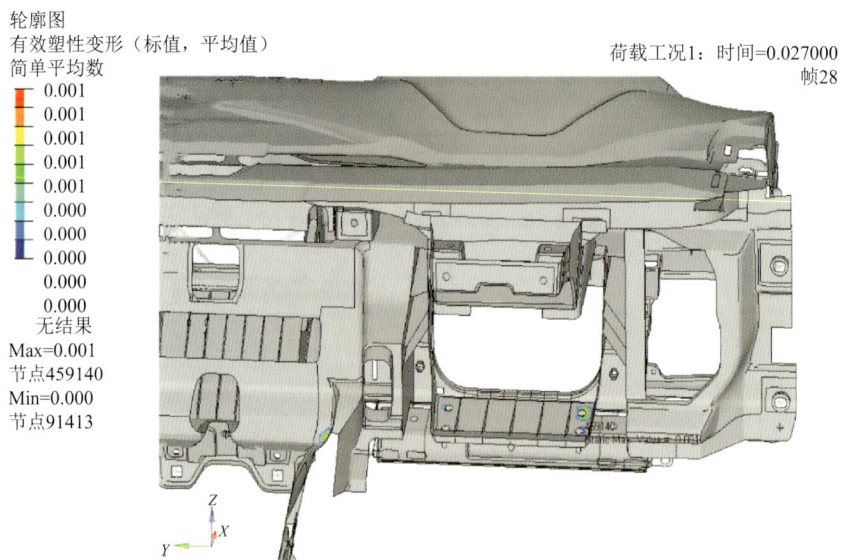

图 18 KAB 载荷下的设计意图碳纤维复合材料 IP 应变图

MMLV：底盘设计和组件测试

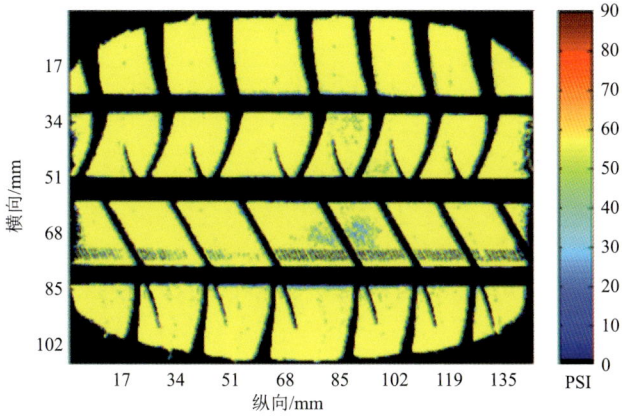

图 9　MMLV 轮胎接地印迹

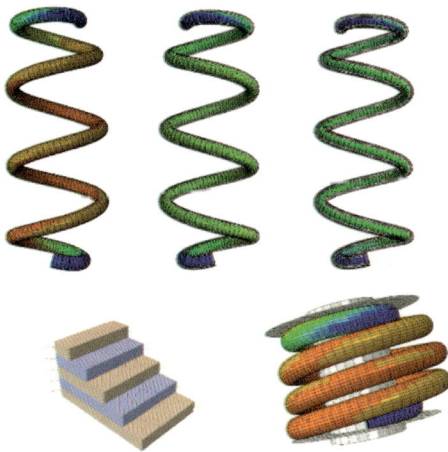

图 11　复合材料螺旋弹簧的 CAE 模型

图 16　中空钢弹簧的 CAE 应力仿真

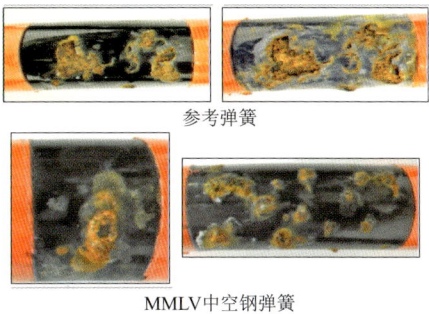

参考弹簧

MMLV中空钢弹簧

图 18　中空钢弹簧与参考弹簧的腐蚀情况

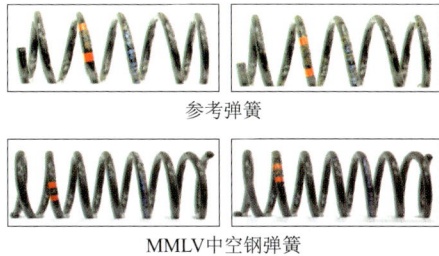

参考弹簧

MMLV中空钢弹簧

图 19　弹簧的腐蚀区域

13

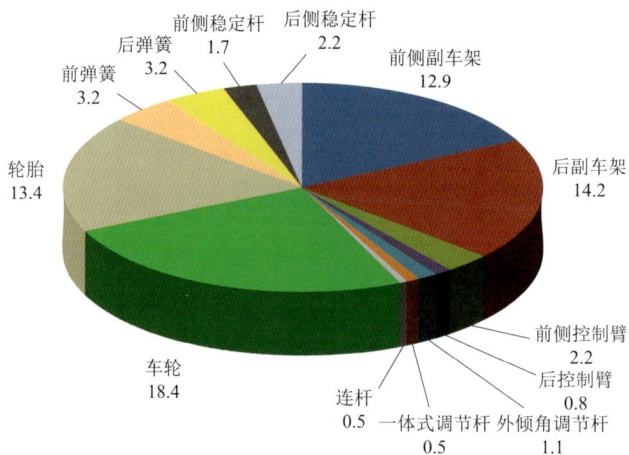

（a）

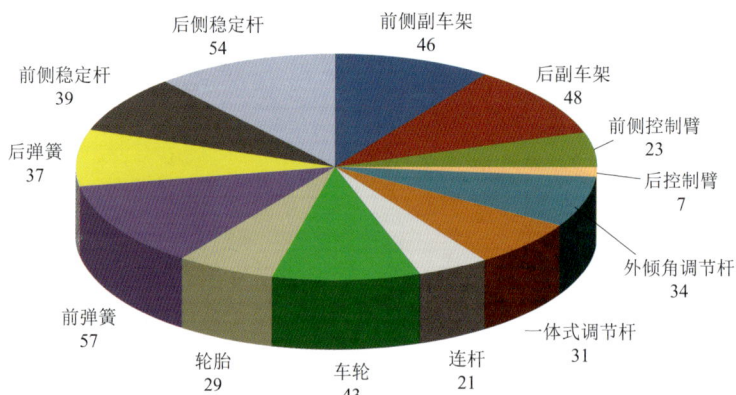

（b）

图 21　MMLV 系统中的各个组件的质量减小量及其百分比（与标准车辆部件相比）

（a）组件的质量减小量；（b）组件的质量减小百分比

MMLV：带舱壁嵌件和铝合金连杆的铝缸体

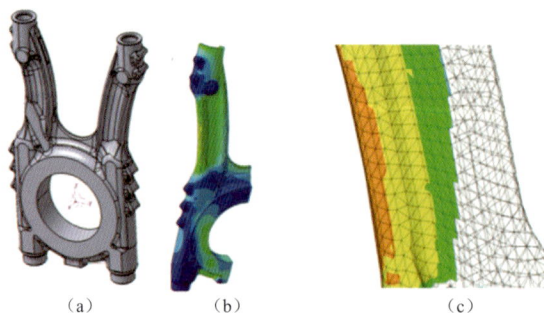

（a）　　　　　（b）　　　　　（c）

图 3　优化舱壁嵌件配置中的应力梯度

（a）优化设计；（b）嵌件中的应力梯度；（c）横截面中的应力梯度

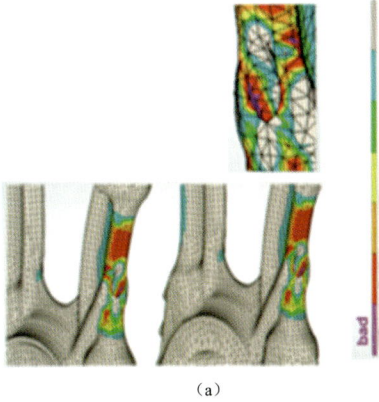

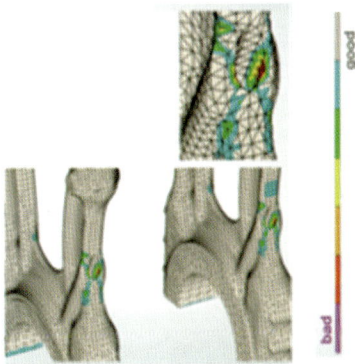

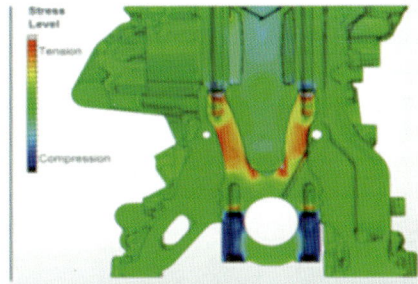

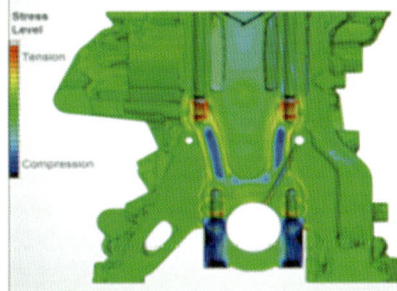

图4　两种不同材料的优化舱壁嵌件
　　　配置中的安全系数分布

（a）铁；（b）粉末冶金钢

图5　应力与气缸体和舱壁嵌件
　　　之间界面的结合程度

（a）低摩擦（低粘接性）；（b）高摩擦（高粘接性）

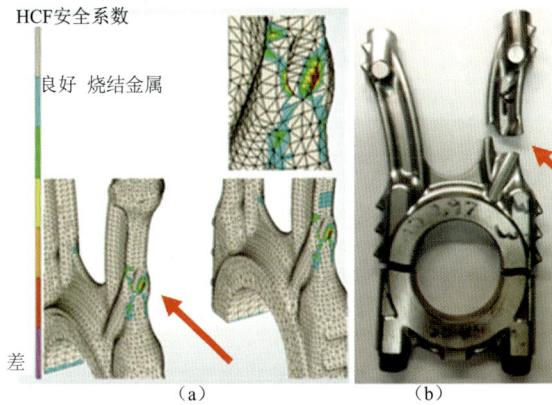

图9　嵌件应力分布的CAE分析与在隔板疲劳台架
　　　试验台上进行的嵌件测试之间的相关性

（a）CAE分析；（b）断裂的嵌件

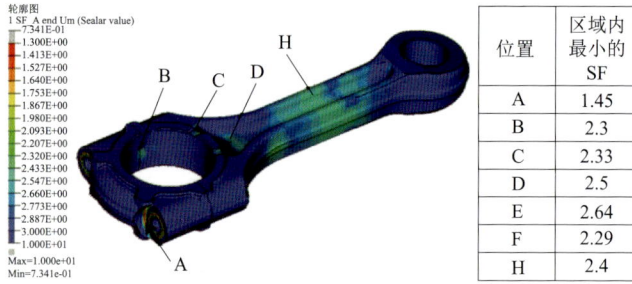

位置	区域内最小的SF
A	1.45
B	2.3
C	2.33
D	2.5
E	2.64
F	2.29
H	2.4

图 15　HTMP 2618-T6 铝合金连杆的
CAE 疲劳安全系数预测

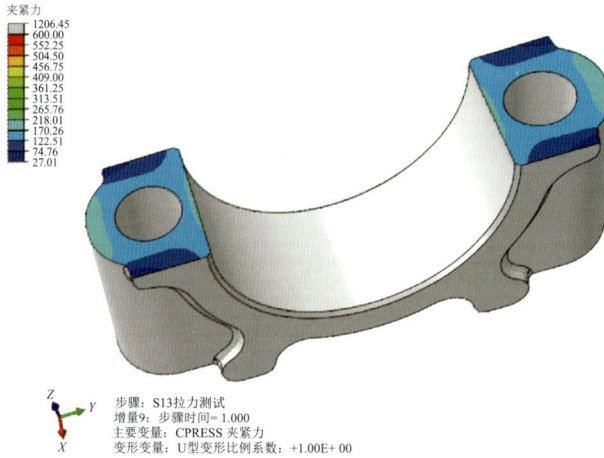

图 16　HTMP 2618-T6 铝连杆的连杆盖连接面的
CAE 夹紧力分布预测

MMLV：碳纤维复合材料发动机零件

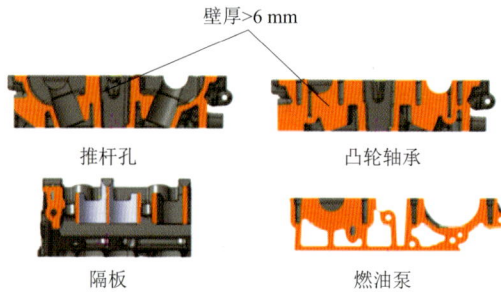

图 4　凸轮托架壁厚

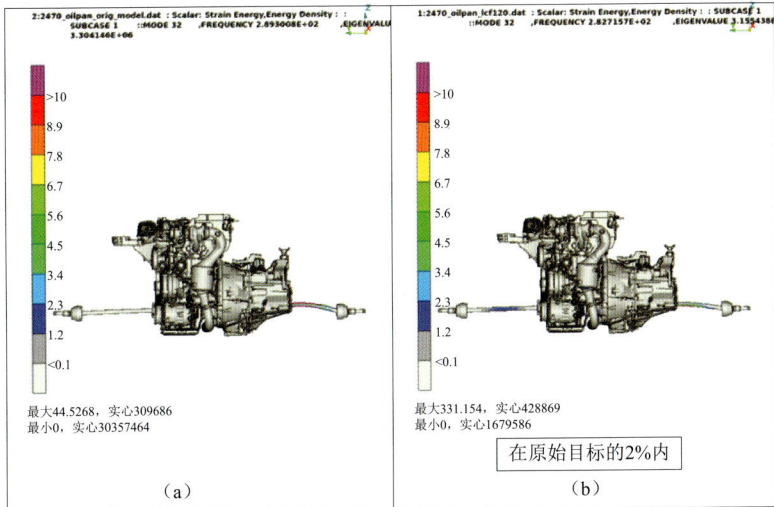

图 7　整体垂直弯曲产品与碳纤维油底壳的对比
（a）原始模型；（b）复合材料结构油底壳

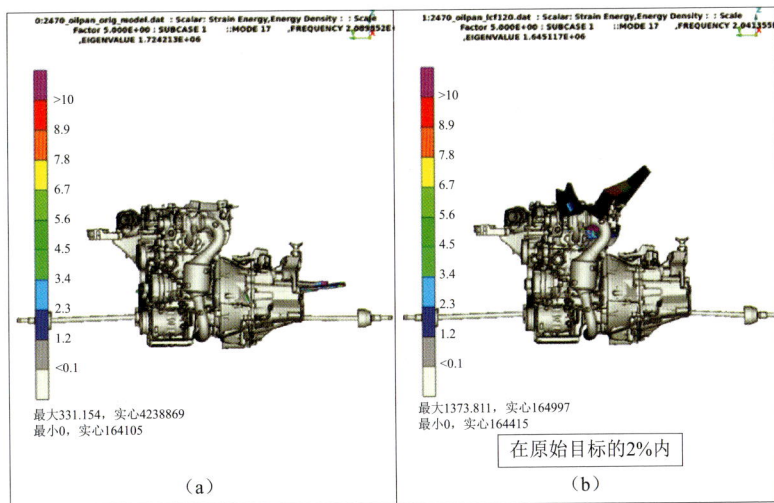

图 8　整体侧向弯曲产品与碳纤维油底壳的对比
（a）原始模型；（b）复合材料结构油底壳

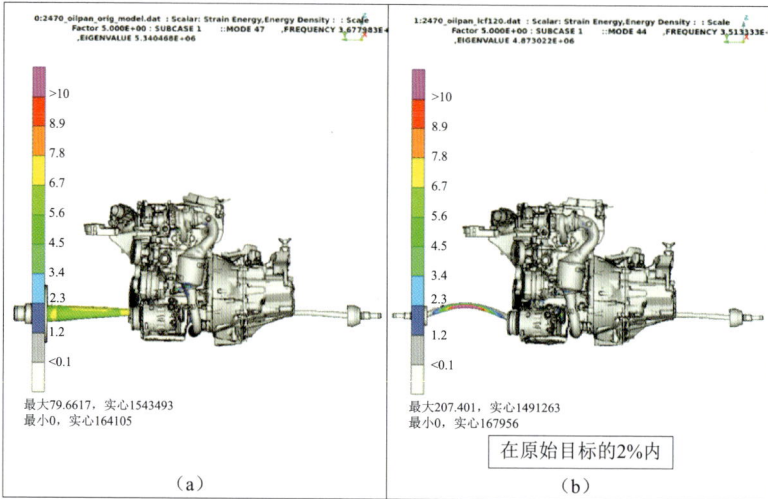

图9　整体扭转弯曲产品与碳纤维油底壳的对比

（a）原始模型；（b）复合材料结构油底壳

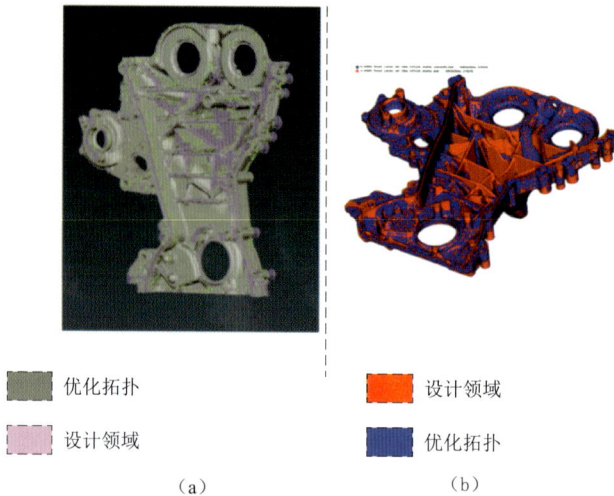

| 优化拓扑 | 设计领域 |
| 设计领域 | 优化拓扑 |

（a）　　　　　　　　　（b）

图11　前盖的设计优化

（a）基于NVH优化实现加强筋结构；（b）发动机支架极端负载状况

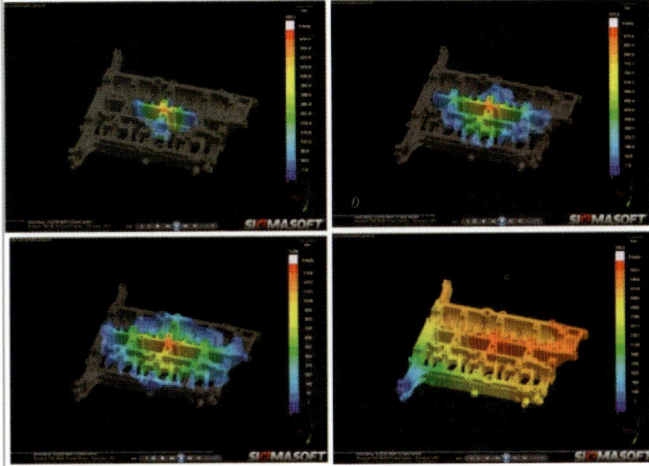

图 12　充型分析（瀚森公司（Hexion Inc.）/ ISK 有限责任公司）

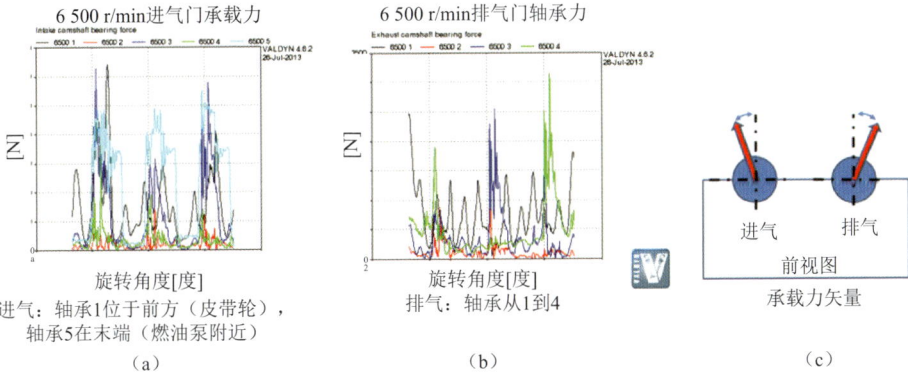

进气：轴承1位于前方（皮带轮），
轴承5在末端（燃油泵附近）

（a）

排气：轴承从1到4

（b）

承载力矢量

（c）

图 13　气门机构载荷

MMLV：自动变速器的轻量化

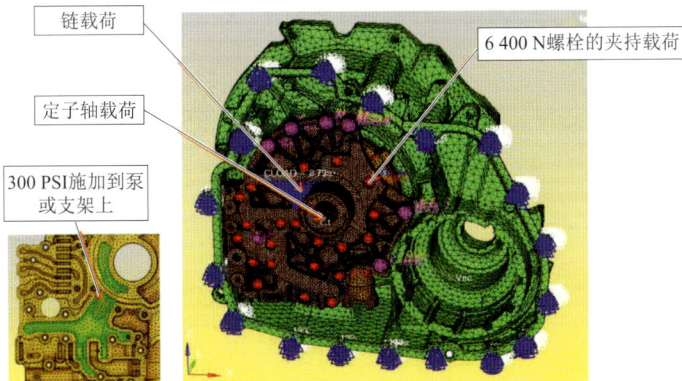

图 8　泵盖总成的全局 FEA

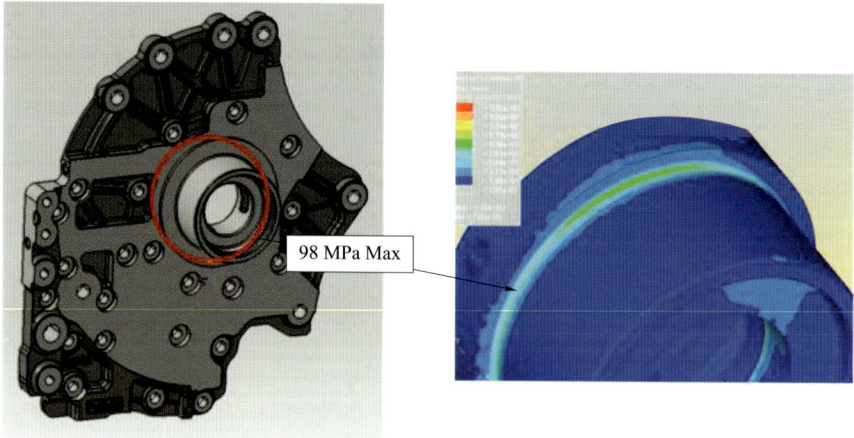

98 MPa Max

图 9　优化铝盖中泵毂圆角应力的有限元分析结果

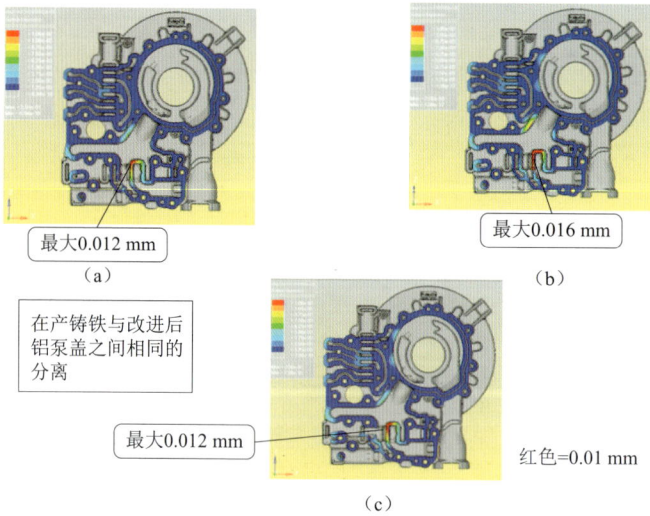

最大0.012 mm

（a）

在产铸铁与改进后
铝泵盖之间相同的
分离

最大0.016 mm

（b）

最大0.012 mm

红色=0.01 mm

（c）

图 12　FEA 结果显示的等效分离（泵总成的"蠕虫尾迹"分离）

（a）高扭矩铸铁盖；（b）低扭矩铸铁盖；（c）改进后的低扭矩铝盖

20

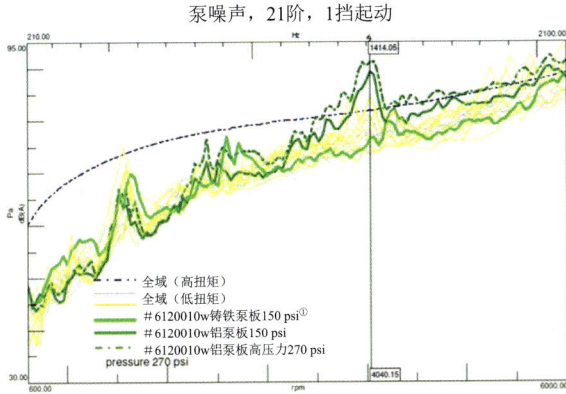

泵噪声，21阶，1挡起动

图 13　辐射声功率图显示的 1 400 Hz 下的过大噪声

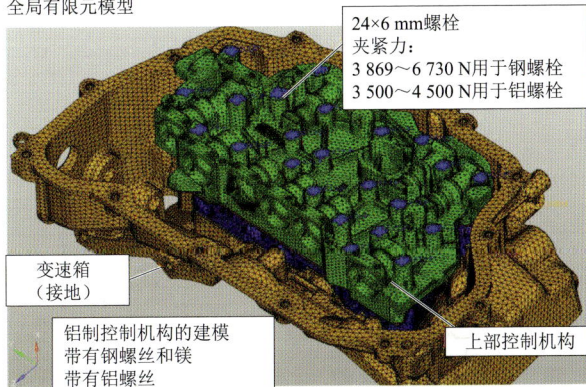

全局有限元模型

24×6 mm螺栓
夹紧力：
3 869～6 730 N用于钢螺栓
3 500～4 500 N用于铝螺栓

变速箱
（接地）

铝制控制机构的建模
带有钢螺丝和镁
带有铝螺丝

上部控制机构

图 15　全局有限元模型

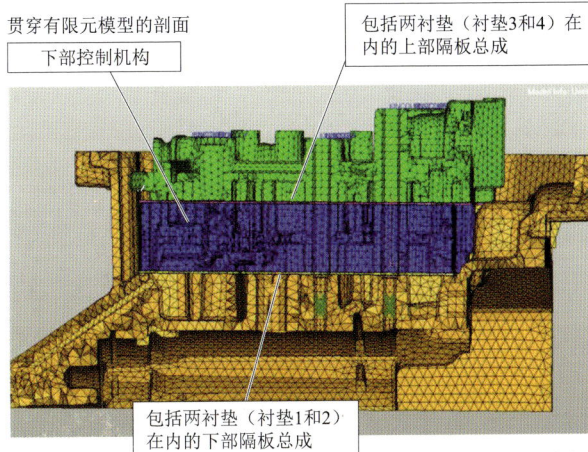

贯穿有限元模型的剖面

下部控制机构

包括两衬垫（衬垫3和4）在
内的上部隔板总成

包括两衬垫（衬垫1和2）
在内的下部隔板总成

图 16　贯穿全局有限元模型的剖面
1—机体；2—板材；3—衬垫；4—变速箱

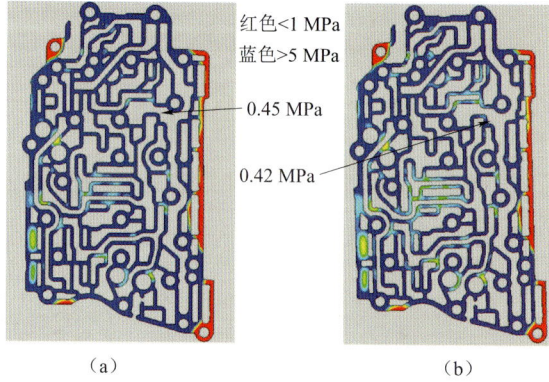

红色<1 MPa
蓝色>5 MPa

0.45 MPa

0.42 MPa

（a） （b）

图 17 #2 衬垫的接触压力结果（较低的阀体，底部）

（a）带钢螺栓的铝机构，3 869 N；（b）带铝螺栓的镁机构，3 500 N

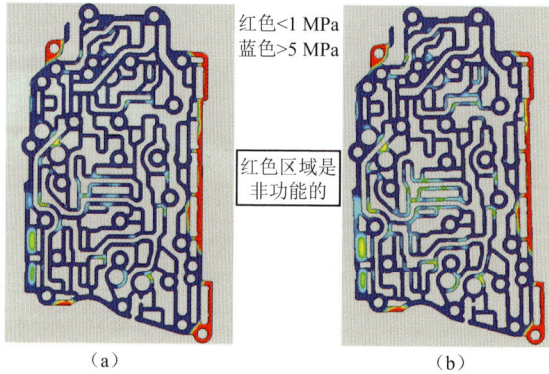

红色<1 MPa
蓝色>5 MPa

红色区域是
非功能的

（a） （b）

图 18 #4 衬垫的接触压力结果（机构上半部分）

（a）带钢螺栓的铝机构，3 869 N；（b）带铝螺栓的镁机构，3 500 N

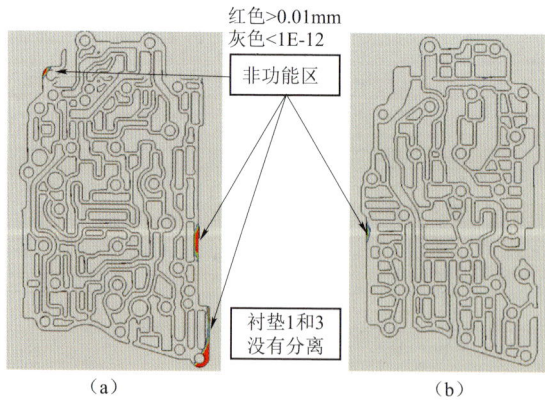

红色>0.01mm
灰色<1E-12

非功能区

衬垫1和3
没有分离

（a） （b）

图 19 衬垫 2 和#4 的表面分离压力结果（镁机构@3 500 N）

（a）衬垫4；（b）衬垫2

22

（a）　　　　　　　　　（b）

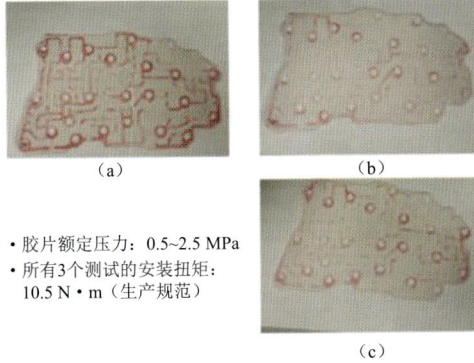

- 胶片额定压力：0.5~2.5 MPa
- 所有3个测试的安装扭矩：
  10.5 N·m（生产规范）

（c）

图 20　FUJI 胶片夹持载荷测试结果比较

（a）铝机构/钢螺栓（基准产品）；（b）铝机构/铝螺栓；（c）镁机构/铝螺栓

MMLV：防腐设计及测试

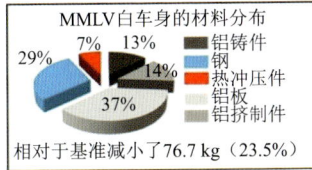

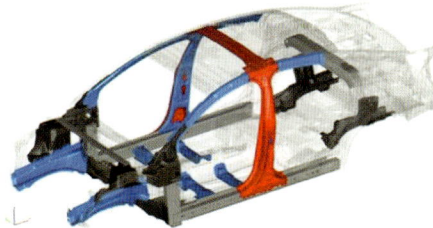

图 2　MMLV 白车身的材料和分布

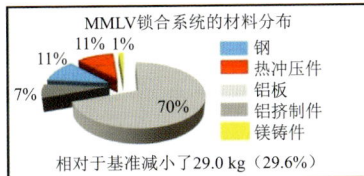

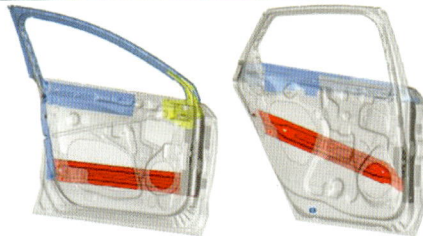

图 3　MMLV 白车门的材料和分布

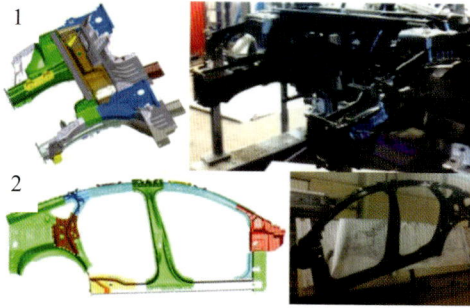

图 5　电泳涂漆后，前端模块和车身内侧的模块的 CAD 效果图和照片
1—前端模块；2—车身内侧的模块

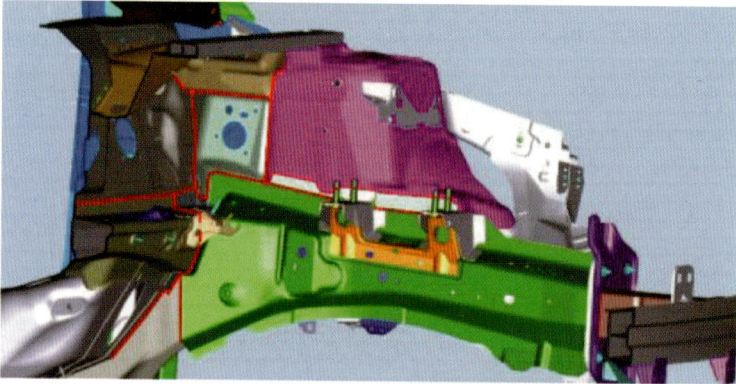

图 7　MMLV 车辆替代腐蚀策略中发动机舱二级
密封件的位置（粗红线）

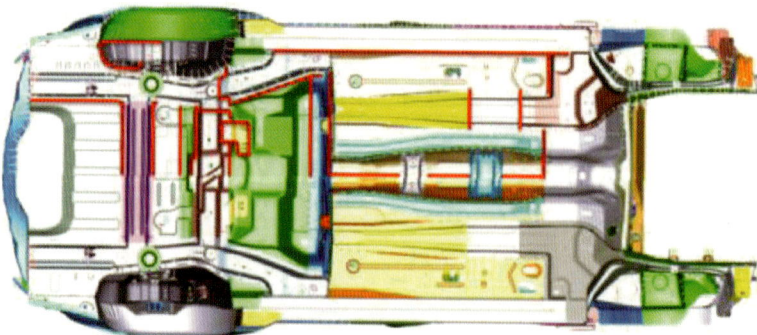

图 8　MMLV 车辆替代腐蚀策略中的车身左侧底板二次密封位置
（粗红线所示位置）

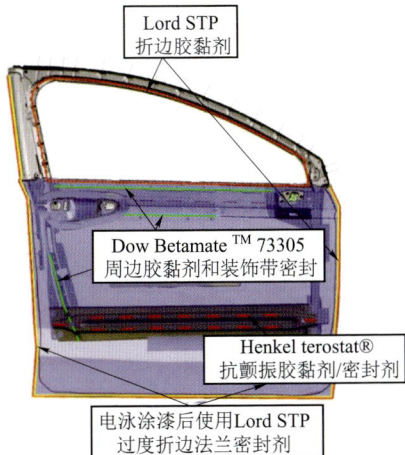

图 9　白车门的密封策略

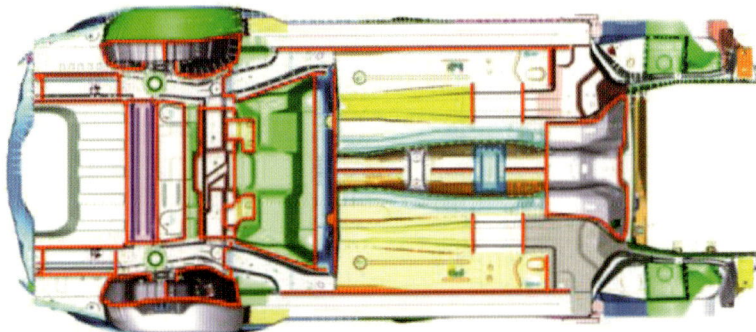

图 13　MMLV 传统车辆防腐策略车身底座的二级密封位置
（粗红线所示位置）

MMLV：车辆耐久性设计、仿真和测试

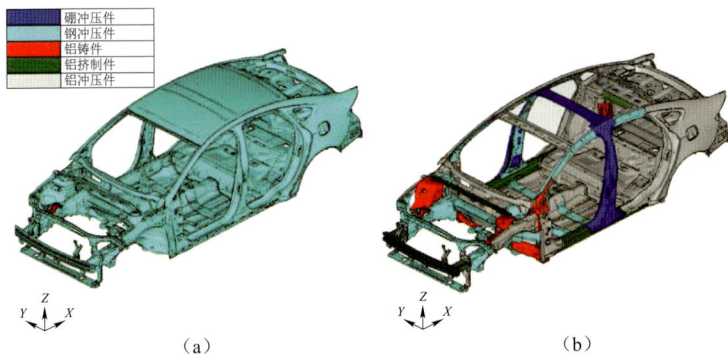

（a）　　　　　　　　　　　　　（b）

图 1　白车身：Fusion 与 MMLV 对比

（a）2013 款 Fusion；（b）MMLV 原型

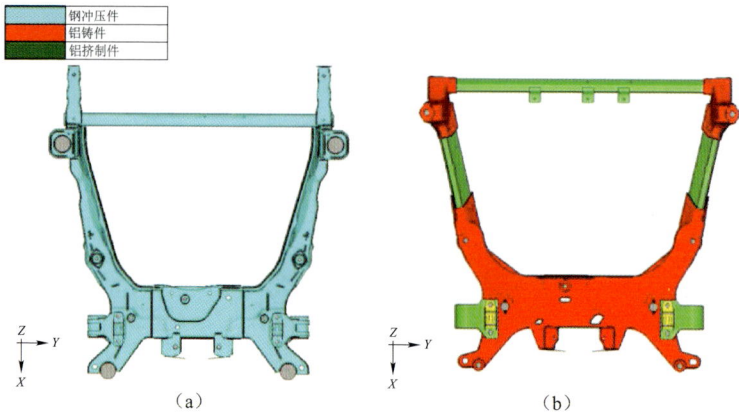

图2 前副车架：Fusion 与 MMLV 对比

（a）2013 款 Fusion；（b）MMLV 原型

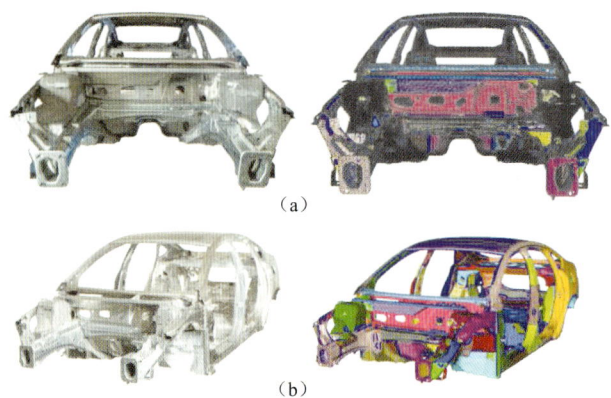

图6 MMLV 白车身

（a）原型；（b）有限元模型

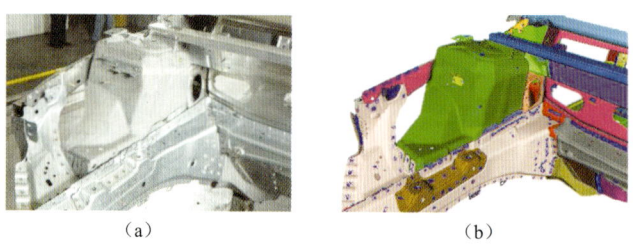

图7 前端右侧

（a）原型；（b）有限元模型

（a）

（b）

图 8　B 柱/摇杆接头
（a）原型；（b）有限元模型

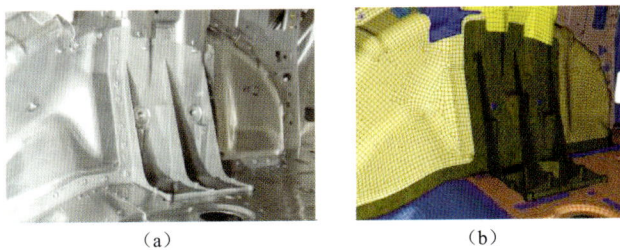

（a）

（b）

图 9　后轮罩
（a）原型；（b）有限元模型

图 11　MMLV 整备车身原型模型

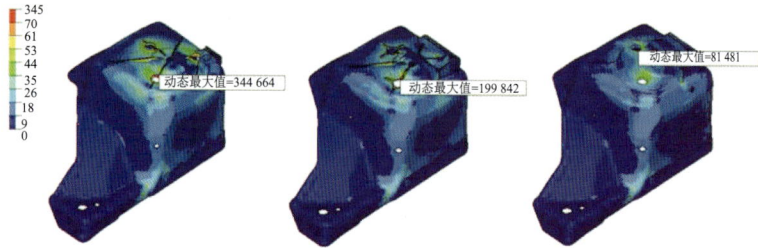

图 12　减震架架底座的表面改进与应力

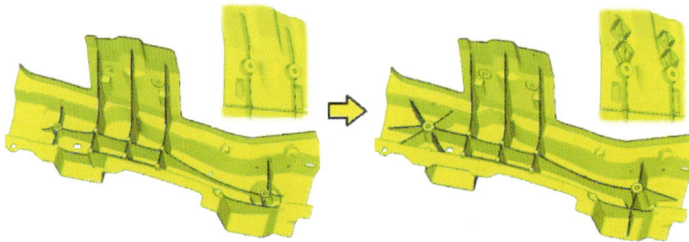

图 13　后导轨铸件的设计改进

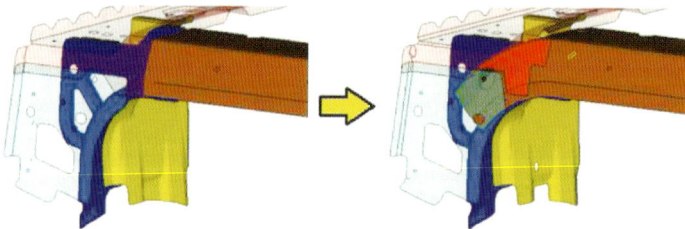

图 14　后杂物箱结构的设计改进

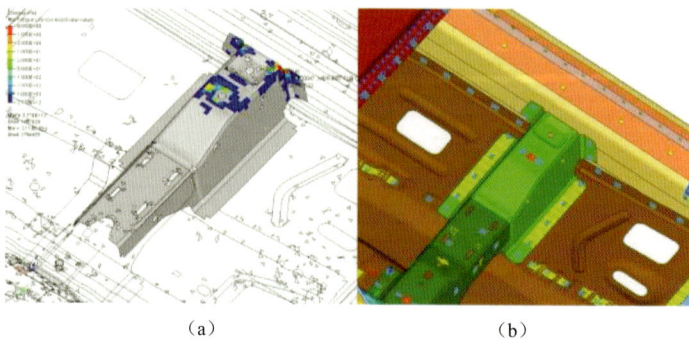

（a）　　　　　　　　　　　　（b）

图 15　预测座椅安装横梁具有 0.5 的最低寿命

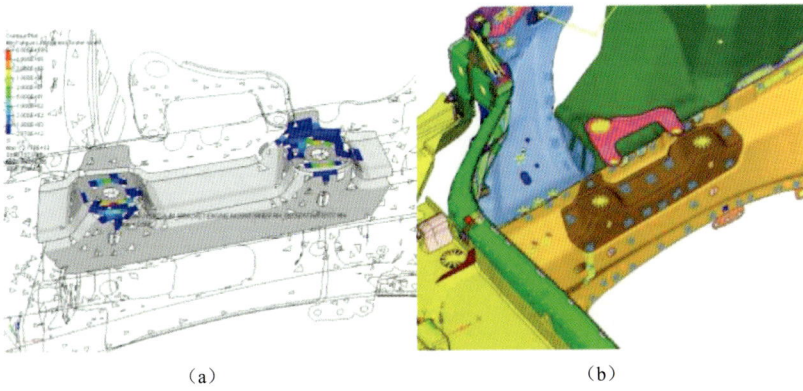

（a）　　　　　　　　　　　　　　　（b）

图 16　预测前置式发动机悬置装置（右侧）具有 0.5 的最低寿命

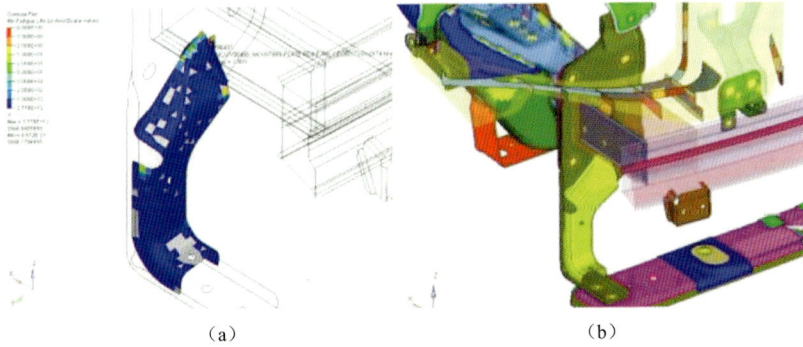

（a）　　　　　　　　　　　　　　　（b）

图 17　预测保险杠加固安装支架具有 0.66 的最低寿命

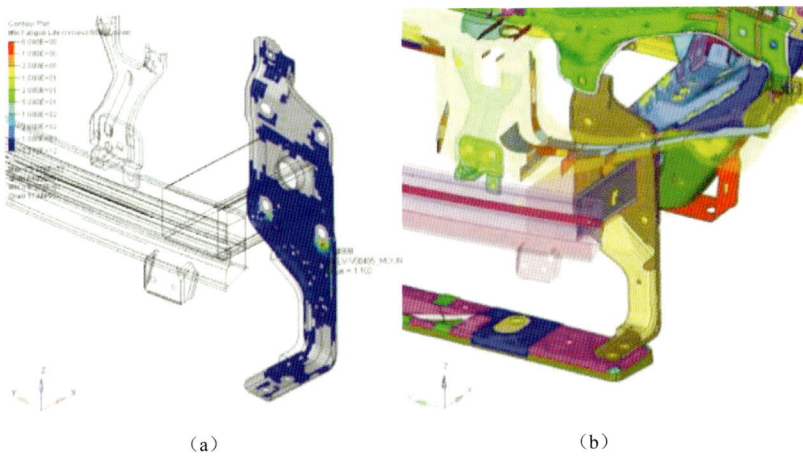

（a）　　　　　　　　　　　　　　　（b）

图 18　预测保险杠安装支架具有 1.1 的最低寿命

轮廓图
最小疲劳寿命（周期）（标量值）

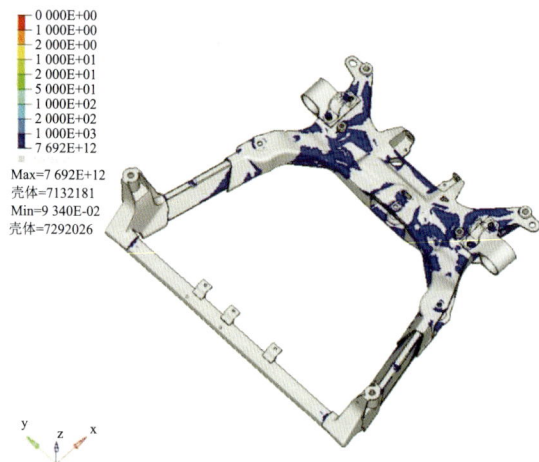

0 000E+00
1 000E+00
2 000E+00
1 000E+01
2 000E+01
5 000E+01
1 000E+02
2 000E+02
1 000E+03
7 692E+12

Max=7 692E+12
壳体=7132181
Min=9 340E-02
壳体=7292026

图 19　预测前副车架疲劳寿命超过 2.0

MMLV：碰撞安全性能

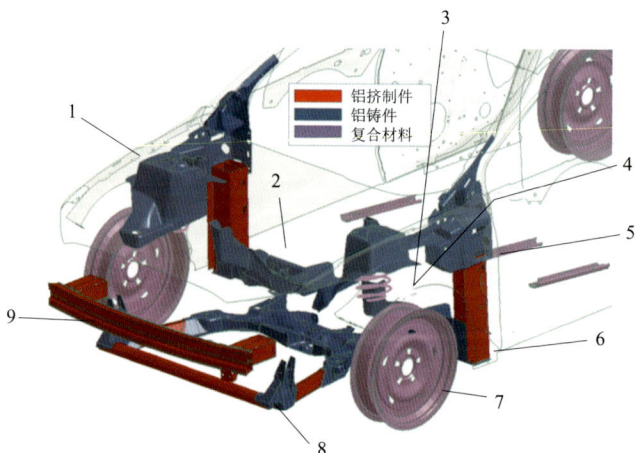

图 1　MMLV 轻量化结构的布局图

1—减震架；2—扭矩盒；3—螺旋形弹簧；4—A 柱铰链加固件；

5—座椅调节导轨；6—A 柱；7—复合材料车轮；8—副车架；

9—前保险杠和抗撞压罐

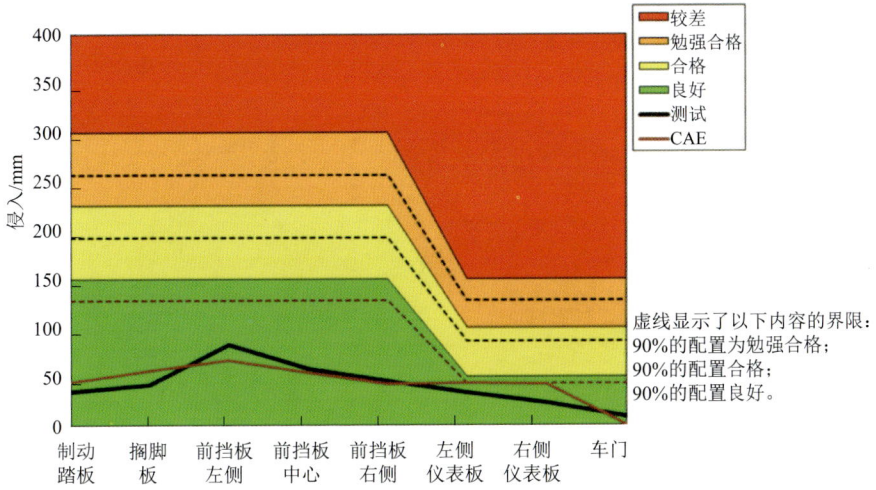

图3 MMLV 的 IIHS 适度偏移结构等级

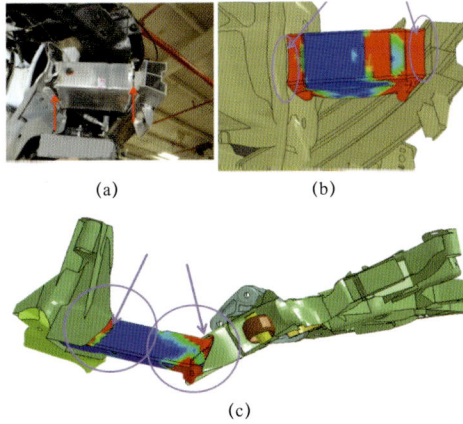

图5 前保险杠组件和副车架 MIG 焊接热影响区的建模

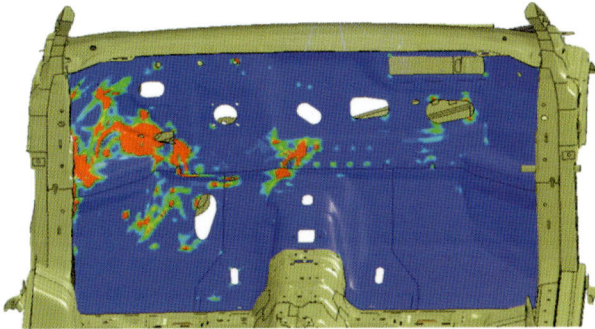

图7 IIHS 侵入分布图

31

MMLV：NVH 声学包开发及整车测试

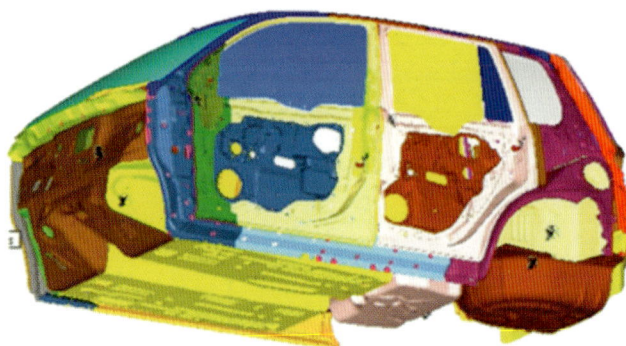

图1　封闭车厢的声辐射板

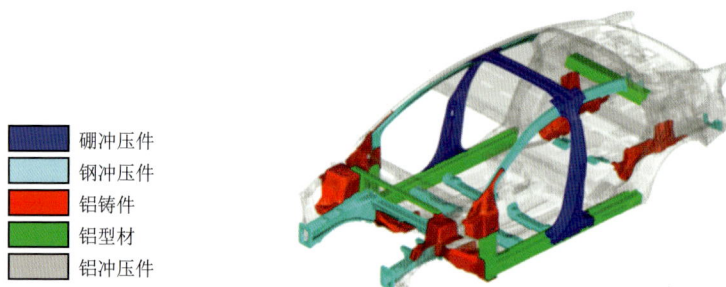

硼冲压件
钢冲压件
铝铸件
铝型材
铝冲压件

图12　MMLV 白车身的材料分类

（a）　　　　　　　　　　　（b）

图15　每个扫描点平均 RMS 的后底板激光扫描结果
（a）无阻尼；（b）带阻尼
红色——振动较大的区域